ICELAND

아이슬란드

CHALET Travel Book

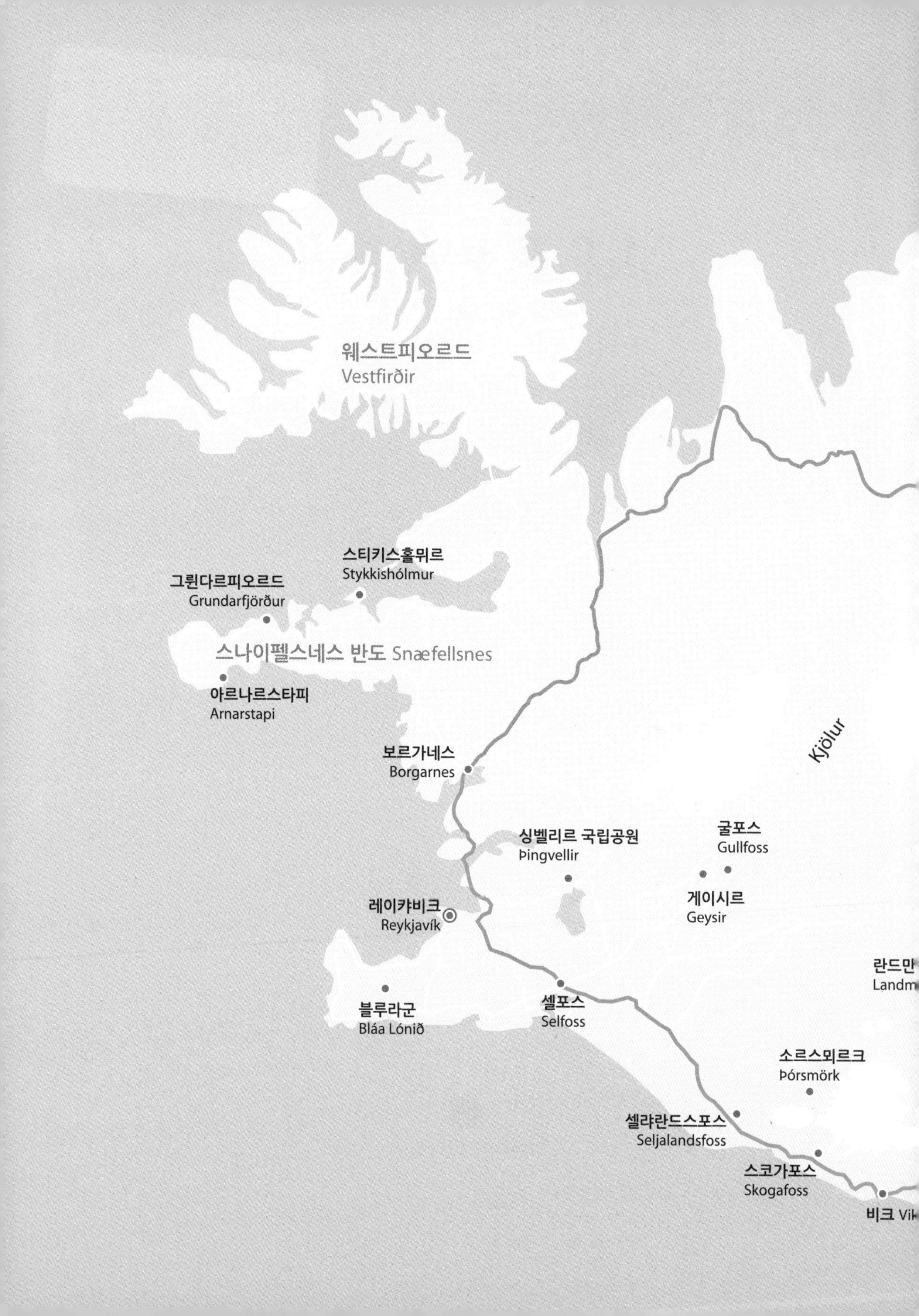

웨스트피오르드
Vestfirðir
스티키스홀뮈르
Stykkishólmur
그륀다르피오르드
Grundarfjörður
스나이펠스네스 반도 Snæfellsnes
아르나르스타피
Arnarstapi
보르가네스
Borgarnes
Kjölur
싱벨리르 국립공원
Þingvellir
굴포스
Gullfoss
게이시르
Geysir
레이캬비크
Reykjavík
란드만
Landm
블루라군
Bláa Lónið
셀포스
Selfoss
소르스뫼르크
Þórsmörk
셀랴란드스포스
Seljalandsfoss
스코가포스
Skogafoss
비크 Vi

그림세이
Grímsey
후사비크
Húsavík
아우스비르기
Ásbyrgi
아쿠레이리
Akureyri
크라플라
Krafla
데티포스
Dettifoss
고다포스
Goðafoss
미바튼
Mývatn
세이디스피오르드
Seyðisfjörður
에이일스타디르
Egilsstaðir
아스캬
Askja
Sprengisandur
듀피보구르
Djúpivogur
바트나요쿨
Vatnajökull
호픈 Höfn
스카프타펠
Skaftafell
나뢰이가
annalaugar
요쿨살론
Jökulsárlón
키르큐바이야르클뢰이스투르
Kirkjubæjarklaustur
1번 링로드

CONTENTS

GETTING STARTED ICELAND

- 아이슬란드에서 꼭 보아야 할 절경 베스트 13 008
- 아이슬란드에서 즐길 수 있는 이색 체험 베스트 10 016
- 독특하고 실속 있는 아이슬란드 기념품 총 정리 022
- 아이슬란드 슈퍼마켓 쇼핑 아이템 024
- 추천! 아이슬란드의 목장 레스토랑 & 카페 026
- 아이슬란드의 시크릿 온천 028
- 아이슬란드 하이킹 032
- 아이슬란드 캠핑 036
- 아이슬란드 오로라 여행 040
- 영화 속의 아이슬란드 042
- 아이슬란드 링로드 일주 044
- 아이슬란드 추천 여행 일정 046

Southwest Iceland

레이캬비크 Reykjavík 054

Special page | 레이캬비크에서 다녀오는 추천 DAY TOUR

Special page | 블루라군 Bláa Lónið

Special page | 스카이 라군 Sky Lagoon

골든 서클 The Golden Circle 104

하이랜드 Hálendið : 란드만나뢰이가 & 소르스뫼르크 113

남서부해안 Southwest Coast : 셀랴란드스포스 & 스코가포스 117

비크 Vík 123

키르큐바이야르클뢰이스투르 Kirkjubæjarklaustur 130

Southeast Iceland

스카프타펠 Skaftafell 138

요쿨살론 Jökulsárlón 142

호픈 Höfn 147

듀피보구르 Djúpivogur 153

세이디스피오르드 Seyðisfjörður 156

North Iceland

요쿨사우르글리우퓌르 Jökulsárgljúfur :
아우스비르기 & 데티포스 166

미바튼 Mývatn 168

후사비크 Húsavík 177

아큐레이리 Akureyri 181

Special page | 아큐레이리에서 다녀오는 추천 DAY TOUR

달비크 Dalvík 197

시글뤼피오르드 Siglufjörður 202

West Iceland

스나이펠스네스 Snæfellsnes 210

보르가네스 Borgarnes 222

웨스트피오르드 Vestfirði 226

TRAVEL INFO ICELAND

- 한눈에 보는 아이슬란드 기본정보 228
- 알아두면 편리한 아이슬란드 실용정보 229
- 아이슬란드 교통 231
- 아이슬란드 음식 235
- 아이슬란드 Top 축제 및 이벤트 237
- 아이슬란드 여행 준비물 체크 리스트 238

이 책을 보는 방법

본문 정보

- 찾아가는 방법
- 전화번호
- 주소
- €/ISK 요금 (입장료, 숙박요금)
- 오픈 시간
- @ 홈페이지

지도

- 관광명소
- 숍, 쇼핑몰, 백화점
- 레스토랑, 카페, 펍&바
- 호텔, 호스텔
- 슈퍼마켓
- 주차장
- 교회
- 관광 안내소
- 크루즈 페리
- 버스 터미널, 정류장
- 공항
- 주유소
- 수영장
- 산장
- 산
- 퍼핀 서식지

여행 정보의 업데이트

샬레트래블북 아이슬란드의 정보는 2023년 6월까지 수집한 정보와 자료로 만들었습니다. 단, 책에 소개되어 있는 관광지와 숍, 레스토랑의 오픈시간 및 요금, 교통편과 관련된 내용은 현지 사정에 따라 변경될 수 있습니다. 샬레트래블북은 6개월 또는 1년 마다 가장 최신 정보가 업데이트 된 개정판을 발행합니다.

GETTING STARTED

ICELAND

GETTING STARTED ICELAND

아이슬란드에서 꼭 보아야 할

절경 베스트 13

아이슬란드는 지구상에 있는 그 어느 나라보다도 경이로운 경치를 자랑하는 곳으로, 뜨거운 화산과 차가운 빙하가 만들어내는 아이슬란드의 풍경은 지구가 아닌 외계 행성과 같은 신비로운 느낌을 준다. 여기에서는 링로드에서 접근하기 쉬운 장소들을 중심으로 소개하였으며 내륙의 하이랜드와 웨스트피오르드에도 숨어 있는 절경 스폿이 많이 있다.

©Iceland Travel

1 블루라군 Bláa Lónið

More info 100p

검은 화산암과 폭신한 푸른 이끼가 뒤덮인 황량한 화산 지대의 한가운데에 자리한 하늘빛 온천 블루라군은 <내셔널 지오그래픽>에서 뽑은 세계에서 가장 경이로운 자연 25곳 중 한 곳이며 세계 최대의 야외 온천이기도 하다. 케플라비크 공항 근처에 위치하여 여행의 마지막에 들러 피로를 풀기에도 좋다.

2

골든 서클 The Golden Circle

More info 104p

골든 서클은 아이슬란드 사람들의 성지인 싱벨리르 국립공원, 아이슬란드에서 가장 유명한 간헐천인 게이시르, '황금 폭포'라는 뜻의 거대한 폭포인 굴포스를 포함한 링 모양의 관광 루트를 일컫는 말이다. 레이캬비크에서 가까워 렌터카로 방문하기도 쉽고 일일 투어로도 다녀올 수 있다.

3

란드만나뢰이가

Landmannalaugar

More info 114p

아이슬란드 내륙지역인 하이랜드에서 가장 인기 있고 많은 사람들이 방문하는 곳은 하이랜드의 남쪽 관문에 해당되는 란드만나뢰이가이다. 이곳에서는 오렌지색, 푸른색, 황금색이 섞인 말로 형용할 수 없는 오묘한 색의 산들과 광활한 용암지대, 기암괴석이 만들어내는 초현실적인 풍경을 만날 수 있다.

4

디르홀레이 Dyrhólaey

More info 125p
비크에서 멀지 않은 곳에 있는 디르홀레이는 남부 아이슬란드의 상징 중 하나이다. 양쪽 끝에 전망대가 있는데, 한쪽에서는 검은 모래 해변 레이니스피아라와 레이니스드란가르의 아름다운 전경을, 반대편에서는 보트가 지나갈 정도로 큰 아치가 있는 거대한 바위가 보이는 드라마틱한 경치를 감상할 수 있다. 여름철에는 이곳 절벽에 둥지를 튼 퍼핀들도 볼 수 있다.

5

크빗세쿠르 Hvitserkur

아이슬란드 북서부의 Vatnsnes 반도 동쪽 해안에 있는 15m 높이의 현무암 바위로 파도에 의해 침식되어 만들어졌으며 코뿔소 바위라고도 불린다. 바닥에 두 개의 구멍이 있어 보는 관점에 따라 공룡이나 용, 코뿔소가 물을 마시고 있는 것처럼 보이기도 한다. 이곳에 가기 위해서는 약 30km 길이의 비포장도로를 달려가야 하므로 4WD 차량이 아닌 경우 추천하지 않는다.

찾아가기 보르가네스에서 1번 도로를 따라 가다 F711 도로 쪽으로 빠져서 약 35분

6

엘드흐뢰인 Eldhraun

More info 131p

키르큐바이야르클뢰이스투르 마을 남쪽에는 1783~1784년에 있었던 라키 화산의 폭발로 만들어진 광대한 용암지대 엘드흐뢰인이 있다. 기암괴석 위에 초록색 이끼가 두껍게 덮여 있는 엘드흐뢰인의 경이로운 풍경은 아이슬란드에서도 가장 인상적인 풍경 중 하나로 손꼽힌다. 엘드흐뢰인의 한가운데로 들어가면 이끼 위를 걸어볼 수도 있다.

스비나펠스요쿨

Svínafellsjökull

7

More info 140p

바트나요쿨의 빙설 중 하나인 스비나펠스요쿨은 트레일을 따라 조금만 들어가면 쉽게 접근할 수 있는 빙하이다. 영화 '인터스텔라'에서 얼음 행성으로 등장했던 신비로운 빙하의 세상을 바로 눈앞에서 감상할 수 있으며 빙하 워킹 투어를 신청하면 빙하 위를 직접 걷는 신기한 경험도 할 수 있다.

8

요쿨살론 Jökulsárlón

More info 142p

아이슬란드에서 가장 인기 있는 관광지로 손꼽히는 요쿨살론은 유럽 최대의 빙하 바트나요쿨이 녹아서 흘러내린 빙하가 수천 년의 시간에 걸쳐 바닷물과 합쳐져 만들어진 빙하 라군이다. 빙산들이 둥둥 떠다니는 이 거대한 라군은 마치 이 세상에 속하지 않은 듯 몽환적이면서도 초현실적인 모습이다.

9

데티포스 Dettifoss

More info 168p

유럽에서 가장 파워풀한 폭포라는 별명을 가진 데티포스는 초당 평균 193㎥, 최대 수량 500㎥의 엄청난 물줄기를 높이 45m, 너비 100m의 절벽으로 쏟아내는 경이로운 폭포이다. 산책로를 따라 폭포 바로 앞까지 접근할 수 있는데 장대한 모습과 천둥 같은 소리로 보는 사람을 압도한다. 영화 '프로메테우스'의 첫 장면에 등장하여 더 유명해졌다.

©Iceland Travel

세이디스피오르드 Seyðisfjörður

10

More info 157p

아이슬란드 동부 해안의 어촌 마을 중 가장 유명한 곳은 세이디스피오르드의 가장 안쪽 고요한 계곡에 숨어 있는 그림 같은 마을 세이디스피오르드이다. 과거 유럽 대륙으로의 주요 무역항일 당시 노르웨이에서 완성품을 가져다가 그대로 조립해서 지은 컬러풀한 목조 주택이 지금까지도 잘 보존되어 있어 엽서에서 튀어나온 듯한 마을의 유니크한 풍경을 만들어낸다.

흐베리르 Hverir

11

More info 171p

미바튼 호수 근처의 나우마피야틀Námafjall 산자락에는 아이슬란드에서 가장 활동이 활발한 지열 지대 중 하나인 흐베리르가 있다. 전망대에서 지열 지대를 조망할 수도 있고 트레일을 따라 지열 지대 안으로 들어가볼 수도 있는데, 뜨거운 증기와 머드풀로 가득한 황량한 오렌지색 들판을 걷다 보면 마치 화성에 온 듯한 신비로운 느낌이 든다.

12

키르큐펠 Kirkjufell

More info 213p

스나이펠스네스 반도의 북쪽 해안 중심에 자리 잡고 있는 매력적인 어촌 마을 그런다르피오르드 근처에는 아이슬란드에서 가장 아름다운 산으로 손꼽히는 키르큐펠이 있다. 그런다르피오르드에서 54번 도로를 따라 조금만 더 가면 키르큐펠스 폭포Kirkjufellsfoss를 만날 수 있는데 폭포 위쪽의 산책로에서 키르큐펠과 키르큐펠스 폭포가 어우러진 멋진 사진을 찍을 수 있다.

아르나르스타피 Arnarstapi

More info 215p

스나이펠스네스 반도의 남쪽, 피라미드 모양의 산 스타파펠Stapafell의 발치에 자리 잡고 있는 아르나르스타피는 독특한 해안선으로 유명한 작은 어촌 마을이다. 아르나르스타피 부두 주변으로는 희한한 모양의 현무암 기둥과 수많은 작은 동굴들이 있는데, 이런 해안선과 한적한 마을 풍경이 어우러져 멋진 풍경을 만들어낸다.

13

GETTING STARTED ICELAND

아이슬란드에서 즐길 수 있는

이색 체험 베스트 10

아이슬란드에서는 평소에 경험해보지 못한 이색적인 체험거리들이 넘쳐난다. 이런 체험거리들은 아이슬란드의 대표 관광지에서 투어로 쉽게 즐길 수 있으며 투어 회사의 홈페이지에서 미리 예약하고 갈 수도 있다. 빙하와 화산이 만들어낸 아이슬란드의 대자연을 제대로 마주하고 싶다면 아래에 소개된 이색 체험거리 중 한 가지 이상은 꼭 즐겨보자.

1

'인터스텔라'의 주인공들처럼

빙하 워킹 투어

영화 '인터스텔라'의 주인공들처럼 신비로운 빙하의 세상을 탐험해보고 싶다면 주저 없이 스비나펠스요쿨 위를 걷는 빙하 워킹 투어를 신청하자. 스카프타펠에서 출발하는 빙하 워킹 투어에 참가하면 현실 같지 않은 풍경의 빙하 위를 걸으며 빙하가 녹으면서 만들어진 터널과 크레바스 등에 대한 전문 가이드의 친절한 설명도 들을 수 있다.

ISK 성인 기준 1만 900 ISK부터

2

크리스털처럼 빛나는 판타지 세상
얼음 동굴 투어

'크리스털 케이브'라 불리는 바트나요쿨 남쪽 면의 얼음 동굴은 11~3월 겨울 시즌에만 전문 가이드와 함께 하는 투어로만 방문할 수 있다. 신비한 푸른빛으로 빛나는 경이로운 동굴 내부는 판타지 세계로 들어간 듯한 착각을 일으키게 한다. 얼음 동굴에 들어가는 만큼 따뜻하고 방수가 잘 되는 옷과 하이킹 부츠는 필수이며 장갑과 얇은 모자, 선글라스, 작은 배낭 등도 가져가면 좋다.

ISK 성인 기준 2만 990 ISK부터

3

유빙이 둥둥 뜬 빙하 호수 유람
요쿨살론 보트 투어

아이슬란드에서 가장 인기 있는 관광지인 빙하 라군, 요쿨살론은 둥둥 떠다니는 유빙들과 맑고 푸른 바다가 어우러진 몽환적이면서도 초현실적인 모습으로 유명하다. 이런 유빙들을 좀 더 가까이에서 경험해보고 싶다면 수륙양용 보트 투어를 추천한다. 투어 도중 가이드가 호수에서 건져 올린 유빙 조각을 맛보게 해주는데 이때 미리 잔과 위스키를 준비해 가면 아이슬란드의 위스키를 온더록스로 맛보는 호사도 누릴 수 있다.

ISK 성인 기준 6300 ISK부터

4

만년설이 쌓인 빙하 위의 질주
스노모빌 투어

만년설이 덮인 빙하 위를 스노모빌을 타고 신나게 질주해보고 싶다면 액티비티 전문 여행사에서 제공하는 스노모빌 투어에 참가해보자. 여러 여행사에서 랑요쿨, 미르달스요쿨, 바트나요쿨에서의 스노모빌 투어를 판매하고 있는데 탑승 시간은 일반적으로 1시간 정도이다. 오버롤과 헬멧, 부츠 등의 대여비가 요금에 포함되어 있으며 두 사람씩 짝을 이루어 한 스노모빌에 타게 된다.

ISK 성인 기준 2만 4000 ISK부터

©Iceland Travel

5

다른 행성에 불시착한 듯
용암지대 하이킹

아이슬란드 풍경의 가장 큰 특징은 화산활동이 만들어낸 외계 행성 같은 거칠고 척박한 용암지대이다. 남부 하이랜드의 란드만나뢰이가와 소르스뫼르크를 잇는 뢰이가베구르인Laugavegurinn은 용암지대를 포함한 아이슬란드의 드라마틱한 자연을 모두 즐길 수 있는 세계적으로 유명한 하이킹 트레일이다. 짧고 쉬운 용암지대 하이킹 트레일로는 크라플라 지역의 레이르흐뉴퀴르Leirhnjúkur 용암지대가 있으며 이 트레일은 왕복 2시간 정도면 돌아볼 수 있다.

ISK 레이캬비크 출발 뢰이가베구르인 6일 하이킹 투어(산장 숙박 포함) 22만 3990 ISK부터

©Iceland Travel

6

지구 중심으로의 여행
화산 분화구 투어

레이캬비크에서 멀지 않은 곳에 있는 화산 스리흐뉴카기구르Þríhnjúkagígur는 4000년 전에 폭발한 후 지금은 폭발의 징후가 전혀 없는 휴화산이다. 작은 리프트를 타고 병목과 같은 좁고 긴 입구를 통해 213m 깊이의 화산 분화구 속으로 들어가면 3270㎡ 넓이의 입이 떡 벌어질 정도의 광대한 마그마 챔버가 펼쳐져 있다.

ISK 성인기준 4만 7000 ISK부터

©Norðurflug Helicopter Services

하늘에서 보는 아이슬란드 헬리콥터 투어

7

아이슬란드의 웅장한 경치를 하늘에서 보는 것보다 더 감동적인 것이 있을까. 헬리콥터 투어는 아름다운 도시 레이캬비크의 전경부터 가까이 접근할 수 없는 화산 분화구와 용암지대, 빙하, 호수, 폭포까지 마치 한 마리의 새가 된 기분으로 아이슬란드의 경이로운 경치를 감상할 수 있는 이색 투어이다. 투어마다 비행시간이 다르며 잠깐 착륙하여 15분 정도 주변 지역을 돌아보는 시간도 주어진다.

ISK 용암지대 헬리콥터 투어 성인 기준 5만 6900 ISK부터

©Iceland Travel

호수 속에 숨은 대륙의 틈을 찾아서 싱벨리르 스노클링

8

싱벨리르 국립공원 내 싱발라바튼 호수에는 전 세계 다이버와 스노클러들이 열광하는 다이빙 사이트 실프라Silfra가 있다. 실프라의 투명할 정도로 맑고 푸른 호수 속으로 들어가면 밖에서는 잘 보이지 않는 유라시아 대륙판과 북아메리카 대륙판이 갈라진 균열의 실체를 더욱 확실하게 볼 수 있다. 실프라의 수온은 2~4℃ 정도로 매우 차갑기 때문에 잠수복을 입어야 하며 속옷도 따뜻하게 챙겨 입는 것이 좋다.

ISK 성인 기준 1만 7490 ISK부터

모비 딕을 찾아 떠나는 항해
고래 투어

9

아이슬란드는 세계 10대 고래 관광 국가 중 하나로 4~9월에 이르는 여름 시즌에는 범고래, 밍크고래, 혹등고래, 흰긴수염고래, 돌고래 등 무려 20종이 넘는 고래가 아이슬란드의 바다를 찾는다. 고래를 만나기 위해서는 고래 관광의 수도라 불리는 후사비크와 달비크, 레이캬비크, 아퀴레이리 등의 항구에서 떠나는 고래 관광 투어에 참가하면 되는데 운이 좋으면 혹등고래가 멋지게 점프하거나 먹이를 먹기 위해 물 밖으로 머리를 내민 모습을 볼 수도 있다.

ISK 성인 기준 1만 990 ISK부터

일생에 한 번은 꼭
오로라 관찰

10

대도시의 불빛이 드문 아이슬란드는 여행 중 자연이 펼치는 가장 스펙터클하고 신비로운 쇼, 오로라를 감상할 수 있는 최적의 나라이다. 아이슬란드에서 오로라를 관찰할 수 있는 시기는 9월~4월 중순이며 오로라를 만날 확률을 높이기 위해서는 맑은 겨울날 밤 레이캬비크나 아퀴레이리에서 출발하는 오로라 헌팅 투어에 참가해보는 것도 좋은 방법이다.

ISK 레이캬비크 오로라 투어 성인 기준 9990 ISK부터

여행 선물 고민 끝!

독특하고 실속 있는 아이슬란드 기념품 총 정리

레이캬비크와 아퀴레이리의 쇼핑 거리나 주요 관광지 방문자 센터의 기념품 숍에서는 귀여운 퍼핀 인형과 바이킹 관련 기념품, 폭신폭신한 울 마그넷, 손뜨개 소품 등을 구입할 수 있다. 특히 부드럽고 가벼우면서도 발수성이 뛰어난 아이슬란드의 울 제품은 남녀노소 누구나 좋아하는 쇼핑 아이템이다. 블루라군의 풍부한 미네랄을 담은 화장품 블루라군 아이슬란드Blue Lagoon Iceland, 아이슬란드 명품 화장품 바이오이펙트Bioeffect, 아이슬란드 유기농 화장품 솔레이 오가닉스Sóley Organics의 제품들은 레이캬비크 시내나 공항 면세점에서 구입할 수 있다.

아이슬란드 울 스웨터 로파페이사Lopapeysa

따뜻하고 디자인도 예쁜 벙어리장갑

블루라군 아이슬란드의 시그니처 마스크 3종을 모두 담은 아이스 큐브

블루라군의 풍부한 미네랄을 담은 실리카 머드 마스크

아이슬란드 전통 술 브레니빈

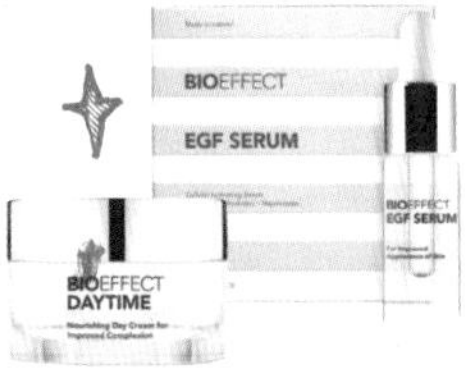

세포 재생 효과로 유명한 바이오이펙트 EGF 세럼과 데이 크림

아이슬란드의 마스코트 퍼핀 인형

아이슬란드 허브로 만든 솔레이 오가닉스의 수분 크림과 힐링 밤

토올프 토우나르의 시크한 에코백

한 손에 쏙 들어오는 아이슬란드 사진집

캔에 담긴 신선한 아이슬란드 공기

패키지까지도 마음에 쏙 드는 아이슬란드 음반들

깜찍한 미니 사이즈의 레이카 보드카

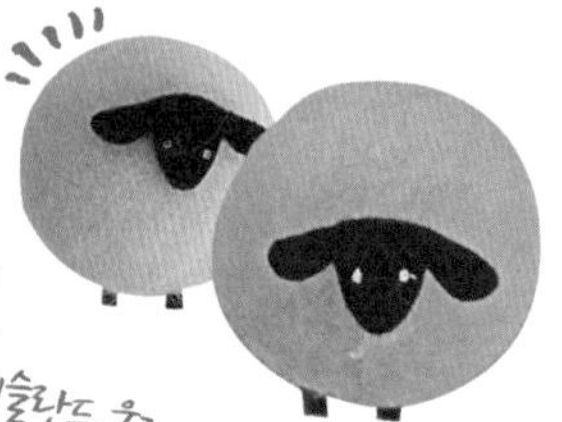

폭신한 아이슬란드 울로 만든 양 마그넷

가볍고 따뜻한
아이슬란드 양모 담요

예쁜 패키지와 독특한 맛을
자랑하는 Omnom 수제 초콜릿

선물용으로 좋은
예쁜 열쇠고리

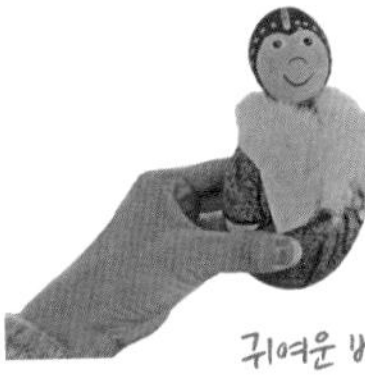

귀여운 바이킹 목각 인형

귀여운 아이슬란드 지도와
퍼핀 모양 마그넷

Where

어디에서 사야 할까?

한드프료나삼반드 이슬란츠
Handprjónasamband Islands

아이슬란드 울 스웨터인 로파페이사와 장갑, 모자 등 직접 손으로 뜬 다양하고 질 좋은 아이슬란드 울 제품과 털실을 구입할 수 있다.

@ handknit.is

에이문드손 Eymundsson

아이슬란드에서 가장 오래되고 큰 서점으로 책 이외에도 CD, DVD, 지도, 엽서, 간단한 기념품을 판매한다.

@ www.penninn.is

노르딕 스토어 Nordic Store

아이슬란드 울 제품을 비롯하여 털실, 신발, 초콜릿, 소금, 허브 차, 액세서리 등 다양한 기념품을 판매하는 기념품상점이다.

@ www.nordicstore.net

람마게르딘 Rammagerðin

1940년에 문을 연 전통 있는 기념품 상점으로 다른 곳에 비해 독특하고 예쁜 기념품이 많다. 레이캬비크 도심과 케플라비크 공항에 지점이 있다.

@ www.rammagerdin.is

리피야 Lyfja

레이캬비크의 뢰이가베구르 거리를 비롯해 아이슬란드 전역에 지점을 가지고 있는 약국 체인으로 바이오이펙트, 솔레이 오가닉스를 비롯한 화장품과 건강식품을 구입할 수 있다.

@ www.lyfja.is/english

토울프 토우나르 12 Tónar

레이캬비크에 있는 유명 레코드 숍으로 직접 제작하는 아이슬란드 뮤지션들의 음반을 비롯하여 재즈, 클래식 등 다른 장르의 음반도 갖추고 있다.

@ www.12tonar.is

실속 있고 알뜰하게!

아이슬란드 슈퍼마켓 쇼핑 아이템

아이슬란드의 슈퍼마켓에서는 기념품보다 여행 중에 먹는 식품이나 간식을 주로 사게 되는데 그중 가장 많이 구입하는 것은 핫도그 재료와 안주로 좋은 말린 대구포이다. 아이슬란드의 유명 초콜릿이나 사탕, 핫도그 소스, 털실 등 선물용으로 좋은 아이템들은 여행 막바지에 레이캬비크나 아쿠레이리의 대형 슈퍼마켓에 들러 한꺼번에 사는 것이 좋다.

입맛대로 고를 수 있는
Nói Síríus 판초콜릿, 각 529 ISK

아이슬란드 대표 간식인 말린
대구포, 하르드피스쿠르 1499 ISK

하르드피스쿠르에 발라 먹는
고소한 아이슬란드 버터
Smjör(250g) 359 ISK

팝아트 디자인의 패키지가 예쁜
Opal 감초 맛 목캔디 249 ISK

밀크 초콜릿 안에 감초 젤리를 넣은
Nóa Lakkrís 초콜릿 볼 429 ISK

코코넛 가루를 입힌 바삭한
초콜릿 바 Florida 288 ISK

이름도 모양도 용암인
Hraun 초콜릿 바 239 ISK

간식으로 먹을 핫도그용
소시지 429 ISK

아이슬란드 핫도그 맛의 비밀
핫도그 소스와 프라이드 어니언
각 329 ISK / 259 ISK

비타민 보충에 좋은 신선한 딸기(250g)와
블루베리(500g) 각 579 ISK / 1499 ISK

환타 맛의 아이슬란드
국민 음료수 Appelsín 269 ISK

고소하고 담백한 아이슬란드
고다 치즈(17%) 1580 ISK

고단백 저칼로리 아이슬란드
요구르트 스키르(170g) 156 ISK

버섯, 파프리카 등 다양한 맛의
Smurostur 치즈 스프레드(250g/20g) 514 ISK

아이슬란드 로파페이사를 직접
떠 입을 수 있는 양모 털실 각 570 ISK

Where

어디에서 사야 할까?

Bónus

아이슬란드에서 가장 유명한 할인 슈퍼마켓 체인으로 아이슬란드 전역에 32개의 매장이 있다. 아이슬란드를 여행하다 보면 가장 자주 들르게 되는 상점으로 저렴한 가격에 다양한 식료품을 구입할 수 있다.

@ www.bonus.is

Krónan

레이캬비크 외곽 지역과 근교 도시, 남부의 셀포스와 헤이마에이 섬 등에 20개의 매장을 가지고 있는 슈퍼마켓 체인으로 Bónus보다 매장이 크고 고기나 생선 등의 신선 식품, 건강식품 등이 더 다양하다.

@ www.kronan.is

Samkaup

Samkaup는 Nettó, Úrval, Strax, Krambúð 등 콘셉트가 조금씩 다른 여러 종류의 슈퍼마켓을 운영하고 있는 아이슬란드 최대 소매 업체 중 하나로 아이슬란드 전역에 약 50개의 매장을 가지고 있다.

@ www.samkaup.is

Nettó

Samkaup사에서 운영하는 대형 할인 슈퍼마켓 체인으로 아퀴레이리와 레이캬비크를 비롯하여 호픈, 에이일스타디르, 후사비크, 보르가네스, 셀포스 등 아이슬란드 전역에 16개의 매장을 가지고 있다.

@ netto.is

Hagkaup

우리나라의 대형 마트와 비슷한 대형 슈퍼마켓 체인으로 식품, 의류, 가구, 가전제품, 화장품, 털실 등 모든 종류의 제품을 판매하는 곳이다. 아이슬란드 주요 도시에 총 11개의 매장을 가지고 있다.

@ www.hagkaup.is

10-11

아이슬란드의 대표적인 편의점 브랜드로 우리나라 편의점과 마찬가지로 슈퍼마켓에 비해 가격이 높은 편이지만 다른 곳이 문을 닫은 시간에 이용할 수 있다는 것이 장점이다. 레이캬비크와 주변 지역에 지점이 있다.

@ www.10-11.is

추천! 아이슬란드의 목장 레스토랑 & 카페

아이슬란드를 여행하다 보면 소, 양, 닭, 말 등을 키우는 목장에서 운영하는 레스토랑과 카페들을 종종 만날 수 있다. 이런 레스토랑과 카페의 좋은 점은 목장에서 키우는 가축으로 요리한 신선하고 맛있는 요리들과 직접 짠 우유로 만든 수제 아이스크림을 맛볼 수 있다는 것이다. 일부 목장 레스토랑들은 한쪽 벽면의 유리창을 통해 외양간을 바로 볼 수 있게 해놓은 곳도 있어 더욱 신기하고 재미있게 식사를 즐길 수 있다.

에프스티달루르 Efstidalur II

싱벨리르 국립공원에서 게이시르로 가는 37번 도로 근처에 있는 목장 레스토랑으로, 예쁜 초록색 건물의 1층은 아이스크림과 커피를 파는 카페이고 2층은 레스토랑이다. 카페 한쪽 벽의 유리창을 통해 바로 옆에 붙은 외양간을 볼 수 있으며 직접 만든 수제 아이스크림은 많이 달지 않으면서도 맛있다. 10개의 객실이 있는 B&B도 함께 운영하고 있다.

- Bláskógabyggð, 801 Laugarvatn
- +354 486 1186
- **카페** 10:00-20:00, **레스토랑** 11:30-20:00(계절에 따라 시간 변동 있음)
- www.efstidalur.is

감라 피요시드 Gamla Fjósið

아이슬란드 남부에 있는 이 목장 레스토랑은 웅장한 스테이나피아틀Steinafjall과 유명한 화산 에이야피야틀리요쿨Eyjafjallajökull 아래에 있던 오래된 외양간을 개조한 곳이다. 목장에서 직접 키운 소고기로 만든 요리들이 유명한데, 점심으로는 볼케이노 수프, 파머스 버거, 스테이크 샌드위치 등 가벼운 요리들을 주문할 수 있다. 1번 링로드에 있어 접근성도 좋다.

- Hvassafell, 861 Hvolsvöllur
- +354 487 7788
- 연중 매일 11:00-20:30
- www.gamlafjosid.is

보가피요스 Vogafjos

미바튼 호수 근처의 목장에서 운영하는 유명 레스토랑이다. 레스토랑의 한쪽 면이 유리로 되어 있어 옆에 붙어 있는 외양간을 구경할 수 있으며 예쁜 아이슬란드 울 제품을 비롯한 다양한 기념품도 판매한다. 홈메이드 로컬 푸드를 기본으로 하며 직접 짠 신선한 우유로 만든 치즈, 지열로 쪄낸 게이시르 빵, 양고기 요리, 송어 구이, 햄버거 등을 맛볼 수 있으며 아이스크림과 케이크도 맛있다.

- Vogafjós, 660 Mývatn
- +354 464 3800
- 12:00-21:30(겨울 시즌에는 단축 운영)
- www.vogafjosfarmresort.is/en

아이슬란드의 시크릿 온천

누구나 다 아는 아이슬란드의 대표 관광지 블루라군과 미바튼 네이처 바스를 제외하고도 아이슬란드 곳곳에는 깔끔한 시설의 현대적인 온천 수영장부터 계곡을 따라 흐르는 온천수의 강, 지열 지대 한가운데 있는 천연 노천풀, 동굴 속 온천까지 다양한 형태의 온천이 숨어 있다. 이런 온천들 중에는 관광지에서 쉽게 접근할 수 있는 곳도 있지만 하이킹을 해서 일부러 찾아가야 하는 곳도 있는데, 접근성이 좋지 않은 온천일수록 무료로 들어갈 수 있고 방문하는 사람들이 적어서 마음껏 온천욕을 즐길 수 있다.

❶ 흐베라벨리르 Hveravellir

아이슬란드의 남부와 북부를 내륙으로 연결하는 키윌뤼르 루트에 있는 흐베라벨리르는 2개의 빙하, 호프스요쿨Hofsjökull과 랑요쿨Langjökull 사이에 있는 지열 지대로, 나무로 만든 하이킹 트레일을 따라 주변을 돌아볼 수 있으며 트레일 옆의 천연 노천풀에서 온천욕도 즐길 수 있다.

@ www.hveravellir.is

❷ 감라 라우긴 Gamla Laugin

'오래된 온천'이라는 뜻의 감라 라우긴은 골든 서클에서 멀지 않은 플뤼디르Flúðir 마을에 있는 온천으로, 1891년에 만들어진 아이슬란드에서 가장 오래된 온천 수영장을 깔끔하게 단장하여 Secret Lagoon이라는 이름으로 2014년에 다시 오픈한 곳이다. 김이 모락모락 피어오르는 지열 지대에 있는 온천풀은 연중 38~40℃를 유지하며 천연 바위들과 야생화가 피어 있는 푸른 이끼 들판에 둘러싸여 있다.

@ www.secretlagoon.is

❸ 뢰이가바튼 폰타나 Laugarvatn Fontana

골든 서클 싱벨리르와 게이시르 사이에 위치한 작은 마을 뢰이가바튼Laugarvatn에 있는 현대적인 온천이다. 다양한 깊이와 온도를 가진 온천풀과 사우나 등의 시설이 있으며 뢰이가바튼 호숫가에 있어 시원한 호수 경치를 감상할 수 있다. 12세 이하 어린이는 무료이며 온천 빵 만들기 체험 프로그램도 있어 아이들과 함께 방문하기에 좋다.

@ www.fontana.is

❹ 레이캬달루르 Reykjadalur

남부의 흐베라게르디Hveragerði 마을에서 하이킹으로 갈 수 있는 계곡 레이캬달루르는 온천욕을 즐길 수 있는 온천수 강으로 유명한 곳이다. '꽃보다 청춘 아이슬란드' 팀이 방문한 후 우리나라 관광객들 사이에서도 이름이 알려지기 시작했는데 주차장에서 1시간 정도 하이킹을 해서 들어가야 하기 때문에 여름철에 방문하는 것이 좋다. 레이캬비크에서 출발하는 일일투어로도 방문할 수 있다.

1

2

©Iceland Travel

©Iceland Travel
3

©Iceland Travel
3

©Iceland Travel

4
©Iceland Travel

5
©Iceland Travel

6

❺ 란드만나뢰이가 Landmannalaugar

남부 하이랜드의 란드만나뢰이가는 지구가 아닌 다른 행성에 간 듯한 신비로운 풍경과 세계적으로 유명한 하이킹 트레일로 유명하며 이곳에 있는 천연 노천풀은 하이킹에 지친 여행자들이 피로를 풀기에 최고의 장소이다. 여행객 숙소인 Landmannalaugar hut에서 노천풀까지는 나무로 된 길로 연결되어 있다.

❻ 호프소스 온천 수영장 Sundlaugin á Hofsósi

아이슬란드 북부의 작은 마을 호프소스에는 아이슬란드에서 가장 아름다운 전망을 자랑하는 온천 수영장이 있다. 바다가 한눈에 굽어보이는 해안 절벽 끝 쪽 위에 있어 인피니티 풀과 같이 아무것에도 방해받지 않는 멋진 전망을 감상할 수 있다. 아이들 전용 풀도 함께 있어 가족 여행으로 방문하기에도 좋은 곳이다. 아퀴레이리에서 1시간 30분 정도면 이동할 수 있다.

@ www.facebook.com/sundlauginhofsosi

❼ 그리오타이아우 Grjótagjá

미바튼 호수 지역의 레이캬흘리드 남쪽에 있는 작은 온천 동굴, 그리오타이아우는 온천수 온도가 45~50℃ 정도로 온천욕을 즐기기에는 조금 높아 족욕으로 여행의 피로를 푸는 사람들이 더 많다. 동굴 속 온천수는 미바튼 네이처 바스의 온천수에 비해 훨씬 맑고 짙은 푸른빛을 띠어 눈부시게 아름답다. 또한 이 동굴은 유명한 미국 드라마 '왕좌의 게임Game of Thrones' 시즌 3의 다섯 번째 에피소드 'Kissed by Fire'를 촬영한 곳으로도 알려져 있다.

❽ 셀야발라뢰이그 Seljavallalaug

아이슬란드 남부, 에이야피아틀라요쿨 아래의 깊은 계곡 안에 있는 셀야발라뢰이그는 1923년에 만들어진, 아이슬란드에서 가장 오래된 온천 수영장 중 하나이다. 가로 10m, 세로 25m의 온천풀은 근처에서 흘러나오는 20~30℃의 천연 온천수로 가득 채워져 있는데 여름에만 가끔씩 자원봉사자들이 청소를 하기 때문에 물에 이끼가 많이 끼어 있다는 것이 단점이다. 계곡 깊숙한 곳에 있기 때문에 주변 경치는 무척 아름답지만 주차장에서 20~30분 정도 걸어 들어가야 한다.

아이슬란드 하이킹

세계의 다른 어느 곳에서도 찾아볼 수 없는 아이슬란드의 특별한 자연을 가까이에서 느끼는 가장 좋은 방법은 거칠고 황량한 아이슬란드의 땅을 걷는 하이킹이다. 아이슬란드의 하이킹 트레일은 1시간 정도 가볍게 산책하듯 걷는 쉬운 코스부터 4~5일 정도 걸리는 난이도 높은 코스까지 그 수가 많고 종류도 다양하다. 누구나 도전해볼 수 있는 짧은 하이킹 트레일은 바트나요쿨 국립공원 내의 스카프타펠과 미바튼 호수 지역, 남부의 디르홀레이 능에 있으며 아이슬란드에서 가장 유명한 하이킹 트레일은 란드만나뢰이가에서 소르스뫼르크까지 55km에 이르는 뢰이가베구르인Laugavegurinn이다. 아이슬란드의 하이킹 트레일에 대한 좀 더 자세한 정보는 The Iceland Touring Association의 웹사이트 www.fi.is에서 찾아볼 수 있다.

뢰이가베구르인 Laugavegurinn

란드만나뢰이가와 소르스뫼르크를 연결하는 하이킹 트레일인 뢰이가베구르인은 총천연색으로 빛나는 컬러풀한 산들과 펄펄 끓는 용암지대, 웅장한 빙하, 온천, 시원한 강과 호수 등 아이슬란드의 드라마틱한 자연을 모두 즐길 수 있는 최고의 트레일이다. 일반적으로 총 4일 정도가 소요되며 20kg에 이르는 짐을 메고 매일 12~15km 정도의 거친 길을 변덕스러운 날씨와 씨름하여 걸어야 하기 때문에 먼저 자신이 체력적으로 감당할 수 있는지를 고려해보고 장비 또한 잘 갖추고 도전해야 한다. 대부분의 하이커들이 란드만나뢰이가에서 출발하여 소르스뫼르크에 도착하는 것으로 루트를 잡는 이유는 상대적으로 소르스뫼르크(해발 약 200m)가 란드만나뢰이가(해발 600m)에 비해 고도가 낮아 좀 더 걷기 쉽기 때문이다. 트레일이 자연보호 구역에 속하기 때문에 숙박은 각 지역마다 있는 산장이나 산장 근처의 정해진 캠핑장에서만 하며 산장은 일반적으로 6월 말에서 9월 초까지만 문을 연다. 트레일 내에 있는 산장에는 공동 침실과 부엌, 화장실, 샤워 시설(사용료 500~1000 ISK, 흐라픈틴뉘스케르 Hrafntinnusker 산장에는 없음) 등이 갖추어져 있으나 이불이나 베개가 없기 때문에 자신의 침낭과 여행용 베개는 짐에 넣어서 가지고 다녀야 한다. 또한 대부분의 산장에서 태양열을 이용하여 자가발전을 하기 때문에 흐린 날은 전력이 충분치 않아 충전(충전 비용 500~1000 ISK)이 불가능할 수 있으므로 보조 배터리를 충분히 챙기는 것이 좋으며 산장에서는 카드 결제가 안 되는 경우가 많으므로 미리 현금을 준비해야 한다. 이 트레일은 여름 시즌에만 오픈하며 숙박할 수 있는 곳도 제한되므로 여행 일자가 확정되었다면 숙박은 몇 달 전에 미리 예약하는 것이 좋다. 추가 정보는www.fi.is/en/hiking-trails/trails/laugavegur 참고.

Laugavegurinn
하이킹 트레일
산장
F208
란드만나뢰이가
Landmannalaugar (600m)
Brennisteinsalda
(855m)
Bláhnúkur (945m)
Stórihver
호라픈틴뉘스케르
Hrafntinnusker (1100m)
Jökultungur
Torfajökull
F210
알프다바튼
Álftavatn (530m)
F210
틴드피야틀라요쿨
Tindfjallajökull
F261
마카플리오츠글리우퓌르
Markarfljótsgljúfur
엠스튀르
Emstrur (500m)
소르스뫼르크
Þórsmörk (200m)
미르달스요쿨
Mýrdalsjökull
에이야피야틀라요쿨
Eyjafjallajökull
핌뵈르뒤하울스
Fimmvörduháls
스코가포스 Skógafoss

뢰이가베구르인 하이킹 투어

개별적으로 뢰이가베구르인 하이킹에 도전하는 것에 자신이 없다면 가이드와 함께 그룹으로 하이킹을 하는 투어 프로그램에 참가할 수도 있다. 레이캬비크에서 출발하여 총 4~6일이 소요되는 이런 프로그램들은 전문 가이드와 산장 숙박, 식사, 레이캬비크에서의 교통편 등이 포함된다. 무엇보다 좋은 점은 무거운 짐은 차량으로 다음 숙박 장소까지 이동해주기 때문에 간단한 짐만 가지고 하이킹을 즐길 수 있다는 것과 전문 가이드의 도움을 받을 수 있다는 것이다. 대표적인 하이킹 투어 프로그램 일정은 다음과 같으며 만약 일정에 여유가 있다면 소르스뫼르크 산장에서 추가로 2박 정도 숙박하며 핌뵈르뒤하울스Fimmvörduháls 고개까지의 하이킹을 비롯한 주변 지역 하이킹을 즐기는 6일 일정의 프로그램을 선택할 수도 있다.

DAY1
Reykjavík-Landmannalaugar-Hrafntinnusker
12km : 4~5시간 하이킹

레이캬비크 투어리스트 인포메이션에서 오전 7시에 미팅하여 란드만나뢰이가까지 차량으로 이동한 후 남쪽으로 하이킹을 시작한다. 뢰이가흐뢰인Laugahraun 용암지대를 통과하여 총천연색으로 빛나는 아름다운 브렌니스테인살다Brennisteinsalda 산에 오른다. 3~4시간 정도 경치를 감상하며 걷다 보면 스토리흐베르Stórihver 온천 지대에 도착하며 그곳에서부터 흑요석 황야 지대를 지나 흐라픈틴뉘스케르Hrafntinnusker 산장까지 가서 숙박한다.

DAY2
Hrafntinnusker-Álftavatn

12km : 4~5시간 하이킹

흐라픈틴뉘스케르 산장에서 출발하여 노란색과 오렌지색으로 빛나는 컬러풀한 레이캬피요틀Reykjafjöll 산의 능선을 따라 요쿨퉁구르Jökultungur 쪽으로 내려간다. 요쿨퉁구르에서는 아름다운 호수가 있는 알프다바튼Álftavatn 지역 전체의 경치를 감상할 수 있다. 이날은 꽤 가파른 길을 내려가야 하기 때문에 하이킹 시 특히 주의하여야 한다. 작은 시내를 건너 호수 근처 알프다바튼 산장까지 내려와 그곳에서 숙박한다.

DAY3
Álftavatn-Emstrur
16km : 6~7시간 하이킹

무릎 정도 깊이의 강을 건너는 것으로 시작하여 원뿔 모양의 초록 화산, 스토라술라Stórasúla의 기슭을 지나 검은 모래와 돌로 이루어진 마이리펠스산두르Mælifellssandur의 사막지대로 들어선다. 이날 날씨가 좋아 시야가 양호한 경우에는 미르달스요쿨, 에이야피야틀라요쿨의 웅장하고 멋진 경치를 감상할 수 있다. 숙박할 산장에 도착하기 전에 200m 깊이의 경이로운 협곡, 마카플리오츠글리우푸르Markarfljótsgljúfur에 들른 후 엠스튀르Emstrur 지역의 보트나르Botnar 산장에서 숙박한다.

DAY4
Emstrur-Þórsmörk-Reykjavík
15km : 6~7시간 하이킹

미르달스요쿨에서 몇 km밖에 떨어지지 않은 엠스튀르의 계곡들을 오르고 내려오기를 반복하다 보면 이 트레일에서 가장 깊은 스롱가우Þröngá 강을 만나게 된다. 이 강을 건너면 주변이 초목으로 우거진 풍경으로 바뀌는 소르스뫼르크 숲 지대가 시작된다. 30분 정도 숲길을 걸으면 이 트레일의 마지막 목적지 소르스뫼르크 산장에 도착한다. 하이킹을 끝내고 레이캬비크로 돌아온다.

아이슬란드 캠핑

여름 성수기에 아이슬란드를 여행하려면 부족한 숙소와 비싼 가격 때문에 숙소 예약에 애를 먹는 경우가 많은데 만약 캠핑 경험이 있다면 캠핑 여행을 하는 것이 좋은 대안이 될 수 있다. 아이슬란드에는 약 170개의 정식 등록된 캠핑장이 있으며 대부분 6월 초부터 8월 말이나 9월 중순까지 문을 연다. 많은 사람들이 링로드를 따라 여행하기 때문에 링로드 근처의 캠핑장이 인기 있으며 하이랜드 하이킹 트레일에 있는 캠핑장도 많이 이용한다. 숙박 요금은 1박에 성인 기준 1200~2200 ISK 정도인데 부대시설이 많을수록 요금이 높으며 전기나 세탁기 등의 캠핑장 시설은 별도의 이용료가 있다. 캠핑장마다 오픈 시기와 부대시설이 다르므로 아래의 아이슬란드 주요 캠핑장 정보를 미리 확인하고 가는 것이 좋다. 좀 더 자세한 아이슬란드 캠핑장 정보는 www.tjalda.is/en 또는 utilegukortid.is/을 참고하자.

인포메이션	개수대	온수	화장실	샤워 시설
전기	세탁기	전화	인터넷	조리 시설
조식 판매	레스토랑	카라반 시설	캐빈 렌털	주차장
슈퍼마켓	수영장	BBQ	산책로	주유기
자전거 대여 및 보관	캠핑카 오수 처리 시설	휠체어 접근 가능	버스 정류장	놀이터

❶ 레이카비크
Reykjavik Eco Campsite

텐트, 통나무집, 캠핑카 등 650명 이상이 숙박할 수 있는 대형 캠핑장으로 모든 부대시설을 잘 갖추고 있다. 레이캬비크 도심에서 3㎞ 떨어진 곳에 있으며 케플라비크 공항버스도 정차한다. 인포메이션 센터에서 투어도 예약할 수 있다.

- Sundlaugarvegur 32, 105 Reykjavík (구글맵 64.146295, -21.876029)
- 연중 오픈
- www.reykjavikcampsite.is

❷ 게이시르
Geysir Campsite

Hotel Geysir에서 운영하는 캠핑장으로 게이시르 방문자 센터 근처에 있어 레스토랑을 편리하게 이용할 수 있다. 텐트보다는 캠핑카 이용객이 많은 편이다.

- Geysir, 801 Haukadal (구글맵 64.313278, -20.297355)
- 5/15~9/15
- www.hotelgeysir.is

❸ 셀포스
Gesthús Selfoss Campsite

Gesthús Selfoss에서 운영하는 캠핑장으로 텐트와 캠핑카 모두 이용 가능하다. 셀포스 시내와 가까워 레스토랑, 슈퍼마켓을 이용하기에도 편리하다.

- Engjavegur 56, 800 Selfoss (구글맵 63.933102, -20.987131)
- 연중 오픈
- www.gesthus.is/english/campsite

❹ 소르스뫼르크
Básar Camping Ground

바우사르 산장 주변에 있는 캠핑장으로 아이슬란드에서 가장 경치가 좋은 캠핑장 중 하나로 손꼽히며 화장실 등의 부대시설은 산장 내에 있다. 주변에 수많은 하이킹 트레일이 있다.

- Básar á Goðalandi, 861 Hvolsvöllur (구글맵 63.677277, -19.481379)
- 6/10~9/15
- www.utivist.is/english/basar-hut

❺ 스코가르
Skógar Camping Ground

스코가포스 바로 앞에 있는 캠핑장으로 기본적인 시설만 갖추어져 있지만 폭포의 멋진 전경을 감상할 수 있어 인기가 있다. 다만 사람들이 많이 다니는 길목에 있고 폭포 소리가 생각보다 크게 들려서 예민한 사람이라면 숙면을 취하지 못할 수도 있으니 참고하자.

- Skógar, 861 Hvolsvöllur (구글맵 63.527981, -19.511744)
- 연중 오픈
- nat.is/camping-in-skogar/

❻ 비크
Þakgil Camping Ground

비크 근처에 있는 아이슬란드 느낌을 물씬 풍기는 캠핑장으로 산으로 둘러싸인 아늑한 골짜기에 자리 잡고 있어 1번 링로드에서 20㎞ 정도 비포장도로를 달려 내륙으로 들어가야 한다. 주변에 작은 시내가 흐르고 공동 식당은 동굴 안에 있어 자연 속에서 재미있는 캠핑을 즐길 수 있다.

- Höfðabrekkuafrétti, 871 Vík (구글맵 63.542028, -18.900521)
- 6/1~9/15
- www.thakgil.is

❼ 에이일스타디르
Egilsstaðir Camping Ground

동부 아이슬란드의 교통 허브인 에이일스타디르 마을 내에 있는 캠핑장으로 편리한 시설과 위치로 인기가 있다. 캠핑장 서비스 센터에 에이일스타디르 방문자 센터가 함께 있다. 텐트보다는 캠핑카 이용객이 많은 편이다.

- Kaupvangur 17, 700 Egilsstaðir (**구글맵** 65.258223, -14.407428)
- 연중 오픈
- www.visitegilsstadir.is/en/where-to-stay/egilsstadir-camping-ground
- WC @

❽ 세이디스피오르드
Seyðisfjörður Camping & Caravan Site

세이디스피오르드 마을 내에 있는 캠핑장으로 텐트와 캠핑카 이용객 모두 만족할 만한 곳이다. 깔끔하고 편리한 시설을 갖추고 있으며 아름다운 세이디스피오르드의 경치를 만끽할 수 있다.

- Ránargata 5, 710 Seyðisfjörður (**구글맵** 65.260180, -14.010784)
- 5/1~9/30
- www.visitseydisfjordur.com/project/camping-and-caravan-site
- WC @

❾ 미바튼
Bjarg Campsite

레이캬흘리드의 미바튼 호숫가에 있는 아름다운 캠핑장으로 맞은편에 관광 안내소와 슈퍼마켓이 있어 편리하다. 프런트 데스크에서 투어 예약도 가능하다.

- Bjarg Reykjahlíð, 660 Mývatn (**구글맵** 65.640214, -16.914858)
- 5/1~9/20
- www.visitmyvatn.is/en/accomodation/myvatn-camping-site
- WC

❿ 아큐레이리
Hamrar Camping Ground

아큐레이리 도심과 공항의 남쪽, 평화롭고 아름다운 숲 지대에 있는 캠핑장이다. 4000㎡ 넓이의 캠핑장은 16개 구역으로 나뉘어 있어 원하는 곳에서 캠핑을 할 수 있으며 시설도 잘 갖추어져 있다. 넓은 놀이터와 작은 연못이 있어 아이들과 함께 숙박하기에 더할 나위 없이 좋은 곳이다.

- Kjarnaskogur, 600 Akureyri (**구글맵** 65.648120, -18.104958)
- 연중 오픈
- www.hamrar.is
- WC @

⓫ 스티키스홀뮈르
Stykkishólmur Camping Ground

스나이펠스네스 반도의 북쪽 해안에 있는 마을 스티키스홀뮈르 중심가에 있는 캠핑장으로 다양한 시설이 잘 갖추어져 있고 깔끔하게 관리된다. 바로 옆에 골프 코스가 있으며 수영장, 슈퍼마켓, 레스토랑 들도 도보 5분 정도 거리에 있다.

- Aðalgata 29, 340 Stykkishólmur (**구글맵** 65.070704, -22.733648)
- 연중 오픈
- www.west.is/en/service/stykkisholmur-camping-ground
- WC @

⓬ 후사펠
Húsafell Campsite

레이크홀트와 흐라운포사르 근처 작은 마을 후사펠에 있는 캠핑장으로 수영장, 놀이터, 골프 코스 등 다양한 시설이 있는 코티지 단지 내에 있어 가족 여행에 좋은 곳이다. 여름철 토요일 저녁에는 캠프파이어 프로그램도 있다.

- Húsafell, 320 Reykholt (**구글맵** 64.699314, -20.868536)
- 5/20~9/20
- www.husafell.is/english/camping-site
- WC @

Camping Tip 1

캠핑용 가스 구입

캠핑용 가스는 기내 반입이 금지되므로 현지에 도착한 후 구입해야 한다. 주유소에 딸린 매점이나 대형 슈퍼마켓에서 판매하는데 자신의 스토브에 맞는 종류가 없어서 사지 못하는 경우도 있으므로 레이캬비크 시내의 전문 캠핑 용품점에 들러 미리 구입하는 것도 고려해볼 만하다. 레이캬비크 구항구 근처에 있는 대형 아웃도어 용품 판매점인 Ellingsen(www.ellingsen.is)에서는 다양한 종류의 캠핑 연료를 판매하며 캠핑 장비 렌털 업체들에서도 캠핑용 연료와 가스를 판매한다.

Camping Tip 2

레이캬비크 캠핑 장비 렌털

캠핑 장비를 한국에서부터 가져가기 부담스럽거나 부족한 장비가 있다면 레이캬비크에 있는 캠핑 장비 렌털 회사를 이용해보자. 텐트부터 매트리스, 침낭, 조리도구, 가스 스토브, 하이킹 장비, 포켓 와이파이까지 다양한 종류의 캠핑 용품을 대여할 수 있으며 웹사이트에서 미리 필요한 물품을 골라 결제한 후 레이캬비크에 도착하여 픽업하면 된다. 좀 더 자세한 정보는 Iceland Camping Equipment Rental(www.iceland-camping-equipment.com)또는 Gangleri Outfitters(outfitters.is/) 참고.

Camping Tip 3

장기 짐 보관 서비스

렌터카를 이용하지 않고 캠핑 여행을 할 경우에는 무거운 짐을 계속 갖고 다니는 것이 큰 부담이 될 수 있다. 이럴 때는 레이캬비크 캠핑장이나 호스텔에서 제공하는 장기 짐 보관 서비스를 이용해보자. 단, 짐 보관 서비스를 이용할 경우 대부분 여러 사람의 짐을 같은 장소에 한꺼번에 보관하므로 귀중품은 남겨두지 않는 것이 좋다. 좀 더 안전하게 짐을 보관하고 싶다면 비용은 더 비싸지만 레이캬비크 도심의 Traðarkot Car Park, BSI 버스 터미널, 레이캬비크 국내선 공항 등에 있는 로커(www.luggagelockers.is)를 이용할 수도 있다.

©Iceland Travel

아이슬란드 오로라 여행

북극권 바로 아래에 있는 아이슬란드는 겨울철에는 오후 4시면 해가 져서 하루를 빨리 마감하고 긴 밤을 맞이해야 하는 곳이다. 이런 겨울밤은 짧은 일정 중에 가능한 한 많은 곳을 봐야 하는 여행객들에게는 반갑지 않은 시간일 수 있지만 오로라를 감상할 수 있는 반가운 시간이기도 하다. 아이슬란드에서 오로라를 관찰할 수 있는 시기는 광범위하게는 9~4월 중순이며 그중에서도 오로라 여행에 가장 좋은 시기는 밤이 가장 긴 11~2월이다. 운이 좋으면 아무 노력을 하지 않아도 레이캬비크의 호텔 창문을 통하여 오로라를 실컷 감상하는 기막힌 행운을 만날 수도 있지만 대부분의 관광객들은 오로라를 만날 확률을 높이기 위해 오로라 헌팅 투어에 참가한다.

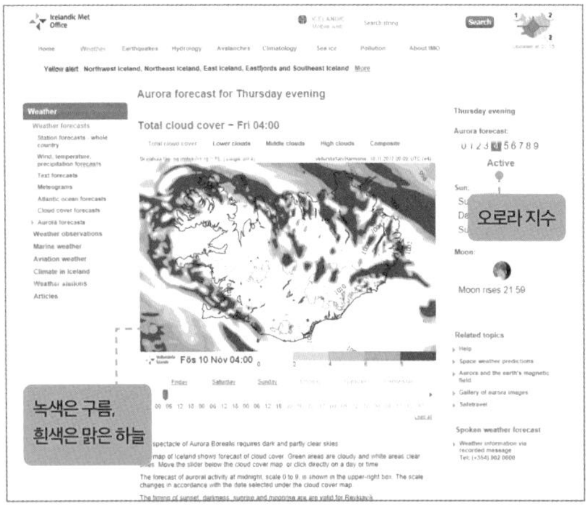

en.vedur.is/weather/forecasts/aurora

오로라 관찰 가이드

1

아이슬란드 기상청 사이트의 Aurora Forecast(en.vedur.is/weather/forecasts/aurora)를 통하여 오로라를 만날 확률을 미리 확인해볼 수 있으며 Northern Eye Aurora Forecast 등의 스마트폰 애플리케이션을 다운로드해 가도 매일매일의 오로라 지수(Kp 지수)를 확인해볼 수 있다.

2

추운 겨울 밤 오로라 헌팅을 나서기 위해서는 스키복으로 온몸을 꽁꽁 감싸고 털모자, 페이스 마스크, 목도리, 장갑, 스노부츠, 핫팩 등 방한 용품을 철저히 준비해야 한다.

3

오로라가 크지 않으면 맨눈으로는 잘 보이지 않지만 사진을 찍으면 선명하게 볼 수 있는 경우가 많다. 가능하면 카메라를 가져가서 평생 남을 오로라 사진을 찍어보자.

4

오로라 사진을 좀 더 잘 찍고 싶다면 DSLR 카메라와 삼각대를 준비하는 것이 필수이다. 셔터를 누를 때 카메라가 흔들릴 수 있으므로 릴리스도 있으면 좋다.

5

DSLR 카메라로 오로라를 촬영할 때는 우선 수동 모드로 바꾼 후 달의 밝기와 오로라의 강도에 따라 조리개는 F2.8~4, ISO는 1600~3200, 셔터 스피드는 10~30초 사이에서 조정한다.

6

추운 날씨에는 배터리가 쉽게 방전되므로 여분의 배터리를 넉넉히 준비해야 한다. 핫팩으로 카메라를 따뜻하게 감싸는 것도 배터리 방전을 막는 데 도움이 된다.

7

오로라 사진을 찍는 평생 한 번 올까 말까 한 기회를 허무하게 놓쳐버리지 않으려면 여행 전 미리 밤하늘을 찍는 연습을 많이 해보는 것이 좋다.

영화 속의 아이슬란드

경이롭고 미스터리한 자연환경을 가진 아이슬란드는 많은 할리우드 영화의 로케이션지로 사랑받아왔다. 특히 외계 행성 같은 아이슬란드의 거칠고 황량한 대지와 신비로운 빙하는 SF 영화감독들이 사랑하는 단골 촬영지가 되었다. 최근 몇 년 사이 우리나라에 개봉됐던 영화 중 아이슬란드의 매력을 가장 잘 보여준 영화는 '인터스텔라'와 '월터의 상상은 현실이 된다'이며 HBO의 인기 드라마 '왕좌의 게임'도 판타지 세계 같은 아이슬란드의 이미지를 유감없이 보여주었다. 이 외에도 '노아', '오블리비언', '프로메테우스', '토르:다크월드' 등 수없이 많은 영화들이 아이슬란드에서 촬영되었으며 아이슬란드 여행을 떠나기 전에 이 중 몇 편의 영화를 통해 아이슬란드를 살짝 경험해본다면 더욱 흥미진진한 여행을 즐길 수 있을 것이다. 아이슬란드에서 촬영된 영화에 대한 좀 더 자세한 정보는 www.filminiceland.com 참고.

©Iceland Travel

인터스텔라 Interstellar

크리스토퍼 놀란 감독은 2005년 '배트맨 비긴즈'를 찍을 때 아이슬란드에서 촬영한 경험이 있었기 때문에 그가 '인터스텔라'의 외계 행성에 꼭 맞는 곳으로 아이슬란드를 떠올린 것은 어쩌면 당연한 일이었을 것이다. 영화 속에서 아이슬란드는 주인공이 탐험하는 두 행성, 얼음 행성인 만행성과 물 행성인 밀러 행성으로 등장한다. 이 중 만행성으로 나온 회색의 빙하 지대는 유럽에서 가장 큰 빙하 바트나요쿨의 끝자락에 있는 스비나펠스요쿨Svinafellsjokull이다. 영화 속에서 본 압도적인 빙하의 풍경을 눈앞에서 감상하고 싶다면 스카프타펠에서 출발하는 빙하 워킹 투어에 참가해보자.

©Iceland Travel

월터의 상상은 현실이 된다
The Secret Life of Walter Mitty

아이슬란드의 웅장하고 아름다운 자연과 평화로운 어촌 마을 등을 배경으로 인생의 목적과 의미를 다시 한 번 되새기게 하는 영화로, 아이슬란드 서부의 스나이펠스네스 반도, 동부의 세이디스피오르드 등 여러 지역에서 촬영되었다. 영화 속에서 주인공 월터가 아이슬란드를 여행하는 장면뿐만 아니라 히말라야와 아프가니스탄으로 나온 장면도 사실은 아이슬란드 남부에서 촬영했다고 한다. 가장 인상적인 장면은 월터가 롱보드를 타고 구불구불한 내리막길을 신나게 달리는 장면인데, 이 멋진 도로는 에이일스타디르에서 세이디스피오르드로 향하는 길에 만날 수 있다.

©Iceland Travel

노아 Noah

《성서》의 창세기에 등장하는 노아의 홍수를 모티브로 한 영화 '노아'에서는 아이슬란드가 노아와 그 가족들이 홍수 이전에 살았던 고대 세계로 등장한다. 거의 3주에 걸친 촬영은 대부분 레이캬비크 근처의 레이캬네스 반도에서 이루어졌으며 용암이 만들어낸 황량하고 거친 사막과 에덴동산같이 아름다운 계곡이 공존하는 아이슬란드의 자연을 통해 다른 어떤 서사 영화에서도 볼 수 없었던 특별하면서도 웅장한 영화 속 장면이 만들어졌다.

©Iceland Travel

오블리비언 Oblivion

톰 크루즈 주연의 SF 영화 '오블리비언'도 아이슬란드에서 촬영한 대표적인 영화이다. 아이슬란드의 황량한 대지와 검은 모래, 분화구 등은 2077년 폐허가 된 지구를 표현하기에 가장 좋은 재료가 되었다. 영화 속에서 슈퍼볼 경기가 열렸던 아메리칸 풋볼 스타디움으로 등장하는 곳은 아이슬란드 북서부의 1만 년이나 된 분화구 흐로사보그Hrossaborg로, 원형극장처럼 생긴 이 분화구에 시각 효과로 좌석과 통로 등 경기장의 흔적을 더해 실감나는 모습을 만들어냈다고 한다. 폐허가 된 엠파이어 스테이트 빌딩의 전망대로 등장하는 곳은 아이슬란드의 단골 촬영지인 하이랜드이다.

©Iceland Travel

프로메테우스 Prometheus

다른 영화들이 대부분 아이슬란드 남부에서 촬영이 이루어진 반면 '프로메테우스'에서는 가장 중요한 장면을 북부의 데티포스에서 촬영했다. '프로메테우스'의 오프닝 신에 등장하는 데티포스는 유럽에서 가장 파워풀한 폭포라는 별명을 가진 경이로운 폭포로, 태고의 지구를 표현하기에 알맞은 선택이었다. 또한 남부 헤클라 화산 근처의 하이랜드도 특유의 외계 행성과 같은 경치로 리들리 스콧 감독의 구미에 꼭 맞는 촬영지가 되었다.

©Iceland Travel

왕좌의 게임 Game of Thrones

미국 HBO의 인기 드라마 '왕좌의 게임'도 판타지 세계에 꼭 맞는 배경으로 아이슬란드를 선택했다. '왕좌의 게임'에서 아이슬란드는 주로 와이들링들이 살고 있는 장벽 너머의 땅으로 등장했고 이 장면들은 북부 미바튼 지역에서 촬영되었다. 또한 골든 서클 중 하나인 싱벨리르 국립공원과 남부 바트나요쿨도 각각 여름과 겨울에 촬영이 이루어졌다. 아퀴레이리에서 출발하는 일일 투어 중에는 미바튼 지역의 '왕좌의 게임' 촬영지를 돌아보는 테마 투어도 있으며 이 투어에서는 존 스노우와 이그리트가 사랑을 나눈 온천 동굴도 방문한다.

아이슬란드 링로드 일주

섬나라 아이슬란드를 둥글게 한 바퀴 도는 순환도로인 1번 도로, 링로드는 아이슬란드 여행을 하는 사람들이 가장 많이 이용하게 되는 도로이다. 레이캬비크에서 시작하여 링로드를 따라 돌면 아이슬란드의 주요 관광지들을 거의 다 볼 수 있으며 비포장도로가 일반적인 아이슬란드에서 그나마 가장 도로 상태가 좋기 때문에 4륜구동 차가 아니더라도 어렵지 않게 운전할 수 있다.

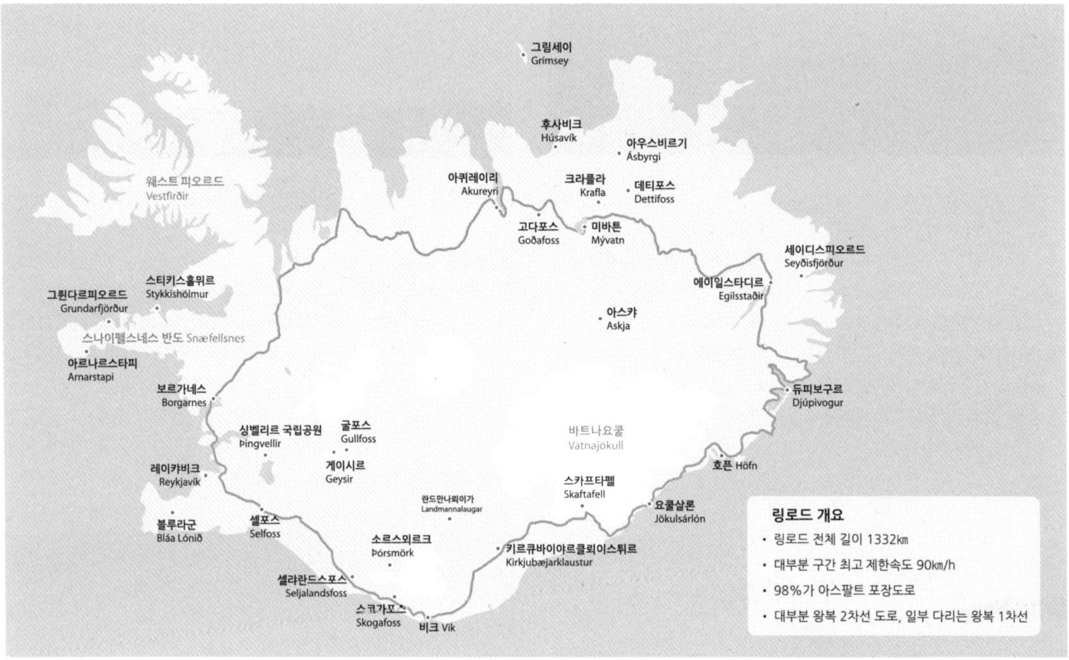

TIP 링로드 일주 여행

1 링로드 일주 여행은 짧게 잡아도 현지 일정만 7~8일은 소요된다. 도로 상황과 변덕스러운 아이슬란드의 날씨를 고려하여 일정은 가능한 한 넉넉하게 잡는 것이 좋다.

2 겨울철에는 눈이 많이 오면 일부 도로가 폐쇄될 수 있으므로 링로드 일주 여행은 여름철에 하는 것이 좋다. 렌터카 여행을 할 경우에는 www.road.is에서 도로 상황을 미리 확인해볼 수 있다.

3 일반적으로 레이캬비크에서 시작하여 시계 반대 방향으로 여행을 하지만 시계 방향으로 서부를 거쳐 북부로 먼저 이동할 수도 있다.

4 링로드는 비슷한 도로가 계속 이어지고 차도 많지 않아 자신도 모르게 속도를 내게 되는 경우가 많은데 단속 경찰이 있는 경우도 있고, 과속 단속 카메라도 곳곳에 있으므로 규정 속도를 지키는 것이 좋다.

5 링로드는 포장도로이지만 일부 구간은 도로 상태가 좋지 않을 수 있으므로 가급적 해가 져서 어두울 때는 이동하지 않는 것이 좋다.

6 구글맵을 내비게이션으로 이용할 경우, 미리 오프라인 지도를 다운로드받아 가면 데이터 소모 없이 오프라인 상태에서도 이용할 수 있다. 단, 다운로드받은 지도는 30일만 유효하다.

7 남부에서 동부로 이동할 때 브레이달스비크Breiðdalsvík를 경유하여 이동하여야 1번 링로드를 따라가게 된다. 바로 에이일스타디르Egilsstaðir로 목적지를 지정하면 듀피보구르Djúpivogur에서 가파른 비포장도로인 939번 도로로 빠지게 안내되므로 주의하자.

• 링로드 일주 추천 일정 •

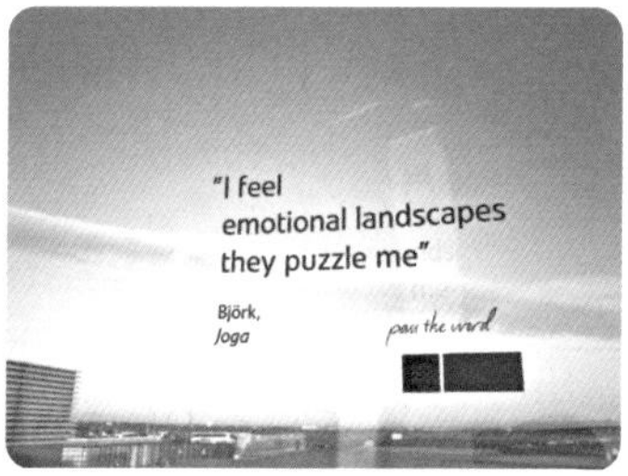

DAY1 레이캬비크 도착
레이캬비크 도착, 시내 관광 및 숙박

DAY2 골든 서클과 남부 해안 관광
레이캬비크를 출발하여 링로드에서 잠시 벗어나 싱벨리르 국립공원, 게이시르, 굴포스 순서로 골든 서클을 관광한 후 다시 링로드로 돌아와 남부 해안을 돌아보고 비크에서 숙박

DAY3 바트나요쿨 국립공원 관광
스카프타펠로 이동하여 빙하 워킹 투어 후 링로드를 따라 스비나펠스요쿨, 요쿨살론 관광 후 호픈 숙박

DAY4 세이디스피오르드 관광
에이일스타디르를 경유하여
세이디스피오르드로 이동, 관광 후 숙박

DAY5 데티포스, 크라플라 관광, 미바튼 호수 주변 관광
링로드를 따라 북부로 이동하여 데티포스, 크라플라, 미바튼 호수 주변 관광 후 숙박

DAY6 후사비크 고래 투어, 아퀴레이리 관광
링로드를 잠시 벗어나 후사비크로 이동하여 고래 투어를 하고 아퀴레이리로 이동, 시내 관광 및 숙박

DAY7 보르가네스, 스나이펠스네스 반도 관광
링로드를 따라 서부의 보르가네스로 이동하여
숙소에 짐을 푼 후, 스나이펠스네스 반도 관광

DAY8 블루라군 온천, 레이캬비크
블루라군에서 온천을 즐긴 후
레이캬비크로 이동하여 시내 관광 및 쇼핑

DAY9 레이캬비크 출발
레이캬비크 출발

GETTING STARTED
ICELAND

아이슬란드 추천 여행 일정

Summer 여름

여름철에는 아이슬란드의 남부, 동부, 북부, 서부, 내륙의 하이랜드까지 모든 지역을 여행할 수 있기 때문에 원하는 대로 다양한 일정을 잡을 수 있다. 가장 기본적인 일정은 링로드를 따라 도는 일주 여행이며, 하이랜드를 통과하는 키윌뤼르 루트를 이용하여 남부에서 북부로 이동하거나 링로드 일주를 좀 더 확장하여 완전 일주 여행을 하는 것도 가능하다.

• 추천 일정 Ⅰ • 하이랜드와 로우랜드 여행 9박 10일

아이슬란드 남부와 북부는 하이랜드의 키윌뤼르 루트로 연결하고 북부에서 동부 해안과 남부 해안을 따라 돌아오는 일정으로 링로드의 유명 관광지와 내륙 하이랜드까지 모두 관광할 수 있다. 반대로 남부에서 동부를 거쳐 북부로 간 후 키윌뤼르 루트로 돌아오는 것도 가능하다.

Day 1
레이캬비크 도착,
시내 관광 및 숙박

Day 3
키윌뤼르 루트를 거쳐
아퀴레이리로 이동, 숙박

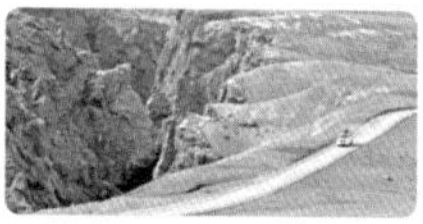

Day 2
골든 서클 관광 후
근처 호텔 숙박

Day 4
아퀴레이리, 고다포스 관광 후
미바튼 호수 지역으로 이동, 관광 및 숙박

Day 5
미바튼 네이처 바스 온천욕,
데티포스 관광 후 동부로 이동하여
세이디스피오르드 숙박

Day 6
동부 피오르드를 지나
요쿨살론으로 이동,
보트 투어 후 숙박

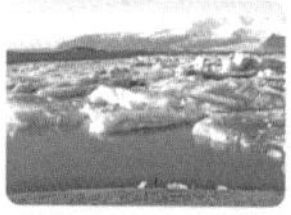

Day 7
스카프타펠 빙하 워킹 투어 후
비크로 이동, 주변 관광 후 숙박

Day 8
남부 해안의 폭포들과 하이랜드의
란드만나뢰이가 관광 후 레이캬비크 숙박

Day 9
블루라군 온천욕,
레이캬비크 시내 관광 및 쇼핑 후 숙박

Day 10
레이캬비크 출발

• 추천 일정 II • 아이슬란드 완전 일주 11박 12일

링로드를 따라 도는 아이슬란드 일주에 비티 분화구로 유명한 아스캬 투어와 퍼핀들의 천국인 그림세이 섬, 서부 스나이펠스네스 반도 관광을 추가한 일정이다. 여행의 마지막에는 블루라군 내에 있는 클리닉 호텔에 숙박하면서 좀 더 프라이빗한 온천욕을 즐길 수 있다.

Day 1
레이캬비크 도착,
시내 관광 및 숙박

Day 3
스카프타펠에서 빙하 워킹 투어,
요쿨살론 보트 투어 후 숙박

Day 2
골든 서클과
남부 해안 관광 후
비크로 이동하여 숙박

Day 4
호픈, 에이일스타디르를 거쳐
세이디스피오르드로 이동하여 관광 후 숙박

Day 5
데티포스를 보고 후사비크에서
고래 관광 후 미바튼으로 이동, 숙박

Day 7
미바튼 네이처 바스에서 온천욕 후
고다포스를 지나 아퀴레이리로
이동하여 숙박

Day 6
미바튼에서 출발하는 '아스캬 투어' 참가
또는 크라플라, 흐베리르 관광 후
미바튼 숙박

Day 8
달비크에서 페리를 타고 그림세이 섬으로 이동,
퍼핀 관광 후 아퀴레이리로 귀환 후 숙박

Day 10
스나이펠스요쿨 국립공원, 아르나르스타피 등
관광 후 레이캬비크로 이동, 숙박

Day 12
블루라군에서 공항으로 바로 이동

Day 9
스나이펠스네스 반도로 이동,
스티키스홀뮈르,
그뤈다르피오르드 관광 후 숙박

Day 11
레이캬비크 반나절 관광 후 블루라군으로
이동하여 온천욕을 즐기고 숙박

Winter 겨울

겨울에는 눈이 오고 도로가 얼어서 통제되는 도로가 많기 때문에 링로드를 따라 일주 여행을 하기가 쉽지 않다. 또한 해가 일찍 지기 때문에 짧은 낮 시간 동안 관광과 이동을 병행해야 어둠 속에서 빙판길 위를 운전하는 일이 발생하지 않는다. 따라서 겨울철에는 링로드 일주보다는 아이슬란드 남부의 유명 관광지 중심의 여행을 하는 것이 좋으며 겨울철에만 가능한 얼음 동굴 투어 등의 액티비티와 오로라 여행을 추천한다.

• 추천 일정 I • 레이캬비크와 남부 해안 여행 6박 7일

아이슬란드 남부의 링로드를 따라 렌터카로 여행하는 일정으로 골든 서클, 남부 해안, 바트나요쿨 국립공원, 블루라군 등 남부의 모든 관광지를 관광할 수 있으며 스노모빌 투어나 얼음 동굴 투어 등의 액티비티도 즐길 수 있다.

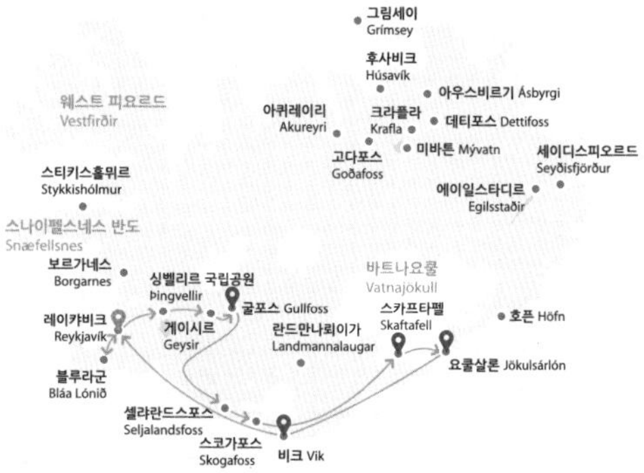

Day 1
레이캬비크 도착,
시내 관광 및 숙박

Day 2
싱벨리르 국립공원, 게이시르, 굴포스를
이동하며 관광 후 골든 서클 근처 숙박

Day 3
셀랴란드스포스와
스코가포스 등 남부 해안 관광 후 비크 숙박

Day 4
스카프타펠에서 빙하 워킹 투어 또는
스노모빌 투어를 즐긴 후 근처 숙박

Day 5
요쿨살론 관광,
얼음 동굴 투어를 한 후 숙박

Day 6
레이캬비크로 이동, 블루라군 온천욕 후
레이캬비크 숙박

Day 7
레이캬비크 출발

• 추천 일정 II • 오로라와 얼음 동굴 투어 6박 7일

서부 스나이펠스네스 반도와 골든 서클, 남부 해안까지 돌아볼 수 있는 투어로 아이슬란드 겨울 여행의 꽃인 오로라 헌팅 투어와 얼음 동굴 투어 등을 즐길 수 있다. 가능하면 오로라가 잘 보이는 한적한 지역의 숙소에 머무는 것이 좋다.

Day 1
레이캬비크 도착,
시내 관광 및 숙박

Day 3
골든 서클로 이동하여 관광 후 근처 숙박

Day 2
스나이펠스네스 반도로 이동하여 관광 후
반도 남쪽의 해안가 숙소에서 숙박

Day 4
남부 해안 관광 후 스카프타펠 근처 숙박

Day 5
얼음 동굴 투어와 빙하 워킹 투어 참가 후
요쿨살론 근처 숙박

Day 6
레이캬비크로 귀환, 블루라군 온천욕 후
오로라 헌팅 투어 참가

Day 7
레이캬비크 출발

Southwest Iceland

Reykjavík | Bláa Lónið | The Golden Circle | Hálendið

Southwest Coast | Vík | Kirkjubæjarklaustur

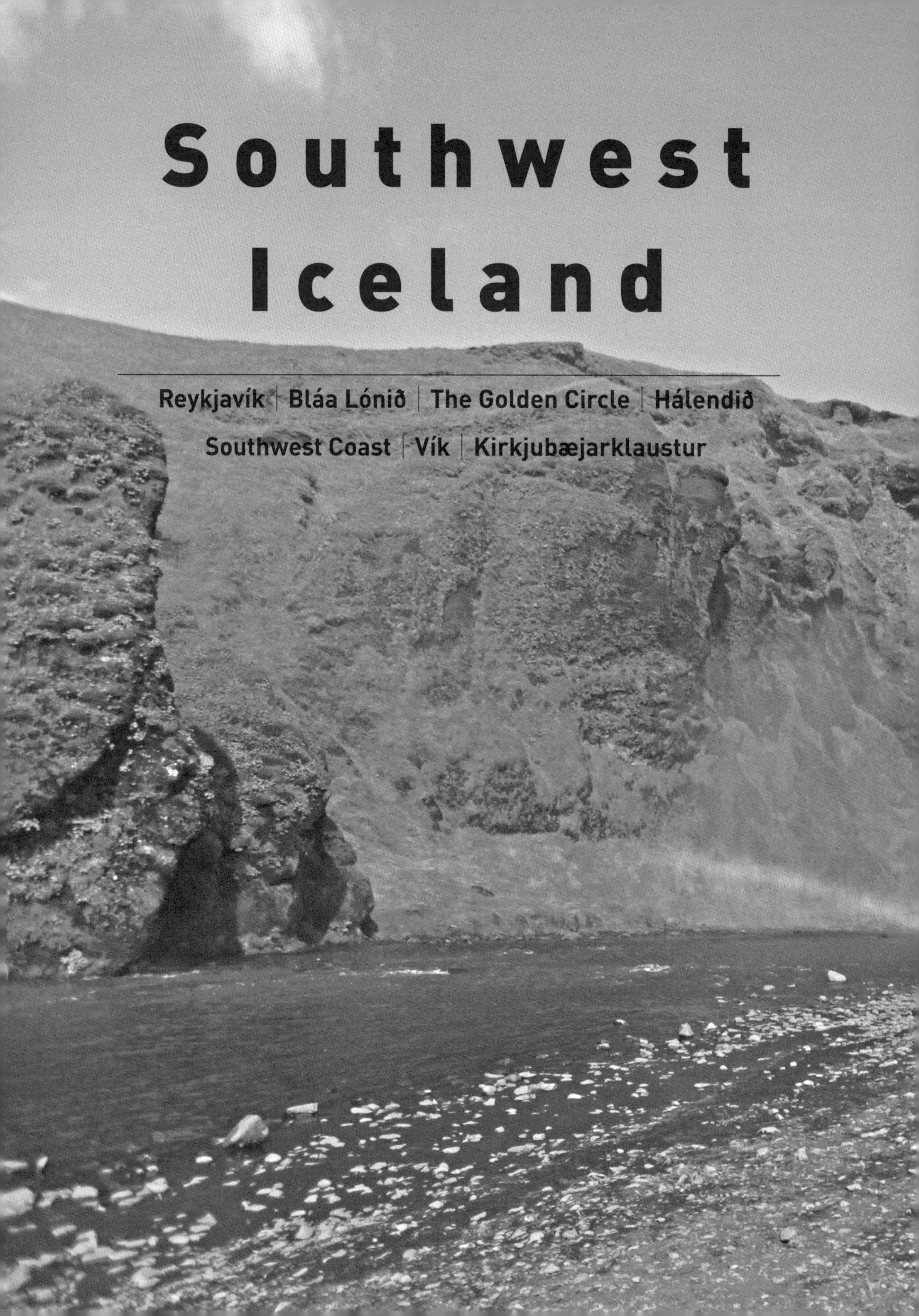

Southwest Iceland
싱벨리르 국립공원
Þingvellir
36
365
1
36
레이캬비크
Reykjavík
49
1
케플라비크 국제공항
Keflavíkurflugvöllur
41
41
43
블루라군
Bláa Lónið
셀포스
Selfoss

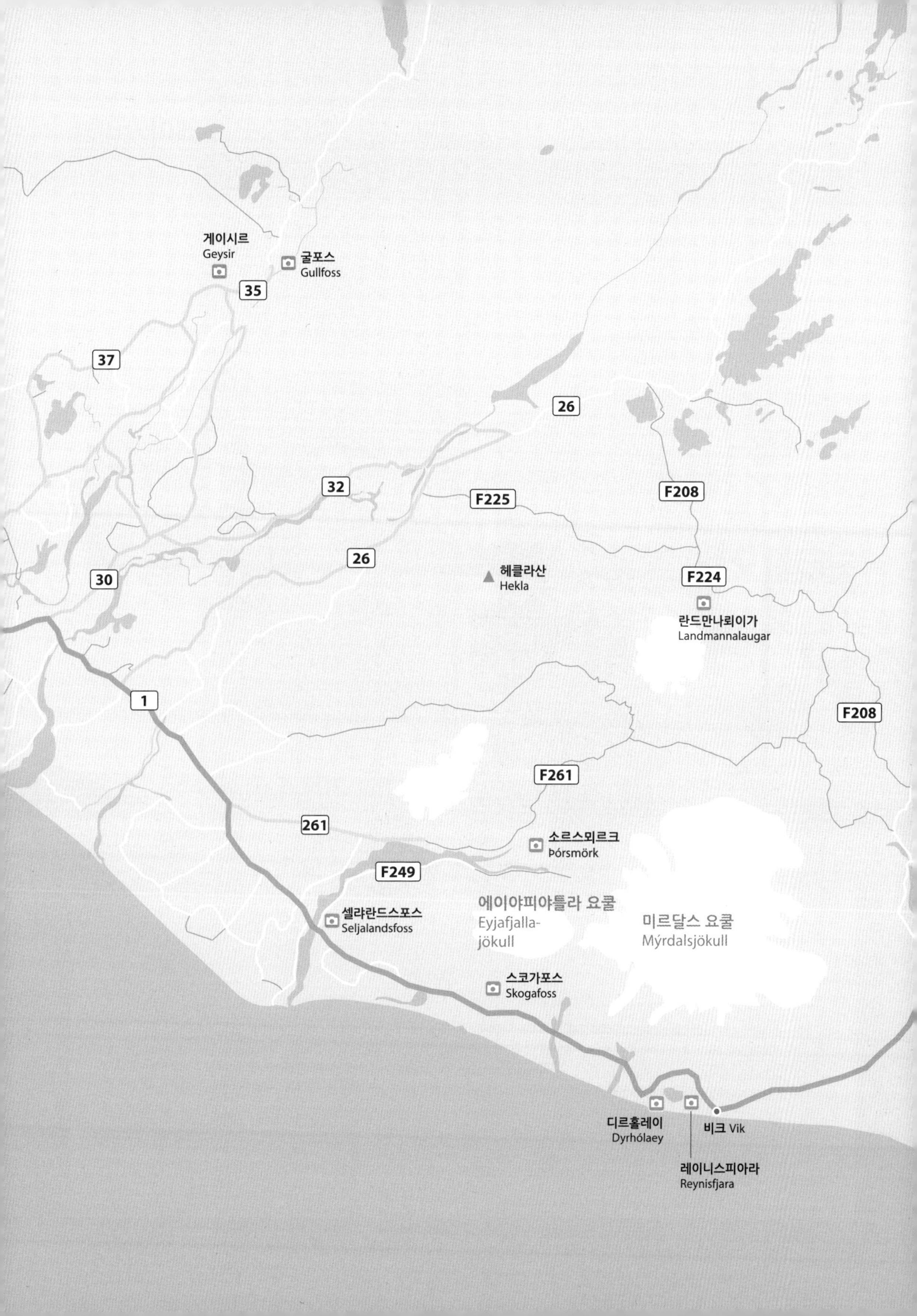

게이시르
Geysir
굴포스
Gullfoss
35
37
26
32
F225
F208
26
30
헤클라산
Hekla
F224
란드만나뢰이가
Landmannalaugar
1
F208
F261
261
소르스뫼르크
Þórsmörk
F249
에이아피아틀라 요쿨
Eyjafjalla-
jökull
미르달스 요쿨
Mýrdalsjökull
셀랴란드스포스
Seljalandsfoss
스코가포스
Skogafoss
디르홀레이
Dyrhólaey
비크 Vik
레이니스피아라
Reynisfjara

Reykjavík 레이캬비크

관광 안내소

- 트요르닌 호숫가 레이캬비크 시청 내
- Tjarnargata 11, 101 Reykjavík
- 월~목 08:00-16:00, 금요일 08:00-12:00(토~일요일 휴무)

아이슬란드의 수도이자 여행의 시작점인 레이캬비크는 세련되고 활기 넘치는 코스모폴리탄적 매력과 아기자기하고 평화로운 소도시의 분위기를 동시에 느낄 수 있는 도시이다. 북유럽 특유의 정갈한 느낌이 드는 골목길에는 알록달록 예쁜 집들이 늘어서 있고, 건물 외벽의 유머러스하고 기발한 벽화와 스트리트 아트가 여행자들의 마음을 사로잡는다. 우편번호 101로 유명한 레이캬비크 도심에는 신선하고 맛있는 로컬 요리를 즐길 수 있는 레스토랑과 와이파이가 잘 터지는 분위기 좋은 카페, 라이브 뮤직이 흘러나오는 바, 스타일리시한 쇼핑을 즐길 수 있는 상점들이 넘쳐난다. 만약 여행 일정이 짧다면 레이캬비크에서만 숙박하면서 다양한 투어를 이용하여 아이슬란드의 빙하, 화산, 온천을 관광하는 것도 좋은 방법이다.

레이캬비크 여행 정보 | www.visitreykjavik.is

케플라비크 국제공항

Keflavíkurflugvöllur (Keflavik International Airport)

케플라비크 국제공항은 레이캬비크 도심에서 약 50km 떨어진 케플라비크에 있는, 아이슬란드의 가장 큰 공항이자 아이슬란드항공Icelandair과 와우에어Wow air를 비롯한 모든 국제선 항공사들이 이용하는 메인 허브 공항이다. 입국, 출국 수속과 면세 신고는 메인 빌딩의 1층에서 모두 이루어지며 2층으로 올라가 게이트로 이동하면 된다.

www.kefairport.is/English

케플라비크 국제공항 출발&도착 홀

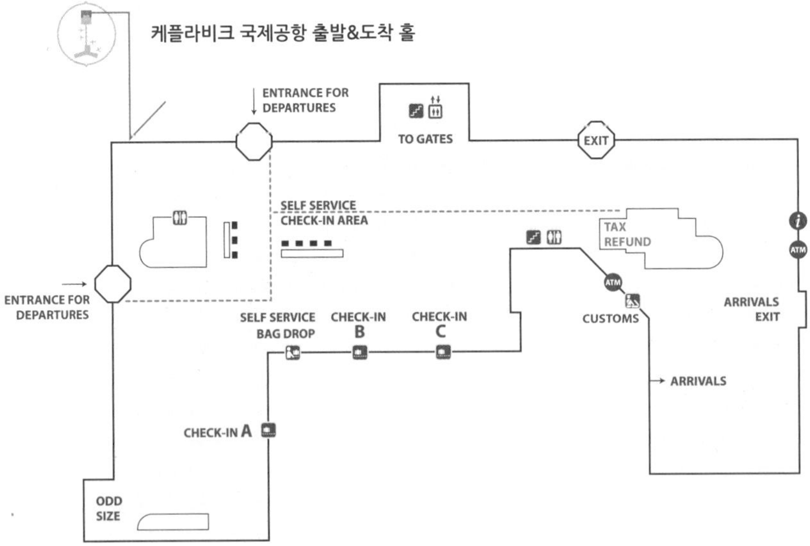

부가가치세 환급

아이슬란드가 아닌 외국에 거주하는 여행자는 영수증 하나에 6000 ISK 이상(VAT 포함)의 물건을 구입할 경우 부가가치세 환급을 받을 수 있다. 아이슬란드에는 제품의 종류에 따라 11%와 24%, 두 가지 과세 등급이 있으며 환급을 받을 수 있는 최대 금액은 소매 가격의 15%이다. 케플라비크 공항에서는 도착 홀에 있는 Arion Banki의 Tax Refund 창구에서 부가가치세 환급을 받을 수 있으며 환급액이 5000 ISK를 초과할 경우에는 먼저 세관에 구입한 상품을 보여주고 세금 환급 서류에 확인 도장을 받아야 한다.

케플라비크 국제공항에서 레이캬비크 시내로

1 Flybus, Flybus+

Reykjavik Excursion에서 운영하며 공항에서 레이캬비크 시내 BSÍ 버스 터미널까지 운행하는 Flybus와 레이캬비크 시내의 숙소 또는 레이캬비크 국내선 공항까지 운행하는 Flybus+가 있다. Flybus의 가격은 편도 3899 ISK, 왕복 7199 ISK, Flybus+는 편도 4999 ISK, 왕복 8999 ISK이다. Flybus+ 티켓을 구입한 경우, 대형 버스로 BSÍ 버스 터미널까지 이동한 후 승합차로 갈아타고 호텔로 이동하게 된다. 레이캬비크 시내에서 공항으로 이동할 때의 호텔 픽업은 대형 버스 출발 시간 30분 전에 이루어진다. 공항에서 시내까지 Flybus+ 티켓을 왕복으로 구입한 경우에는 출발 전날 숙소의 프런트 데스크에 픽업 예약을 요청하면 된다. grayline.is/airport-bus-transfer에서 예약이 가능하며 케플라비크 공항 도착 터미널에서도 티켓을 구입할 수 있다.

2 Airport Express

Iceland Excursion과 Gray Line이 운영하며 공항에서 레이캬비크 외곽 Holtavegur 10번지에 있는 Gray Line 메인 버스 터미널 또는 시내 중심 Hverfisgata 15번지에 있는 The Culture House까지 이동할 경우의 가격은 편도 4634 ISK이다. 공항에서 숙소까지, 숙소에서 공항까지 이동하는 Reykjavík Door to Door 서비스를 이용할 경우의 가격은 편도 5830 ISK이며 대형 버스 출발 35~45분 전에 숙소 픽업이 이루어진다. grayline.is/airport-bus-transfer에서 예약이 가능하며 케플라비크 국제공항 도착 터미널에서 티켓을 구입해도 된다.

3 렌터카

아이슬란드의 케플라비크 국제공항에서 레이캬비크까지는 50km 정도의 거리로, 자동차로 40분 정도 소요된다. 렌터카를 이용하려면 미리 예약하고 가는 것이 좋으며 Alamo, Dollar, Sixt, Thrifty 등 공항 근처에 사무실이 있는 렌터카 회사를 이용할 경우, 공항에서부터 사무실까지 무료로 운영되는 셔틀버스를 타고 이동하여 서류를 작성하고 차량을 픽업한다. 공항을 빠져 나온 후에는 이정표를 따라 41번 도로를 타고 달리다가 레이캬비크에 가까워지면서 40번 도로를 이용하여 접근하면 된다.

레이캬비크 시내 교통

관광지의 대부분이 몰려 있는 레이캬비크 도심 지역은 도보로 2~3시간 정도면 돌아볼 수 있고, 자전거를 빌려 타거나 시내버스를 이용하면 좀 더 느긋하고 편하게 관광할 수 있다. 아이슬란드어로 스트라에토Strætó라 불리는 레이캬비크 시내버스의 루트와 운행 시간표 등의 정보는 웹사이트 www.straeto.is/en에서 확인할 수 있으며 휴대폰 무료 애플리케이션을 다운로드받아 가면 여행 중에 편리하게 이용할 수 있다. 레이캬비크 시내 중심에는 라이캬토르그Lækjartorg와 흘렘무르Hlemmur라는 2개의 센트럴 버스 터미널이 있는데 이 중 흘렘무르 터미널은 시내를 운행하는 주요 노선이 모두 정차하는 곳이다.

버스 요금은 버스를 타면서 현금으로 바로 내거나 버스 터미널, 10-11 편의점 등에서 버스 티켓이나 버스 카드를 미리 구입하여 지불하면 된다. 단, 현금으로 낼 경우에는 거스름돈을 받을 수 없으므로 금액을 딱 맞춰 준비해야 한다. 만일 목적지까지 가기 위해 버스를 환승해야 한다면 표를 구입할 때 Exchange Ticket(90분간 유효)을 받아서 갈아타는 버스에서는 그 티켓을 사용하면 된다.

ISK 1회권 성인 550 ISK, 어린이(6~17세) 275 ISK, 5세 이하 무료 / 1일권 성인 2200 ISK, 3일권 성인 5000 ISK

TIP | 레이캬비크 시티카드 Reykjavík City Cards

레이캬비크에 오래 머무는 경우에는 무제한 버스 이용, 비데이 섬 페리 여행, 박물관 및 미술관 무료 입장, 레이캬비크 시의 모든 수영장 무료 이용, 레스토랑 할인 등의 혜택이 있는 레이캬비크 시티카드의 구입도 고려해볼 만하다. 24시간, 48시간, 72시간 이용 카드가 있다. 좀 더 자세한 정보는 www.visitreykjavik.is/city-card/front 참고.

ISK **성인 24시간** 4600 ISK **48시간** 6400 ISK **72시간** 7890 ISK(2023년 6월 기준)

레이캬비크 추천 관광 루트

레이캬비크 1박 2일

레이캬비크의 도심은 부지런히 돌아다니면 하루에 도보로 다 돌아볼 수 있을 정도로 작다. 이틀 정도의 시간이 있다면 페를란과 뇌이트홀스비크, 비데이 섬, 아우르바이르 야외 박물관 등 도심에서 벗어난 지역에 있는 관광지 중 한두 군데를 방문해볼 수 있는데, 렌터카를 빌렸다면 외곽에 있는 관광지들로 쉽게 이동할 수 있어 여러 곳을 볼 수 있다. 아래의 추천 관광 루트를 참고하여 레이캬비크 일정을 잡아보자.

• DAY 1 • 레이캬비크 관광

08 : 30
트요르닌 호숫가 산책,
레이캬비크 시청 내 관광 안내소

도보 2분

09 : 00
Brikk에서
아침 식사

도보 3분

10 : 00
레이캬비크 871±2 관람

도보 4분

11 : 00
Bæjarins Beztu Pylsur에서
핫도그 먹기

도보 10분

11 : 30
구 항구로 이동하여
해양 박물관 등 주변 박물관 관람

도보 7분

12 : 30
Höfnin에서
시푸드 점심 식사

도보 15분

14 : 00
할그림스키르캬 둘러보기,
전망 타워에서 레이캬비크
시내 전경 감상

도보 5분

15 : 00
스콜라뵈르뒤스티구르,
뢰이가베구르 거리에서 쇼핑 즐기기

도보 3분

18 : 00
Public House Gastropub에서
저녁 식사

도보 2분

20 : 00
Kaffibarinn에서 레이캬비크의 밤 즐기기

• DAY 2 • 레이캬비크 관광

09 : 00
Sandholt에서 아침 식사

도보 8분

10 : 00
하르파에서 아름다운 항구 경치 감상
및 기념품 쇼핑

자동차로 10분 /
무료 셔틀버스로 20분

11 : 20
페를란 내 박물관 관람 및
전망 데크에서 레이캬비크 전경 감상

자동차로 5분 / 도보 20분

12 : 30
뇌이트홀스비크에서
해수욕 및 온천 즐기기
(화요일, 목요일, 일요일 휴무)

자동차로 10분

14 : 00
크링란 쇼핑센터로 이동하여
점심 식사 및 쇼핑 즐기기

자동차로 10분

16 : 30
도심으로 돌아와 Sandholt에서
빵과 커피를 즐기며 휴식

도보 12분

18 : 00
Micro Bar에서 맛있는 아이슬란드 수제 맥주 마시기

Travel Highlight

할그림스키르캬

Hallgrímskirkja

레이캬비크 최고의 랜드마크로 시내 대부분의 지역에서 이 교회의 모습을 볼 수 있다. 1937년 아이슬란드 건축가인 구드욘 사무엘손Guðjón Samúelsson이 디자인한 이 교회는 1945년에 건축이 시작되어 1986년이 되어서야 완성되었다. 아이슬란드의 주상절리에서 영감을 받은 교회의 외관은 웅장하면서도 에너지가 넘치고, 화려한 장식이나 스테인드글라스가 거의 없는 교회 내부는 차분하고 평화로운 분위기이다. 5275개의 파이프를 자랑하는 아이슬란드 최대의 파이프오르간은 여름철에는 정기 오르간 연주회도 열린다. 엘리베이터를 타고 75m에 이르는 교회 타워에 오르면 장난감 같은 집들이 오밀조밀 모여 있는 레이캬비크 시내가 한눈에 들어온다. 교회 앞에 세워져 있는 동상은 1000년, 콜럼버스보다 무려 500년 전에 아메리카 대륙을 발견했다고 전해지는 탐험가 레이푸르 에이릭손Leifur Eiriksson이다.

레이캬비크 도심 동남쪽에 위치

여름 시즌(5~9월) 09:00-20:00, 겨울 시즌(10~4월) 10:00-17:00, 일요일 오전 예배 시간(11:00~12:15)에는 타워 오픈 안 함

ISK 타워 성인 1200 ISK, 어린이(7~16세) 200 ISK

트요르닌 호수 Tjörnin

레이캬비크에서 여유로운 산책을 즐기기에 가장 좋은 곳으로 특히 아이들과 함께 찾은 가족의 모습을 많이 볼 수 있다. 오리, 백조, 거위, 기러기 등이 한가로이 호수 위를 떠다니다가 먹이를 주는 사람이 있으면 그 곁으로 모여든다. 호수 북쪽에 물에 살짝 잠긴 듯한 모습의 하얀 건물은 레이캬비크 시청이다. 시청 내부에는 레이캬비크 시장과 직원들의 집무실, 투어리스트 인포메이션, 거대한 아이슬란드 입체 지도가 있는 전시실 등이 있다.

레이캬비크 도심 남쪽

©Iceland Travel

국회의사당

Alþingi

싱벨리르 국립공원에서 세계 최초로 소집되었던 아이슬란드 의회 알싱기는 1881년부터 레이캬비크 도심의 외이스투르뵐루르Austurvöllur 광장에 있는 국회의사당으로 자리를 옮겼다. 1880~1881년 아이슬란드 석재로 지어진 멋진 본관 건물에 1908년과 2002년에 2개의 별관 건물이 추가되었으며 아이슬란드에서 가장 오래된 공원인 아름다운 정원도 가지고 있다.

레이캬비크 시청에서 도보 3분

레이캬비크 871±2

Reykjavík 871±2

2001년 레이캬비크 중심가인 아달스트라이티Aðalstræti에서 발굴된 고고학 유적을 전시하는 박물관으로, 이 유적은 레이캬비크 내에 있는 가장 오래된 인간 거주지로 밝혀졌다. 이곳에서 발굴된 벽의 단편들은 약 871년 이전의 것으로 밝혀졌으며 이 유적의 연대에서 박물관의 이름을 따왔다고 한다. 이 벽과 함께 발굴된 10세기 전통 가옥의 유적은 발굴 장소에 그대로 보전된 채 바로 그곳에 박물관이 세워졌다. 생생한 바이킹 시대의 유적을 직접 볼 수 있는 것이 신기할 뿐만 아니라 멀티미디어 장치를 이용하여 경험해보는 그들의 집 짓는 방법과 생활 모습이 재미있다.

- 트요르닌 호수와 시청에서 도보 2분
- 매일 09:00-17:00, 12월 24~25일 휴관
- ISK 성인 2650 ISK, 17세 이하 또는 67세 이상, 레이캬비크 시티카드 소지자 무료
- reykjavikcitymuseum.is/the-settlement-exhibition

뢰이가베구르 거리

Laugavegur

레이캬비크 도심에서 가장 번화하고 유서 깊은 쇼핑 거리이다. 항상 관광객과 쇼핑을 즐기러 나온 시민들로 북적거리며 바와 클럽이 문을 여는 저녁 시간, 특히 주말 저녁에는 밤새도록 파티를 즐기러 나온 젊은이들로 가득 찬다.

- 레이캬비크 시청에서 도보 10분

©Iceland Travel

선보야저 Sólfarið

태양을 향해 미지의 세계로 항해를 떠나는 바이킹의 배를 닮은 철제 조각물로 레이캬비크의 또 다른 상징이다. 조각물 앞으로는 시원한 바다가 펼쳐져 있고 바다 건너 에스야Esja 산의 전경도 어우러져 최고의 포토제닉 장소로 손꼽힌다. 동이 트거나 석양이 질 무렵에는 로맨틱한 분위기가 연출되어 연인들에게 인기가 있다.

하르파에서 Sculpture & Shore Walk를 따라 도보 7분

하르파 Harpa

레이캬비크의 콘서트홀이자 콘퍼런스 센터인 하르파는 2013년, 유럽 최고의 건축물에 주어지는 미에스 판 데어 로헤 상을 받은 유명 건축물이다. 철제와 유리로 만들어진 이 독특한 건물은 덴마크의 유명 건축 회사인 헤닝 라슨 아키텍츠와 아이슬란드 건축 회사인 바테리드 아키텍츠, 아이슬란드 출신의 디자이너 올라푸 엘리아손의 작품인데 주변 환경과 기막히게 잘 어울리면서도 놀랄 만큼 아름다운 기하학적 구조를 갖고 있다. 내부에 서점과 기념품 상점, 레스토랑 등도 있어 꼭 콘서트나 콘퍼런스에 참석하지 않더라도 들러보는 사람들이 많다.

뢰이가베구르 거리에서 도보 10분

매일 수~토요일 10:00-20:00, 일~화요일 10:00-18:00

www.harpa.is/en/

올드 하버 Gamla Höfnin

1913~1917년에 만들어진 레이캬비크의 구 항구는 현재 레이캬비크를 여행하는 관광객들이 꼭 찾는 명소가 되었다. 예쁜 하늘색으로 칠해진 집들에는 유명한 시푸드 레스토랑과 기념품 상점이 자리 잡고 있고, 고래 관광과 퍼핀 투어 등 다양한 투어를 제공하는 여행사도 이곳에 모여 있다.

- 레이캬비크 시청에서 도보 10분 / 하르파에서 도보 8분

©Iceland Travel

©Iceland Travel

©Iceland Travel

©Iceland Travel

해양 박물관 Sjóminjasafnið

레이캬비크 구 항구에 있는 박물관으로 아이슬란드의 경제를 지탱해왔던 어업과 그 역사에 스포트라이트를 맞춘 곳이다. 수산물 가공 공장으로 사용되던 건물을 개조한 넓은 전시 공간에는 레이캬비크 항구의 발전과 항해의 역사, 그리고 아이슬란드 어업의 발전 과정을 한눈에 살펴볼 수 있도록 실제로 사용했던 배와 어업용 도구, 사진 자료 등으로 자세하게 설명되어 있다. 가장 인기 있는 것은 아이슬란드 대구 전쟁(영국과 아이슬란드의 어업권 주장 전쟁) 당시 해안 경비정으로 사용되던 배, 오딘Óðinn에 실제로 탑승해볼 수 있는 가이드 투어이다.

- 구 항구에 있으며 버스를 이용할 경우 14번 Grandagarður 정류장 하차
- 매일 10:00-17:00, 오딘 가이드 투어는 당분간 중지, 12월 24~25일 휴관
- ISK **성인** 박물관 2050 ISK, 오딘 가이드 투어 1570 ISK, 박물관+가이드 투어 3150 ISK / **18~25세 학생(학생증 필수)** 박물관 1260 ISK, 오딘 가이드 투어 1250 ISK, 박물관+가이드 투어 2600 ISK / 17세 이하와 67세 이상, 레이캬비크 시티카드 소지자 무료
- reykjavikcitymuseum.is/reykjavik-maritime-museum

옴놈 초콜릿 팩토리 Omnom Chocolate Factory

아름다운 기하학적 디자인의 패키지와 달지 않은 고급스러운 맛으로 유명한 아이슬란드 수제 초콜릿 옴놈Omnom을 만드는 공장으로 팩토리 투어 프로그램을 통해 방문할 수 있다. 투어는 주중 오후 2시에 영어로 진행되며 1시간 정도가 소요되는데 초콜릿이 만들어지는 과정을 견학하고 샘플 초콜릿도 맛볼 수 있다. 팩토리 숍도 함께 있어 초콜릿을 구입할 수 있다.

구 항구 부두 내 / 14번 버스 Fiskislóð 또는 Grandi 정류장 하차
팩토리 투어 월~금요일 14:00
ISK 성인 3000 ISK, 어린이(7~15세) 1500 ISK, 7세 미만 무료
www.omnomchocolate.com
팩토리 투어는 잠정 중지.

투파 Þúfa

2013년 구 항구 끝에 만들어진 지름 26m, 높이 8m의 자그마한 언덕으로 올로프 노르달Ólöf Nordal의 작품이다. 푸른 바다와 어우러진 멋진 경관으로 유명하며 잔디와 돌로 만들어진 길을 따라 정상까지 올라갈 수 있는데 정상에 있는 작은 나무 헛간은 생선들을 널어 건조하는 아이슬란드 전통 헛간을 형상화한 것이다. 비가 오면 올라가는 길이 미끄러워서 조심조심 올라가야 한다.

구 항구 부두 끝부분 / 14번 버스 Fiskislóð 또는 Grandi 정류장 하차

©Elding Whale Watching

비데이 섬 Viðey

레이캬비크 구 항구에서 페리로 8분 거리에 있는 아름답고 평화로운 섬으로 아이슬란드의 역사와 자연을 모두 즐길 수 있는 보물 같은 곳이다. 특히 이 섬은 오노 요코가 만든 야외 예술 작품인 Imagine Peace Tower가 있는 곳으로 유명하다. 존 레넌을 기리며 세계 평화를 염원하는 이 작품에는 24개 언어로 '평화를 꿈꾸자'라는 말이 적혀 있다. 매년 존 레넌의 생일인 10월 9일부터 그가 죽은 날인 12월 8일까지, 동지에서 새해 전날까지 등의 특별한 기간에는 이 우물 모양의 구조물에서 빛을 쏘아 올리는데, 겨울 하늘을 가르는 푸른빛의 탑은 아름답고 신비로운 모습이다. 5월 중순~9월까지는 페리가 매일 운항되며 10월~5월 초에는 시내에서 조금 떨어진 스카르파바키Skarfabakki 부두에서 주말에만 페리가 운항된다. 좀 더 자세한 정보는 홈페이지 참고.

레이캬비크 구 항구에서 페리로 8분
ISK **페리** 성인 2100 ISK, 학생과 67세 이상 1890 ISK, 어린이(7~17세) 1050 ISK, 6세 이하, 레이캬비크 시티카드 소지자 무료
reykjavikcitymuseum.is/videy-island

아이슬란드 국립박물관 Þjóðminjasafn Íslands

바이킹 시대부터 현대에 이르는 아이슬란드의 역사를 한눈에 볼 수 있는 박물관으로 1863년에 설립된 유서 깊은 곳이다. 아이슬란드 곳곳에서 모은 2000점이 넘는 유물과 자료들은 8~10세기 바이킹 정착기부터 20세기에 이르기까지 각 시대별로 이해하기 쉽게 전시되어 있다. 가장 흥미로운 곳은 8~10세기 정착기 전시관인데, 이곳에 있는 유명한 청동상은 손에 쥐고 있는 것이 토르의 망치인지 십자가인지가 확실히 밝혀지지 않아 그 정체가 북유럽의 신 토르인지 예수그리스도인지 아직 비밀에 싸여 있다. 또 하나의 유명 전시물은 박물관 최고의 자랑인 'Valþjófsstaður Door'로 로마네스크 스타일의 이 13세기 교회 문에는 중세의 전설적인 기사 'Le Chevalier au Lion'의 이야기가 아름답고도 정교하게 조각되어 있다.

- 트요르닌 호수 남쪽 / 버스 1, 3, 6, 12, 14번 Háskóli Íslands 정류장 하차
- 매일 10:00-17:00(9/16~4/30은 월요일 휴관), 크리스마스와 연말연시는 오픈 시간 변동

- ISK 성인 2500 ISK, 학생과 67세 이상 1200 ISK, 18세 이하와 레이캬비크 시티카드 소지자 무료
- www.thjodminjasafn.is/english

페를란 Perlan

유리로 된 돔 형태의 건축물을 6개의 거대한 물탱크가 받치고 있는 페를란은 레이캬비크의 360도 파노라믹 전망을 감상할 수 있는 야외 전망 데크로 유명한 곳이다. 돔 내부에는 전시관, 카페, 기념품 숍, 레이캬비크 시내를 조망하며 식사를 즐길 수 있는 레스토랑 등이 있으며 전망 데크는 물탱크의 꼭대기 부분에 돔을 둥글게 둘러싸고 있다. 전시관에서는 현재 빙하와 관련된 전시회를 열고 있는데 영하 10℃의 인공 얼음 동굴을 체험할 수 있어 가족 여행객에게 인기가 많다.

- 자동차로는 도심에서 약 6분 소요
- **전시회, 전망 데크** 매일 09:00-20:00(마지막 입장 19:00)
- ISK **전시회** 성인 4990 ISK, 어린이(6~17세) 2990 ISK, 6세 미만 무료 / **전망 데크** 490 ISK, 15세 이하 무료(전시회 관람 시 전망 데크 무료)
- perlan.is

©Iceland Travel

뇌이트홀스비크 Nauthólsvík

레이캬비크 도심 남쪽에 있는 인공 지열 해변, 뇌이트홀스비크는 2000년에 개장한 이래 레이캬비크 시민들의 휴식 장소로 큰 인기를 누리고 있는 곳이다. 해변에는 작은 규모의 온천풀이 있는데 풀의 온도는 연중 38~39℃를 유지하여 겨울철에도 온천욕을 즐길 수 있으며 여름철에는 해변 바로 앞에 있는 라군 형태의 바다에서 해수욕을 즐기는 사람들이 많다. 입장료 810 ISK, 타월 대여 720 ISK, 수영복 대여 1080 ISK 등의 요금이 부과된다. 좀 더 자세한 정보는 www.nautholsvik.is 참고.

- 레이캬비크 국내선 공항 옆에 위치, 페를란에서 자동차로 5분, 도보 15분
- 10:00-19:00(계절에 따라 시간 변동 있음)
- ISK 810 ISK

©Iceland Travel

©Iceland Travel

©Iceland Travel

©Iceland Travel

아우르바이르 야외 박물관 Árbæjarsafn

1957년 오래된 농장 아우르바이르Árbær 부지에 문을 연 야외 박물관으로 레이캬비크 중심부에 있던 전통 가옥을 그대로 옮겨온 20개가 넘는 집들이 모여 있다. 관람객은 개방된 가옥에 전시되어 있는 다양한 전시품을 통해 아이슬란드의 전통 생활 모습을 접해볼 수 있으며 경치 좋은 시골 마을을 산책하는 듯한 여유도 만끽할 수 있다. 여름 시즌에는 농장의 초원에서 풀을 뜯고 있는 귀여운 가축을 볼 수 있을 뿐만 아니라 전통 의상을 입은 스태프들이 건초 만들기, 털실 만들기, 버터 만들기 등을 아이슬란드 전통 방식으로 시연한다.

- 흘렘무르 버스 터미널에서 16번 버스를 타고 Strengur/Laxakvísl 정류장 하차 또는 흘렘무르 버스 터미널에서 5번 버스를 타고 Rofabær/Hraunbær 정류장 하차
- 6~8월 매일 10:00-17:00, 9~5월 매일 13:00-17:00, 영어 가이드 투어 연중 13:00(12월 24~26일, 12월 31~1월 1일 부활절 제외)
- ISK 성인 2150 ISK, 18세 미만과 레이캬비크 시티카드 소지자 무료
- @ reykjavikcitymuseum.is/arbaer-open-air-museum

· 구항구 ·

호프닌 Höfnin 시푸드 레스토랑

구 항구 바로 앞에 줄지어 있는 3개의 하늘색 건물 중 하나에 위치한 레스토랑으로 홍합과 해산물 요리가 전문이며, 디너로는 세트 메뉴를 주문하는 경우가 많다. 오전 11시 30분부터 오후 2시까지 저렴한 가격의 런치 메뉴를 주문할 수 있다. 추천 요리는 맥주를 넣고 짭조름하게 쪄낸 홍합 요리, 메기 볼살과 바닷가재의 살에 튀김옷을 입혀 바삭하게 튀겨낸 요리 등이다.

- Geirsgata 7C, 101 Reykjavík
- +354 511 2300
- 11:30-14:00, 17:30-21:00, 목~토요일 17:30-22:00
- ISK 런치 메뉴 2450~3990 ISK, 대구요리 5350 ISK

사이그레핀(시바론)

Sægreifinn(Seabaron) | 시푸드 레스토랑 |

구 항구에 있는 시푸드 레스토랑으로 해산물 꼬치구이와 아이슬란드 바닷가재 수프가 대표 메뉴이며 고래 고기 스테이크도 샘플로 조금 맛볼 수 있는 곳이다. 관광객들 사이에서 유명해 항상 사람들로 붐비는데 4인 이상만 예약이 가능하다.

- 🏠 Geirsgata 8, 101 Reykjavík
- ☎ +354 553 1500
- 🕒 11:30-16:00, 18:00-22:00, 크리스마스와 신년 휴일은 단축 운영
- ISK 바닷가재 수프 1990 ISK, 해산물 꼬치구이 1690~2350 ISK, 고래 스테이크 샘플 690 ISK

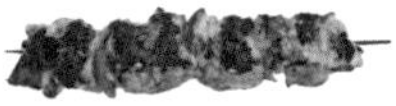

레이캬비크 피시

Reykjavík Fish | 피시 앤 칩스 |

구 항구 근처에 있는 피시 앤 칩스 레스토랑으로 매일 아침 들어오는 신선한 생선을 튀김옷을 입혀 바삭하게 튀겨낸 후 맛있는 감자튀김을 곁들여 먹는다. 생선 스튜, 피시 버거, 홍합 요리 등 다른 해산물 요리도 있지만 보통은 피시 앤 칩스에 시원한 맥주를 마시는 사람들이 많다. 소스는 타르타르, 허니 머스터드, 핫 칠리 마요 등 다양한 종류 중 골라서 별도로 주문해야 한다.

- 🏠 Tryggvagata 8, 101 Reykjavík
- ☎ +354 578 5656
- 🕒 11:30-21:30
- ISK 피시 앤 칩스 2990 ISK, 소스 290 ISK, 피시 버거 2690 ISK

라멘 모모

Ramen Momo | 일본 라멘 |

아이슬란드 음식이 질릴 때쯤, 일본식 라멘과 티벳 만두 모모로 속을 달랠 수 있는 곳이다. 국물은 돈코츠와 미소 중 하나, 면은 라멘, 우동, 밥 중 하나를 선택하고 닭고기, 돼지고기, 소고기, 두부, 새우 중 토핑을 추가하여 자기가 원하는 스타일로 주문할 수 있다. 양이 부족하다면 티벳 만두 모모를 함께 먹어도 좋다. 시내에서 항구로 접어드는 길에 있다.

- 🏠 Tryggvagata 16, 101 Reykjavík
- ☎ +354 571 0646
- 🕒 월~금요일 11:30-21:00, 토~일요일 12:00-21:30(계절에 따라 시간 변동 있음)
- ISK 라멘 또는 우동 2750 ISK, 토핑 190 ISK~, 만두 5개 1750 ISK

바이야린스 베스투 필수르

Bæjarins Beztu Pylsur | 핫도그 |

레이캬비크에서 빼놓을 수 없는 명소로 자리 잡은 핫도그 집으로 항상 줄이 길게 늘어서 있을 정도로 인기이며 가격 대비 훌륭한 맛을 자랑한다. 빌 클린턴 전 대통령, 헤비메탈 그룹 메탈리카 등 수많은 명사들이 다녀간 곳으로 유명한데 우리나라에서는 '꽃보다 청춘 아이슬란드' 편을 통해 방송에 소개되었다.

- Tryggvagata 1, 101 Reykjavík
- +354 511 1566
- 여름 성수기 09:00-01:00(일~목요일), 09:00-06:00(금~토요일)
- ISK 핫도그 600 ISK, 콜라 340 ISK

카페 로젠버그 Café Rosenberg | 카페 |

아늑한 분위기의 카페로 브런치를 즐기거나 커피와 케이크, 저녁에는 맥주와 와인을 즐기기에 좋다. 수프 등의 간단한 식사 대용 메뉴도 있으며, 오후 3~8시 해피 아워에는 저렴한 가격에 맥주와 와인을 마실 수 있다. 보드게임을 즐길 수 있고, 지하에는 가끔씩 공연을 하는 장소도 있는 색다른 카페이다.

- Vesturgata 3, 101 Reykjavík
- +354 546 1842
- 12:00-22:00 (목-토 12:00-24:00)
- ISK 파니니 2490 ISK, 와플 1350 ISK

카피타우르 Kaffitár | 카페 레스토랑 |

레이캬비크 도심 반카스트라이티를 비롯하여 아이슬란드 국립박물관, 크링란과 스마랄린트Smáralind 쇼핑몰 등에 7개의 지점이 있는 카페로 밝고 컬러풀한 분위기로 꾸며져 있다. 브라질, 콜롬비아, 니카라과 등에서 들여온 맛있는 원두를 직접 로스팅하여 만드는 커피가 맛있다. 2017년 페를란 돔 내에 오픈한 고급 레스토랑 Út í bláinn도 카피타우르에서 운영하고 있다.

- Bankastræti 8, 101 Reykjavík
- +354 420 2732
- 08:00-15:00
- ISK 커피 570-730 ISK, 아침 식사용 샌드위치 1350 ISK

그란디 마톨 Mikkeller & Friends | 바, 펍 |

아이슬란드에서는 흔치 않은 푸드코트 스타일의 레스토랑으로 세계 각국의 요리를 맛볼 수 있으며, 가성비가 훌륭하다. 인도, 태국 등의 아시안 메뉴도 많으며, 파스타, 피자 등의 이탈리안은 물론 불고기를 이용한 타코 등의 요리도 있다. 가장 인기인 메뉴는 피시&칩스이며, 오후 3시~6시의 해피아워도 있다.

- Grandagarður 16 101, 101 Reykjavík
- +354 787 6200
- 11:00-21:00
- ISK 코리안 타코 3개 2990 ISK, 피시&칩스 2890 ISK

브릭 Brikk 베이커리

2017년 오픈 후 지점을 3개까지 오픈할 정도로 아이슬란드에서 인기를 끌고 있는 빵집으로 크루나상, 바게트, 시나몬롤 등의 빵 메뉴는 물론 샌드위치, 홈메이드 스프레드도 판매하고 있다. 좋아하는 빵에 따끈한 수프를 곁들이면 든든한 한 끼로 손색이 없다.

- Mýrargata 31, 101 Reykjavík
- +354 565 1665
- 08:00-17:00

메신 Messinn 레스토랑

레이캬비크를 대표하는 해산물 레스토랑으로 워낙 인기 있는 곳이어서 기다리지 않으려면 예약을 하는 편이 좋다. 대표 메뉴는 팬에 생선과 야채 등 갖은 재료를 넣고 요리한 Fish Pans이며, 피시 버거, 해산물 파스타 등 해산물을 이용한 다양한 메뉴를 갖추고 있다. 모든 음식이 맛있지만, 수프는 너무 짠 편이니 선택에 주의하자.

- Lækjargata 6, 101 Reykjavík
- +354 546 0095
- 11:30-22:00
- ISK 피시 버거 3590 ISK, 해산물 파스타 3790 ISK

로크 ROK | 레스토랑 |

할그람스키가 보이는 곳에 자리해 관광 후 들리는 사람들이 많은 레스토랑이지만, 관광지에 있지 않아도 찾아가야 할 만큼 가성비와 맛이 훌륭한 곳이다. 특히 브런치 메뉴는 더 만족스러운 가격으로 맛있는 식사를 즐길 수 있으니, 레이캬비크에서 점심식사를 계획한다면 이 곳을 고려해보자.

- Frakkastígur 26a, 101 Reykjavík
- +354 544 4443
- 11:30-23:00
- ISK 아보카도 토스트 1590 ISK, 블랙빈 버거 1790 ISK

테 오그 카피 Te og Kaffi | 카페 |

아이슬란드의 스타벅스로 불리는 체인 커피 전문점으로 아늑하고 편안한 분위기에서 다양한 종류의 커피와 빵을 즐길 수 있으며 레이캬비크 도심에만도 여러 개의 체인점이 있어 자주 들르게 된다. 커피 원두나 텀블러 등의 기념품을 구입할 수도 있다. 레이캬비크와 아퀴레이리의 에이몬드손Eymundsson 서점 내에도 지점을 운영하고 있다.

- Laugavegur 27, 101 Reykjavík
- +354 527 2880
- 주중 08:00-18:00, 주말 10:00-18:00
- ISK 커피 575~995 ISK

산드홀트

Sandholt : 베이커리 카페

1920년에 문을 연 아이슬란드에서 가장 오래된 베이커리로 5대에 걸쳐 한 가족이 운영하고 있다. 보기만 해도 군침이 도는 맛있는 빵과 달콤한 케이크와 디저트는 물론, 향이 좋은 커피와 차, 샌드위치, 따끈한 수프 등을 즐길 수 있다. 추천하는 빵은 겉은 바삭하고 속은 촉촉한 페이스트리들과 캐러멜 시럽을 듬뿍 얹은 시나몬 번, 보리, 퀴노아, 호밀로 만든 곡물 빵 샌드위치 등이며 담백한 맛의 수프도 인기가 있다.

- Laugavegur 36, 101 Reykjavík
- +354 551 3524
- 07:30-18:00
- ISK 아침 식사 2590 ISK, 사워도우 샌드위치 2490~2690 ISK

레이캬비크 칩스

Reykjavik Chips : 감자튀김

바삭바삭한 감자튀김에 다양한 소스를 곁들여 판매하는 곳으로 맥주 또는 콜라와 함께 먹기에 더할 나위 없이 좋다. 감자튀김은 3가지 크기 중 선택하면 되지만 소스는 Harakiri(매운 마요네즈), Buffy(갈릭 소스), Tómató(토마토케첩) 등 10가지가 넘는 종류 중에 선택해야 하므로 좀 고민이 된다. 라우가베구르 거리 근처에 있어 간편하게 테이크아웃하는 사람들도 많다.

- Vitastigur 10, 101 Reykjavík
- +354 552 2221
- 12:00-22:00
- ISK 감자튀김 소, 대, 패밀리 사이즈 각 850 ISK, 1190 ISK, 1590 ISK, 감자튀김(소)&맥주 1590 ISK

올드 아이슬란드 레스토랑

Old Iceland Restaurant | 아이슬란드 전통 음식 |

뢰이가베구르 거리에 있는 아늑한 레스토랑으로 연어와 대구 등의 해산물 요리, 양고기 요리 등 아이슬란드 전통 요리가 맛있기로 유명하다. 런치 메뉴는 메인 메뉴만 시켜 가볍게 즐기고 디너에는 코스 요리에 와인을 곁들여 먹는 사람들이 많다. 규모가 작은 편이라 저녁 시간에는 미리 예약을 하고 가는 것이 좋다.

- Laugavegur 72, 101 Reykjavík
- +354 551 6131
- 매일 11:30-15:30, 17:00-22:00
- ISK 메인 메뉴 3990~6390 ISK, 3코스 메뉴 10390 ISK~(와인 포함 15690 ISK~)

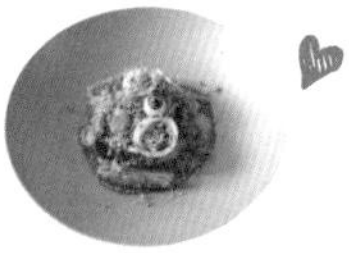

누들 스테이션

Noodle Station | 쌀국수 |

뢰이가베구르 거리에 있는 태국 레스토랑으로 합리적인 가격에 뜨끈한 쌀국수를 간단하게 먹을 수 있어 좋다. 닭고기, 소고기, 채소 3가지 종류의 토핑을 선택할 수 있으며 테이크 아웃도 가능하다. '꽃보다 청춘 아이슬란드' 편에 소개된 후 큰 인기에 힘입어 크링란 쇼핑센터 등 아이슬란드 내에 지점을 열었으며 우리나라에까지 진출하여 광화문에 지점이 생겼다.

- Laugavegur 103,101 Reykjavík
- +354 551 3198
- 주중 11:00-22:00, 주말 12:00-22:00
- ISK 채소 쌀국수 1290 ISK, 닭고기, 소고기 쌀국수 2110 ISK

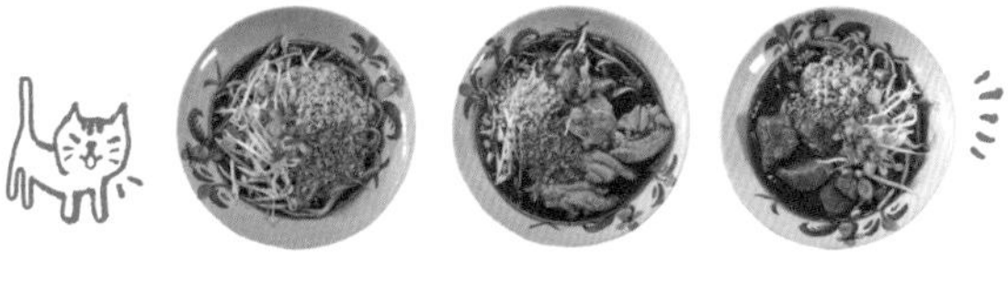

샤우바르그릴리드

Sjávargrillið | 시푸드 & 그릴 요리 |

스콜라뵈르뒤스티구르 거리에 있는 아늑한 분위기의 레스토랑으로 해산물 요리가 전문이다. 가격은 좀 비싼 편이지만 맛은 매우 만족스러우며 점심 시간에는 훨씬 저렴한 가격에 런치 메뉴를 즐길 수 있다. 해산물 요리 이외에 양고기 스테이크도 유명하며 파스타, 캘리포니아롤 등 가볍게 즐길 수 있는 라이트 메뉴도 있다.

- Skólavörðustíg 14, 101 Reykjavík
- +354 571 1100
- 월~금요일 11:30-14:30, 17:00-22:00, 토~일요일 17:00-22:00
- ISK 런치 메인 요리 2590~3750 ISK, 디너 메인 요리 4990~7390 ISK

카페 로키

Café Loki | 카페 레스토랑 |

할그림스키르캬를 마주 보고 있는 카페로, 따뜻한 차 한잔을 마셔도 좋고 홈메이드 호밀빵으로 만든 오픈 샌드위치나 아이슬란드 전통요리들로 구성된 Icelandic plate 중 하나를 시도해봐도 좋다. 아이슬란드 자작나무와 허브, 이끼로 만든 Loki Tea도 인기 메뉴이다. 2층 창가 자리에서는 할그림스키르캬가 바로 보인다.

- Lokastigur 28, 101 Reykjavík
- +354 466 2828
- 매일 08:00-22:00
- ISK 커피와 차 470~650 ISK, Icelandic plate 3400~3700 ISK

레이캬비크의

인기

펍 & 바

아이슬란드의 백야와 긴 겨울밤을 무엇을 하며 보낼지에 대해 적어도 레이캬비크에서는 걱정하지 않아도 된다. 레이캬비크에는 맛있는 음식을 곁들여 아이슬란드의 수제 맥주와 칵테일을, 와인을 마시거나 라이브 뮤직과 댄스를 즐기며 친구들과 재미있는 시간을 보낼 수 있는 펍과 바가 넘쳐난다. 레이캬비크의 펍과 바, 클럽에는 입장료가 없기 때문에 아이슬란드 사람들은 밤늦게까지 여러 곳을 옮겨 다니며 노는 '바 크롤링Bar-crawling'을 한다. 인기 펍과 바들은 대부분 뢰이가베구르 거리와 그 근처에 몰려 있어 관광객도 어렵지 않게 찾아갈 수 있다.

미크로 바 Micro Bar

맛있는 아이슬란드 수제 맥주를 맛볼 수 있는 곳으로 모던하고 깔끔한 인테리어가 돋보인다. 아이슬란드 마이크로 브루어리에서 생산된 맥주들과 전 세계에서 수입한 유명 맥주 등 레이캬비크에서 가장 다양한 종류의 맥주를 판매하는데 어떤 맥주를 골라야 할지 고민된다면 여러 가지 맥주를 맛볼 수 있는 Sampler 맥주 트레이(5종류 4000 ISK, 10종류 6000 ISK)를 선택해도 된다. 오후 4시에서 오후 7시까지 해피아워에는 좀 더 저렴한 가격에 2가지 종류의 맥주를 즐길 수 있다.

- Laugarvegur 86, 101 Reykjavík
- +354 859 9639
- 일~목요일 15:00-24:00, 금~토요일 15:00-01:00
- www.facebook.com/MicroBarIceland

카피바린 Kaffibarinn

레이캬비크에서 가장 인기 있는 펍으로 빨간 건물에 런던의 지하철인 언더그라운드 로고를 본뜬 간판이 한눈에 들어온다. 낮 시간에는 커피도 마실 수 있으며 저녁에는 펍으로 운영되는데 특히 주말 저녁에는 레이캬비크의 젊은이와 여행객들이 모여들어 길게 줄을 늘어서는 핫한 클럽으로 변신한다.

- Bergstaðastræti 1, 101 Reykjavík
- +354 888 1193
- 일~목요일 15:00-01:00, 금~토요일 15:00-04:30
- www.facebook.com/kaffibarinn

퍼블릭 하우스 개스트로펍 Public House Gastropub

뢰이가베구르 거리에 있는 일식 퓨전 레스토랑 겸 펍으로 맛있는 안주와 함께 맥주 한잔을 마시며 저녁 시간을 보내기 좋은 곳이다. 아이슬란드산 신선한 재료를 일본풍으로 요리한 창의적인 메뉴들은 보기에도 좋고 맛도 뛰어나다. 스낵 메뉴는 양이 적은 편이라 여러 가지 음식을 주문해 먹다 보면 생각보다 전체 금액이 많이 나올 수 있다.

- Laugavegur 24, 101 Reykjavík
- +354 555 7333
- 월~목요일 14:00-23:00, 금~일요일 12:00-24:00
- www.publichouse.is

프리키드 Prikið

60년이 넘는 전통을 자랑하는, 아이슬란드에서 가장 오래된 카페로 지금은 맛있는 음식을 맥주와 함께 즐길 수 있는 펍으로 운영되고 있다. 커피나 음료만을 즐기러 찾는 사람도 많으며 아침 일찍 문을 열기 때문에 아침 식사 또는 브런치를 먹으러 찾는 사람도 많다. 메인 쇼핑 거리인 뢰이가베구르 거리로 들어가는 초입에 있어 관광객들에게도 인기가 있다.

- Bankastræti 12, 101 Reykjavík
- +354 551 2866
- 월~목요일 10:00-01:00, 금요일 10:00-04:30, 토요일 11:00-04:30, 일요일 11:00-01:00
- www.prikid.is

포레타바린 Forrettabarinn

환상적인 맛의 요리와 합리적인 가격, 친절한 서비스로 고객 만족도가 높은 레스토랑 겸 바이다. 생맥주, 병맥주, 와인, 칵테일, 식후에 마시는 베일리스나 셰리주 등 다양한 종류의 주류도 판매하는데, 매일 오후 4시에서 오후 6시까지의 해피아워에는 맥주와 하우스와인을 850 ISK에 즐길 수 있다. 구 항구 근처에는 관광 후에 들르기에 편하다.

- Nýlendugata 14, 101 Reykjavík
- +354 517 1800
- **키친** 16:00-22:00 **바** 16:00-23:00
- www.forrettabarinn.is

Shopping

식스티식스 디그리 노스

66° North

아이슬란드의 국민 브랜드라 불릴 만큼 독보적인 인기를 누리고 있는 아웃도어 브랜드로 웨스트피오르드 출신의 한스 크리스찬손Hans Kristjansson이 북대서양의 험한 날씨 속에서 일하는 아이슬란드 어부들의 옷을 만들려는 목적으로 1926년 시작한 회사이다. 최고의 아웃도어 브랜드답게 디자인과 기능성이 뛰어나지만 가격도 좀 비싼 편이다. 레이캬비크를 비롯한 아이슬란드의 대도시와 크링란 쇼핑센터, 공항 면세점 등에 매장이 있다.

Laugavegur 17-19, 101 Reykjavík / Bankastræti 5

매일 09:00-20:00(반카스트라이티점은 19:00까지)

한드프료나삼반드 이슬란츠 Handprjónasamband Islands (Handknitting Association of Iceland)

직접 손뜨개한 아이슬란드 울 스웨터인 로파페이사와 장갑, 모자, 털실 등 다양하고 질 좋은 울 제품을 판매하는 곳으로 레이캬비크의 2대 쇼핑 거리 중 하나인 스콜라뵈르뒤스티구르 거리에 매장이 있다. 장갑과 모자 등의 액세서리는 바깥쪽에 진열되어 있으며 매장 안쪽으로 들어가면 다양한 문양과 크기의 로파페이사가 사이즈별로 산처럼 쌓여 있다. 로파페이사의 가격은 우리나라 돈으로 20~30만원 정도로 선뜻 구입하기에 부담이 될 수 있지만 두고두고 따뜻하게 입을 수 있어 아이슬란드에 간다면 하나쯤 구입해 올 만하다.

Skólavörðustígur 19, 101 Reykjavík

월~금요일 09:00-18:00, 토요일 09:00-17:00, 일요일 휴무

에이문드손 Eymundsson

아이슬란드에서 가장 오래되고 큰 서점으로 아이슬란드어와 영어로 된 책 이외에도 CD, DVD, 지도, 엽서, 간단한 기념품도 판매한다. 레이캬비크와 주변 지역에 여러 개의 지점이 있는데 여행자들이 주로 방문하는 곳은 뢰이가베구르 거리와 스콜라뵈르뒤스티구르 거리에 있는 지점이다.

Laugavegur 77 / Skólavörðustígur 11, 101 Reykjavík

주중 09:00-19:00, 주말 10:00-19:00

람마게르딘 Rammagerðin

1940년에 문을 연 전통 있는 기념품 상점으로 아이슬란드 울 스웨터와 귀여운 손뜨개 모자, 장갑, 담요, 세라믹 제품, 목각 제품, 전통 의상을 입은 인형 등 수제 공예품을 판매하는 곳이다. 다른 기념품 상점에 비해 독특하고 예쁜 기념품이 많다.

- Skólavörðustígur 12, 101 Reykjavík
- 10:00-19:00

리피야 Lyfja

아이슬란드 전역에 지점을 가지고 있는 약국 체인으로 아이슬란드의 명품 화장품인 바이오이펙트, 솔레이 오가닉스를 비롯한 화장품과 비타민 등의 건강식품을 구입할 수 있다.

- Hafnarstræti 19, 101 Reykjavík
- 월~금요일 09:00-18:00, 토요일 11:00-16:00, 일요일 휴무

토울프 토우나르

12 Tónar

푹신한 벨벳 소파에 앉아 에스프레소 한잔을 마시며 좋아하는 음악을 골라 들을 수 있는 유명 레코드 숍으로 할그림스키르캬에서 멀지 않은 곳에 있다. 아이슬란드의 유명한 록 밴드 시규어 로스Sigur Ros의 공연도 열렸던 곳이라 세계 각국에서 그들의 팬들이 찾아오는 명소이기도 하다. 예쁜 간판이 걸린 초록 지붕의 2층 집에 들어가면 상점 내부는 아늑한 거실처럼 꾸며져 있으며 샘플 CD 중에 듣고 싶은 음악이 있으면 무료로 탁자 위 플레이어에 넣고 들을 수 있다. 아이슬란드 인디 밴드들의 음반을 직접 제작하고 배포하는 음반 회사도 겸하고 있기 때문에 다양한 아이슬란드 밴드의 음반을 만나볼 수 있는 곳으로도 알려져 있다.

Skólavörðustígur 15, 101 Reykjavík

월요일 10:00-18:00, 화~목요일 10:00-23:00, 금~토요일 10:00-01:00
일요일 12:00-18:00

코라포르티드 Kolaportið

아이슬란드에서 가장 규모가 큰 벼룩시장으로 구 항구 근처 건물 내에 있다. 아이슬란드 울 스웨터를 포함한 의류와 신발, 앤티크 장신구, 책, DVD, 장난감, 아이슬란드 전통 음식, 초콜릿 등 다양한 제품을 알뜰하게 쇼핑할 수 있다. 새 제품과 중고 제품 모두 판매하는데 대부분의 상점이 현금만 받으며 흥정도 가능하다. 주말에만 문을 연다는 점이 좀 아쉽다.

Tryggvagata 19, 101 Reykjavík　주말 11:00-17:00

크링란 Kringlan

크링란은 케플라비크 공항에서 레이캬비크로 들어오는 길에 있는 대형 쇼핑센터로 약 150개의 숍과 다양한 레스토랑, 카페, 은행, 슈퍼마켓까지 갖추고 있어 인터내셔널 브랜드와 아이슬란드 유명 브랜드의 제품 쇼핑을 모두 즐길 수 있는 곳이다. 렌터카를 이용한다면 공항에서 시내로 들어오는 길이나 여행의 마지막에 공항 가는 길에 들러도 좋다. 입점 브랜드와 레스토랑에 대한 정보는 홈페이지www.kringlan.is/ 참고.

Kringlunni 4-12, 103 Reykjavík

월~금요일 10:00-18:30, 토요일 11:00-18:00, 일요일 12:00-17:00

· Hotel ·

ION City Hotel

★★★★

부티크 디자인 호텔 Ion에서 레이캬비크 시내에 새로 오픈한 호텔이다. 아이슬란드 특유의 시크하면서도 친환경적인 디자인으로 인기를 끌고 있으며 뢰이가베구르 쇼핑 거리에 위치하여 관광과 쇼핑을 하기에 최적의 위치를 자랑한다.

- Laugavegur 28, 101 Reykjavík
- +354 578 3730
- ioncity.ioniceland.is

Sandhotel

★★★★

레이캬비크 도심, 뢰이가베구르 거리에 최근 오픈한 럭셔리 부티크 호텔로 아르 데코 양식의 우아한 인테리어가 돋보인다. 아이슬란드에서 가장 오래된 베이커리 겸 카페인 산드홀트와 바로 붙어 있으며 호텔 투숙객들은 이곳에서 아침식사를 즐길 수 있다.

- Laugavegur 34, 101 Reykjavík
- +354 519 8090
- www.keahotels.is/sand-hotel

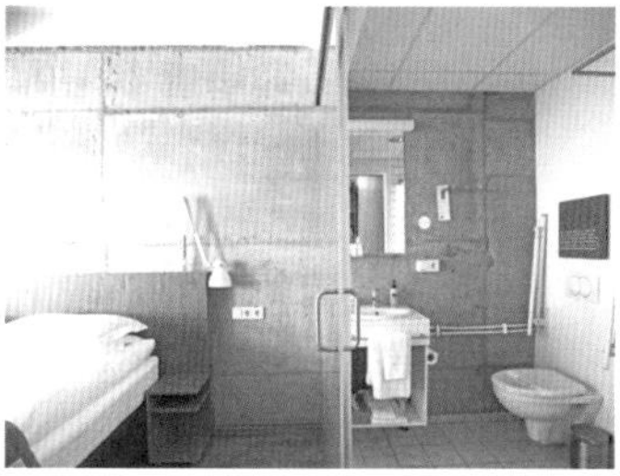

Icelandair Hotel Reykjavik Marina

★★★★

레이캬비크 구 항구에 위치한 호텔로 컬러풀한 디자인이 돋보인다. 레스토랑 겸 바인 Slippbarinn을 비롯하여 짐Gym, 시네마 등 호텔 숙박객을 위한 다양한 편의 시설이 마련되어 있다.

- Myrargata 2, 101 Reykjavík
- +354 560 8000
- www.icelandairhotels.com/en/hotels/marina

Hotel Borg

★★★★

1930년에 오픈한 유서 깊은 호텔로 아이슬란드 의회 청사인 알싱기가 있는 레이캬비크의 중심 광장 외이스투르뵐루르Austurvöllur를 마주하고 있다. 본래의 우아한 아르 데코 디자인을 잘 살리면서 현대적이고 편리하게 리노베이트되었다.

- Posthusstraeti 11, 101 Reykjavík
- +354 551 1440
- www.keahotels.is/hotel-borg

Fosshotel Reykjavík

★★★★

아이슬란드에서 가장 규모가 큰 호텔로 다양한 부대시설을 잘 갖추고 있으며 8~14층까지의 딜럭스룸 카테고리에서는 오션뷰를 선택할 수 있다. 레이캬비크 상업 지구에 위치하며 뢰이가베구르 거리까지 도보로 이동할 수 있다.

- Þórunnartún 1, 105 Reykjavík
- +354 531 9000
- www.islandshotel.is/hotels-in-iceland/fosshotel-reykjavik

Apotek Hotel

★★★★

구드욘 사무엘손이 디자인한 유서 깊은 건물을 리노베이트한 호텔로 2014년에 문을 열었다. 내부는 군더더기 없이 모던하게 꾸며져 있으며 시내 중심에 있어 관광하기에도 편리하다.

- Austurstræti 16, 101 Reykjavík
- +354 512 9000
- www.keahotels.is/apotek-hotel

Canopy by Hilton Reykjavik City Centre

★★★★

힐튼이 만든 젊은 감각의 호텔 브랜드 Canopy의 첫 번째 호텔로 뢰이가베구르 거리에서 50m 거리에 있다. 미니멀한 디자인의 객실과 레트로풍으로 꾸며진 레스토랑이 있으며 푸짐하고 맛있는 아침 식사가 객실 요금에 포함되어 있다.

- Smidjustigur 4, 101 Reykjavík
- +354 528 7000
- www.hilton.com/en/brands/canopy-by-hilton/

Hotel Odinsve

★★★★

50개의 객실을 가진 부티크 호텔로 클래식한 미니멀 스타일로 꾸며져 있으며 1층에 있는 유명 비스트로 바 Snaps에서 조식을 즐길 수 있다. 할그림스키르캬에서 가까운 시내 중심에 있다.

- Þórsgötu 1, 101 Reykjavík
- +354 511 6200
- odinsve.is/

Kvosin Downtown Hotel

★★★★

1900년대에 세워진 역사적인 건물을 완벽하게 개조하여 2013년 문을 연 호텔로 주방 시설이 있는 아파트먼트 스타일의 객실만을 보유하고 있다. 2~6인실까지 다양한 크기의 넓고 쾌적한 아파트먼트들은 디자인 가구와 사랑스러운 소품으로 투숙객의 마음을 사로잡는다. 호텔 바로 앞에 유료 공용 주차장이 있어 자리만 있다면 편리하게 이용할 수 있다.

- Kirkjutorg 4, 101 Reykjavík
- +354 571 4460
- @ www.kvosinhotel.is

The Swan House

★★★☆

2016년에 오픈한 부티크 아파트먼트로 시크한 북유럽 디자인과 전원풍의 따뜻한 분위기가 조화를 이룬 인테리어가 돋보인다. 2~4인용 스튜디오 아파트먼트와 4인용 원베드룸 아파트먼트를 가지고 있다.

- Lindargata 34-36, 101 Reykjavík
- +354 551 0203
- @ swanhouse.heimaleiga.is/

Ambassade Apartments

★★★☆

뢰이가베구르 거리에서 멀지 않은 조용한 주택가에 위치한 아담하고 예쁜 아파트먼트로 7개의 아파트먼트 객실을 가지고 있다. 넓고 밝은 분위기의 객실에는 완벽한 주방 시설이 갖추어져 있으며 무료 주차가 가능하다. 리셉션은 오전 7시~오후 6시까지만 오픈하며 엘리베이터가 없는 점이 좀 불편하다.

Þinholtsstræti 21, 101 Reykjavík

+354 780 6680

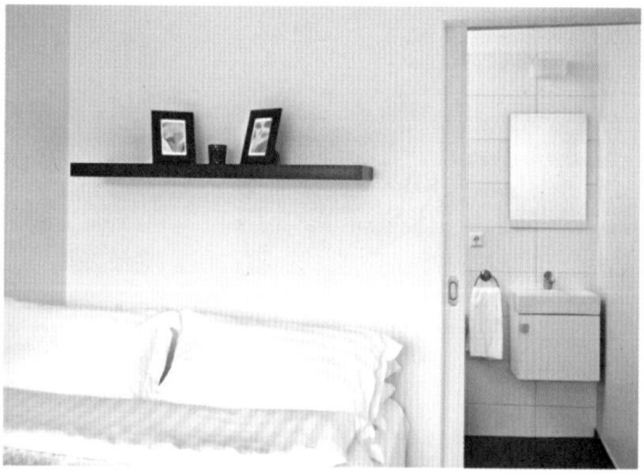

Rey Apartments Hotel

★★★☆

뢰이가베구르 거리와 스콜라뵈르뒤스티구르 거리 사이에 있는 아파트먼트 호텔로 관광과 쇼핑에 최적의 위치를 자랑한다. 아기자기하면서도 실용적으로 꾸며져 있으며 2인용 스튜디오부터 8인용 3베드룸 아파트먼트까지 다양한 크기의 아파트먼트가 있다. 무료 주차가 가능하다는 것도 큰 장점이다.

Grettisgata 2a, 101 Reykjavík

+354 771 4600

www.rey.is

Black Pearl Apartment Hotel

★★★★★

2013년에 오픈한 럭셔리 아파트먼트 호텔로 최고의 고객 만족도를 자랑하는 곳이다. 완벽한 주방 시설이 갖춰진 10개의 스위트 아파트먼트로만 이루어져 있으며 Standard Suite에서 Penthouse까지 크기와 스타일에 따라 4가지 종류로 나누어진다. 호텔 근처 주차장에 무료 주차가 가능하다.

Tryggvagata 18a 102, 101 Reykjavík

+354 527 9600

@ www.blackpearlreykjavik.com

Reykjavik4you Apartments Hotel

★★★☆

탁월한 위치와 센스 있는 인테리어, 깔끔하고 편리한 시설을 갖춘 아파트먼트 호텔이다. 스튜디오 아파트먼트부터 딜럭스 투베드룸 아파트먼트까지 다양한 크기의 아파트먼트를 갖추고 있다. 중심가 골목길에 위치하여 조용하게 숙박할 수 있다.

Bergstaðastræti 12, 101 Reykjavík

+354 565 8400, +354 771 1200

@ www.reykjavik4you.com

Reykjavik Residence Hotel

★★★☆

뢰이가베구르 거리와 가까운 곳에 있는 아늑한 분위기의 아파트먼트 호텔로 2인용 스튜디오 아파트먼트부터 대형 3베드룸 아파트먼트, 럭셔리한 독채 아파트먼트까지 17개의 아파트먼트를 보유하고 있다.

Hverfisgata 45, 101 Reykjavík

+354 561 1200

@ reykjavikresidence.is/

OK Hotel Studio Apartments

★★★

2012년에 문을 연 친환경 아파트먼트 호텔로 재활용품과 아이슬란드 아티스트들의 작품으로 꾸며진 독특하고 빈티지한 인테리어가 돋보인다. 2인부터 6인까지 숙박할 수 있는 다양한 크기의 객실은 모두 스튜디오 아파트먼트이다.

Laugavegur 74, 101 Reykjavík

+354 578 9850

Island Apartments

★★★

현대적이고 미니멀한 디자인의 아파트먼트로 아이슬란드의 주요 관광지 이름을 붙인 6개의 아파트먼트를 가지고 있다. 2인용 아파트먼트에는 간단한 주방 시설, 3인용 아파트먼트에는 완벽한 주방 시설이 갖추어져 있으며 객실 크기는 좀 작은 편이다.

Hverfisgata 56, 101 Reykjavík

+354 788 8500

@ www.islandapartments.is

Mengi Apartments

★★★★

1914년에 지어진 집을 개조해 2014년에 문을 연 아파트먼트로 화이트 톤과 목재로 꾸며진 내부 인테리어가 따뜻하고 정갈한 느낌을 준다. 층마다 1개씩 3개의 아파트먼트가 있으며 각각 별도의 입구가 있다. 할그림스키르캬와 뢰이가베구르 거리 사이에 있다. 최소 2박 이상 예약이 가능하다.

Frakkastígur 14a, 101 Reykjavík

+354 780 1400

@ sites.google.com/view/mengi-kjarnholt/

Kex Hostel

비스킷 공장을 개조해서 만든 호스텔로 힙스터들의 집합소로 유명하다. 4~16인까지 머물 수 있는 다양한 도미토리와 가족룸, 그리고 욕실이 딸린 싱글, 트윈룸도 있다.

- Skúlagata 28, 101 Reykjavík
- +354 561 6060
- www.kexhostel.is

Loft Hostel

할그림스키르캬에서 도보 5분의 쇼핑 거리에 자리하고 있어 최고의 위치를 자랑한다. 6인, 8인실의 도미토리와 프라이빗 트윈, 더블, 4인실이 있다. 겨울이면 옥상의 카페에서 오로라도 관찰할 수 있다.

- Bankastræti 7, 101 Reykjavík
- +354 553 8140
- www.lofthostel.is

Reykjavík Center
올드 하버
하르파
41
선보야저
Laugavegur
Skólavörðustígur
트요르닌 호수
할그림스키르캬
49
BSÍ Bus Terminal
Bústaðavegur
Flugvallarvegur
레이캬비크 국내선 공항
페를란
Nauthólsvegur
뇌이트홀스비크

Reykjavík
Sundlaugavegur
Borgartún
gavegur
레이캬비크 식물원&동물원
Suðurlandsbraut
40
41
49
크링란 쇼핑센터
Listabraut
Háaleitisbraut
Bústaðavegur
아우르바이르 야외박물관
40

옴놈 초콜릿 팩토리
Hólmaslóð
Járnbraut
Fiskislóð
Norðurbugt
Grandi Mathöll
투파
Grandagarður
해양박물관
Brikk
Mýrargata
Nýlendugata
Icelandair Hotel Reykjavik Marina
비데이섬 페리 출발하는곳
올드 하버
Suðurbugt
Forettabarinn
Sægreifinn
Höfnin
Reykjavík Fish
Ránargata
Vesturgata
하르파
41
Ramen Momo
Black Pearl Apartment Hotel
Vesturgata
Tryggvagata
Kolaportið
Café Rosenberg
Ægisgata
Pósthússtræti
Radisson Blu 1919
Lyfja
라이캬토르그 비스터미널
Bæjarins Beztu Pylsur
Hafnarstræti
Ingólfsstræti
레이캬비크 871± 2
Aðalstræti
Túngata
Reykjavik Centrum
Austurstræti
10-11
Apotek Hotel
Nordic Store
66° North
Loft Hostel
Kirkjustræti
Austurvöllur
Hotel Borg
Hverfisgata
Bankastræti
알싱기
Messinn
Rammagerð
Pósthússtræti
Lækjargata
Kaffitár
Vonarstræti
Templarasund
Centerhotel Thingholt
Prikið
Kvosin Downtown Hotel
레이캬비크 시청
Þingholtsstræti
Ingólfsstræti
스콜라뵈르뒤스티구르 거리
Kaffibarinn
Ambassade Apartments
Rammagerðin
Eymur
Reykjavik4you Apartments Hotel
Sjávargrillið
Tjarnargata
Bergstaðastræti
Rammagerðin
트요르닌 호수
Fríkirkjuvegur
Laufásvegur
Óðinsgata
Hotel Odinsve
Skothúsvegur
Baldursgata
아이슬란드 국립 박물관
Sóleyjargata

Reykjavík Center
hotel Arnarhvoll
선보야저
Sæbraut
Lindargata
Skúlagata
y by Reykjavik entre
The Swan House
6° North
Reykjavik Residence Hotel
Klapparstígur
Vatnsstígur
Te & Kaffi
Hotel Fron
Ion City Hotel
Island Apartments
Kex Hostel
Nordic Store
Hverfisgata
회이가베구르 거리 Laugavegur
Public House Gastropub
Grettisgata
Sandhotel
Sandholt
Rey Apartments Hotel
Bónus
Storm Hotel
Þórunnartún
Barónsstígur
Frakkastígur
Handprjónasamband Islands
Reykjavik Chips
Alda Hotel Reykjavik
Skuggi Hotel
Fosshotel Reykjavík
Njálsgata
Mengi Apartments
Vitastígur
Eymundsson
OK Hotel Studio Apartments
Old Iceland Restaurant
Skólavörðustígur
Hlemmur Square
Micro Bar
Noodle Station
홀렘무르 버스터미널
Lokastígur
ROK
Bergþórugata
Snorrabraut
Centerhotel Midgardur
Mjölnisholt
Eyja Guldsmeden Hotel
Hotel Klettur
할그림스키르캬
Freyja Guesthouse & Suites

레이캬비크에서 다녀오는 추천

DAY TOUR

여행 일정이 짧아 다른 도시로 숙박을 옮기기 부담스럽다면 레이캬비크에서만 숙박하면서 다양한 일일 투어를 이용하여 아이슬란드의 대자연을 만나보는 것도 좋은 방법이다. 특히 버스가 운행되지 않는 겨울부터 봄까지의 시즌에 렌터카 여행을 하지 않는다면 일일 투어를 이용하는 것이 가장 좋은 선택이 될 수 있다. 레이캬비크에서 하루 일정으로 아이슬란드의 유명 관광지를 다녀오는 투어는 여러 여행사에서 판매하는데 세부적인 부분과 가격이 조금씩 다르므로 잘 비교하여 선택하자. 영어 가이드가 동반하며 예약 시 요청하면 숙박하는 호텔이나 게스트하우스에서 픽업과 드롭 오프가 무료로 제공된다.

스나이펠스네스 반도 투어 WONDERS OF SNÆFELLSNES

'아이슬란드의 미니어처'라는 별명을 지닌 서부의 최대 관광지, 스나이펠스네스 반도로 떠나는 일일 투어로 연중 이용할 수 있으며 6~8월에는 월, 수, 목, 토, 일요일에 그 외 시즌에는 수, 토요일에만 영어 가이드 투어가 있다. 오전 8시에 출발하여 13시간 정도 소요되며 쥘 베른의 유명 소설 〈지구 속 여행A Journey to the Center of the Earth〉에서 지구의 중심으로 들어가는 입구로 묘사되었던 스나이펠스요쿨에서 시작하여 영화 '월터의 상상은 현실이 된다The Secret Life of Walter Mitty'에 등장했던 로케이션 장소들과 독특한 해안선을 가진 작은 어촌 마을 아르나르스타피, 인상적인 경치로 유명한 부디르 교회 등을 방문한다. 가격은 성인 기준 €154~

골든 서클 클래식 투어

GOLDEN CIRCLE CLASSIC

레이캬비크에서 출발하는 대표적인 일일 투어로 연중 이용할 수 있다. 오전 8시 30분~9시에 시작하여 총 8시간 정도 소요되며 레이캬비크에서 가까운 아이슬란드 최고 관광지인 싱벨리르 국립공원, 굴포스, 게이시르를 관광한다. 여행사에 따라 오후에 출발하는 짧은 일정의 투어도 있으며 블루라군이나 다른 온천 센터와 결합된 상품도 있다. 가격은 가장 기본적인 골든 서클 상품이 성인 기준 €86~

남부 해안 & 요쿨살론 빙하 라군 투어

SOUTH COAST & JOKULSARLON GLACIAL LAGOON

3~10월까지만 이용할 수 있으며 아름답고 신비로운 아이슬란드 남부의 자연을 만날 수 있는 투어이다. 오전 7시 30분~8시에 출발하여 총 14시간 정도 소요되는데 목적지인 요쿨살론으로 가는 길에 남부의 작은 마을들과 바트나요쿨 국립공원의 그린 오아시스인 스카프타펠을 지나게 된다. 요쿨살론에서는 빙하 라군을 가까이에서 경험해볼 수 있는 수륙양용 보트 투어도 포함되어 있다(겨울 시즌인 10월~5월 초에는 보트 투어가 진행되지 않아 불포함). 가격은 성인 기준 €181~

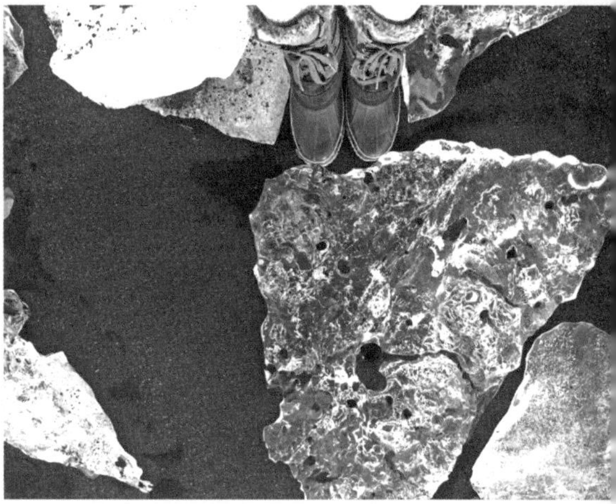

란드만나뢰이가 & 사가 계곡 투어

LANDMANNALAUGAR & SAGA VALLEY

6~10월 말까지 목~화요일에 진행하는 투어로 오전 8시에 출발하여 12시간 정도 소요된다. 우선 하이랜드의 남쪽 관문에 해당되는 란드만나뢰이가에 도착하여 오렌지색, 푸른색, 황금색이 섞인 컬러풀한 산들과 광활한 용암지대, 기암괴석들이 만들어내는 신비하고 초현실적인 풍경을 감상한 후에 자동차를 타고 쇼르사우르달뤼르Þjórsárdalur 계곡으로 이동하여 재건된 중세 농장을 방문한다. 이곳에서는 아이슬란드의 가장 유명한 화산인 헤클라Hekla 산의 멋진 뷰도 감상할 수 있다. 일정 중에 하이킹을 즐길 수 있으며 하이킹 후에는 노천 온천풀에서 온천욕을 즐길 수도 있으니 수영복과 수건을 준비해 가자. 가격은 성인 기준 €243~

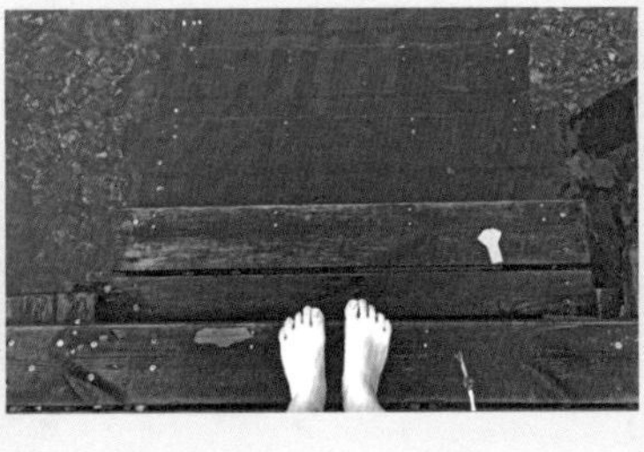

인투 더 글래시어

INTO THE GLACIER

레이캬비크에서 출발하여 랑요쿨Langjökull에 있는 인공 빙하 터널에 다녀오는 투어로 오전 9시에 시작하여 총 9~10시간 정도 소요된다. 이 터널은 세계 최초의 대규모 인공 빙하 터널로 5년간에 걸친 연구와 계획, 세계적인 지구 물리학자의 자문을 거쳐 최고의 엔지니어들이 만든 것이다. 빙하까지 가는 길에 환상적인 물색을 자랑하는 용암 폭포인 흐뢰인포사르도 들른다. 빙하에 도착하면 바퀴가 8개 달린 대형 빙하 트럭으로 갈아타고 터널 입구로 향하게 되며 빙하 터널에 들어가면 가이드의 설명을 들으며 50분 정도 빙하의 신비를 탐험한다. 여름철에도 따뜻하게 옷을 챙겨 입어야 하며 방수가 되는 트레킹화를 신는 것이 좋다. 만약 렌터카 여행 중에 이 상품을 이용하고 싶다면 후사펠Husafell에서 출발하는 2~4시간 투어에 참가하면 좀 더 저렴하게 이용할 수 있다. 가격은 성인 기준 €243~

오로라 투어

NORTHERN LIGHTS MYSTERY

9~4월 중순까지는 매일 진행되는 겨울 시즌의 대표적인 투어이다. 10월 중순~3월 중순까지는 오후 7~ 8시 정도, 그 외 날짜에는 오후 9시 이후에 투어가 시작되며 3시간 정도 소요된다. 어두운 북구의 밤하늘에서 화려하게 춤추는 오로라를 좀 더 선명하게 보기 위해 도시의 불빛으로부터 멀리 떨어진 한적한 곳으로 이동하는데 이동 장소는 날씨 조건에 따라 조금씩 변경된다. 날씨에 따라 좌우되는 투어이니만큼 오로라를 보지 못하는 경우도 생긴다. 대신 투어 중에 오로라를 보지 못하면 무료로 다시 투어에 참가할 수 있다. 가격은 가장 기본적인 상품이 성인 기준 €59~

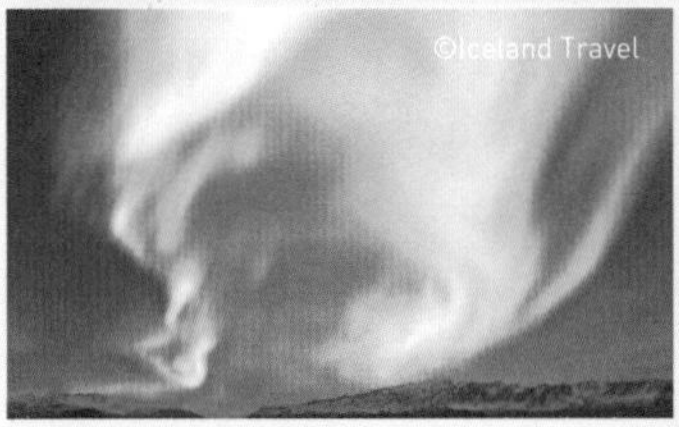

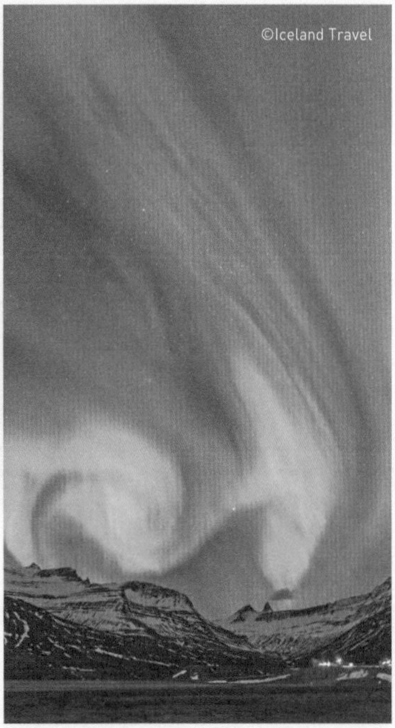

블루라군

Bláa Lónið

검은 화산암과 폭신한 푸른 이끼가 뒤덮인 황량한 화산 지대의 한가운데에 자리한 온천 블루라군은 세계 최대의 야외 온천이자 〈내셔널 지오그래픽〉에서 뽑은 세계에서 가장 경이로운 자연 25곳 중 한 곳이기도 하다. 라군을 채우고 있는 신비로운 하늘색 온천수는 해수와 담수가 높은 온도에서 결합되어 있는 지하 2000m에서 뽑아 올린 것으로 실리카와 유황 등 다양한 미네랄을 풍부하게 함유하고 있다. 블루라군 온천은 연중 37~40℃의 온도를 유지하여 뜨끈한 온천욕보다는 여유로운 온천 수영을 즐기기에 적합하다. 워낙 인기가 높아지다 보니 성수기에는 입장을 못하는 경우가 많이 발생하므로 홈페이지에서 입장권을 사전 예약하고 가는 것이 좋다. 또한 라군 한 켠에는 블루라군의 명물인 하얗고 부드러운 실리카 머드Silica Mud와 해초 마스크Algae Mask를 체험할 수 있는 실리카 바가 있어 온천욕을 즐기며 피부에 좋은 실리카 머드팩을 동시에 경험해 볼 수 있다.

온천욕을 즐기다가 갈증이 난다면 라군 내에 있는 Lagoon Bar에서 시원한 맥주나 와인, 스무디 등을 사서 마실 수도 있다. 건물 내부에 있는 Blue Café에서는 음료와 샌드위치, 샐러드 등의 간식도 판매한다. 제대로 된 식사를 하고 싶다면 LAVA 레스토랑에서 판매하는 런치나 이브닝 메뉴를 시도해보는 것도 좋은데 가격이 조금 높은 편이며 테이블 예약이 필수이다. 모든 부가 서비스는 돈을 바로 지불하는 대신 입장할 때 받은 팔찌로 이용할 수 있으며 블루라군을 나갈 때 모든 비용을 정산하게 된다. 케플라비크 공항 가까이에 있으므로 여행 첫날이나 마지막 날 이용하면 편리하며 아이슬란드에 도착 혹은 떠나기 전 들르는 여행객을 위해 주차장 옆에 짐 보관소(가격은 가방 하나에 550 ISK)를 운영하고 있다.

블루라군 여행 정보 | www.bluelagoon.com

©Iceland Travel

©Iceland Travel

찾아가기

렌터카

케플라비크 공항에서는 약 20분, 레이캬비크에서는 약 40분이 소요되며 41번 도로를 타고 가다가 Grindavík 방향 43번 도로로 빠진 후 이정표를 따라 이동.

©Iceland Travel

버스

레이캬비크 익스커션에서 케플라비크 공항과 블루라군, 레이캬비크와 블루라군 사이의 버스를 운행한다. 또한 블루라군 입장권과 버스 티켓을 묶은 투어 상품도 판매하고 있어 레이캬비크에서 블루라군에 들러 온천욕을 즐긴 후 케플라비크 공항으로 가는 것도 가능하다. 자세한 버스 스케줄은 www.re.is/tour/blue-lagoon-transfer/ 참고.

🕘 1~5월 08:00-21:00, 6/1~6/14 08:00-22:00, 6/15~8/15 07:00-24:00, 8/16~8/31 08:00-22:00, 9~12월 08:00-22:00, 12/24 08:00-16:00, 12/31 08:00-18:00

€ 컴포트 USD 63, 프리미엄 USD 80, 리트리트 스파 USD 483

블루라군 추천 숙소

Accommodation

Silica Hotel

블루라군에서 운영하는 호텔로 블루라군에서 도보 5분 거리에 있으며 성수기에는 예약하기가 매우 힘들기 때문에 예약을 서두르는 편이 좋다. 미니멀하면서도 안락한 디자인으로 여러 디자인 관련 상을 받았으며 객실 창문 밖으로 펼쳐지는 광활한 용암지대의 풍경과 완벽한 조화를 이루고 있다. 이 호텔의 숙박객에게는 블루라군 메인 온천풀 1회 입장권(프리미엄)을 무료로 제공하며 숙박객만 입장할 수 있는 호텔 전용 프라이빗 라군에서 블루라군과 똑같은 온천수를 훨씬 여유롭게 즐길 수도 있다. 2018년 6월부터는 18세 이상만 숙박 가능하다.

- 240 Grindarvík, Iceland
- +354 420 8800
- www.bluelagoon.com/accommodation/silica-hotel

스카이 라군

Sky Lagoon | 레이캬비크 |

2021년 오픈한 Sky Lagoon은 레이캬비크에서 차로 15분 거리에 자리해 여행 중 방문하기 가장 편리한 곳이다. 북대서양이 눈앞에 펼쳐지는 해변의 인피니티 온수풀에서 일몰을 감상할 수 있으며 겨울 시즌에는 운이 좋으면 인피니티 풀에서 오로라까지 감상할 수 있다. 요금은 4가지로 나뉘며, 간단하게 인피니티 풀을 경험하는 Pure Lite Pass부터 7단계 스파 코스를 포함한 Pure Pass 등이 있으며 예약 시에 스카이 라군까지의 트랜스퍼 버스도 예약 가능하다.

- **10월 초~5월 중순** 월 11:00-22:00, 화~목 12:00-22:00 금~일 10:00-22:00 **5월 중순~8월 중순** 10:00-23:00 **8월 중순~9월 말** 11:00-23:00 (토 10:00-23:00)
- ISK 가장 기본적인 Pure Lite Pass(스카이 라군 입장, 탈의실 사용, 수건 포함) 7990 ISK~ Pure Lite Pass 외에 다른 요금은 홈페이지 참고.

Sky Lagoon 여행 정보 | www.skylagoon.com

The Golden Circle

골든 서클

골든 서클은 레이캬비크에서 가까운 아이슬란드 최고의 관광지인 싱벨리르 국립공원, 게이시르, 굴포스를 포함한 링 모양의 관광 루트를 일컫는 말로, 레이캬비크의 여러 여행사에서 골든 서클 루트를 하루 만에 돌아보는 다양한 일일 투어를 제공하고 있다. 일일 투어로 여행할 경우 총 8시간 정도 소요되는데 이동하는 시간 때문에 한 장소에서 머무는 시간이 1시간도 되지 않는 경우가 많아 시간이 조금 부족하다고 느껴질 수도 있다. 클래식한 골든 서클 투어 외에도 블루라군과 결합된 상품, 스노클링이 포함된 상품 등 여행사마다 조금씩 변형된 상품을 판매하므로 자신에게 맞는 상품을 골라 예약하는 것이 좋다. 렌터카를 이용하여 골든 서클을 관광한다면 좀 더 여유롭게 세 곳을 둘러볼 수 있으며 이동하는 도중에도 마음에 드는 곳이 있으면 언제든지 차를 멈추고 그곳에서 시간을 보낼 수 있어서 좋다.

골든 서클 여행 정보 | www.thingvellir.is/english.aspx (싱벨리르 국립공원) / www.gullfoss.is(굴포스)

찾아가기

렌터카

레이캬비크에서 골든 서클의 첫 번째 목적지인 싱벨리르 국립공원까지는 49번 도로와 1번 링로드를 타고 가다가 내륙 쪽으로 36번 도로로 들어서서 40분 정도면 도착할 수 있다. 그 다음 목적지인 게이시르까지는 365번, 37번 도로를 타고 자동차로 50분 소요되며 마지막으로 굴포스까지는 게이시르에서 35번 도로로 10~15분이면 도착할 수 있다.

©Iceland Travel

Travel Highlight

싱벨리르 국립공원

Þingvellir Þjóðgarður

레이캬비크에서 동쪽으로 50km 남짓 떨어진 곳에 있는 싱벨리르 국립공원은 아름다운 자연 속에 아이슬란드에서 가장 유명한 유적지가 어우러진 아이슬란드인의 성지로 2004년에 공원 전체가 유네스코 세계문화유산에 등재되었다. 역사적으로는 930년 세계 최초의 의회인 알싱기Alþingi가 이곳에서 소집되었고 1798년까지도 매년 2주 동안 이곳에서 개최되었다고 한다. 독특한 지형과 자연환경 덕분에 1928년에 국립공원으로 지정되었고 잘 정비된 하이킹 트레일을 따라 공원을 산책하다 보면 의장의 단상으로 사용되었던 로그베르그Lögberg 등의 유적과 기암괴석들이 병풍처럼 둘러선 협곡, 곳곳에서 연기가 뿜어져 나오는 아이슬란드 특유의 황량한 초원, 유라시아 대륙과 북아메리카 대륙판이 이동하며 만들어낸 균열, 그리고 물속의 동전이 훤히 비칠 정도로 맑은 옥사라Öxará 강과 폭포 등을 만날 수 있다. 여름철이면 공원 내에 있는, 아이슬란드에서 가장 큰 호수인 싱발라바튼Þingvallavatn 호수에서 스노클링이나 스쿠버다이빙을 즐기는 사람들도 많다. 공원 내에 있는 예쁜 교회는 5월 중순~9월 초에는 매일 오전 9시부터 오후 5시까지 문을 열지만 그 외 시즌에는 방문자 센터에 오픈 여부를 문의해야 한다. 방문자 센터에는 기념품 숍과 유료 화장실(200 ISK) 등이 있으며 근처의 뷰포인트에서 공원 전체의 모습을 조망해볼 수 있다.

- 레이캬비크에서 자동차로 40분 소요
- **방문자 센터** 09:00-17:00,
  인포메이션 센터 5~10월 09:00-18:00, 11~4월 09:00-17:00

게이시르 Geysir

아이슬란드에서 가장 유명한 관광지 중 하나로 '간헐천'을 뜻하는 영어 단어 Geyser가 바로 아이슬란드어 Geysir에서 유래되었다고 한다. 유황 냄새가 코를 찌르는 호이카달루르Haukadalur 계곡에는 수많은 온천과 진흙 구덩이가 있는데 그중에 가장 크고 유명한 간헐천이 The Great Geysir와 스트로쿠르Strokkur이다. The Great Geysir는 13세기 말 헤클라 화산의 대폭발 때 생긴 것으로 19세기 초까지는 3시간에 한 번씩 규칙적으로 분출했으며 당시에는 60~80m에 이르는 물기둥을 쏘아 올렸다고 한다. 1916년에 갑자기 활동을 멈춘 후에는 산발적으로 가끔씩 분출이 이루어졌으며 2000년 지진 이후 다시 활동이 조금 활발해졌지만 분출이 너무 불규칙적이라 아주 운이 좋지 않은 한 보기 어렵다. 그래서 최근에는 The Great Geysir에서 100m 정도 떨어진 곳에 있는 또 다른 간헐천인 스트로쿠르로 관광객이 많이 몰리는데, 한창 활발하게 활동 중인 스트로쿠르는 10분 간격으로 최대 30m에 이르는 물기둥을 뿜어낸다. 김이 모락모락 나는 푸른 물구덩이에서 물이 끓다가 갑자기 하늘 높이 솟구쳐 오르는 모습을 보면 가슴이 뻥 뚫리는 느낌이 들어 몇 번을 봐도 질리지 않는다. 이 외에도 주변의 하늘색부터 터키옥색, 빨간색에 이르는 예쁜 색의 작은 온천들을 구경하는 것도 재미있다.

싱벨리르 국립공원에서 자동차로 40분 소요

굴포스 Gullfoss

아이슬란드어로 '황금 폭포'라는 뜻의 거대한 폭포인 굴포스는 스펙터클하고 압도적인 모습으로 가히 골든 서클 투어의 하이라이트라고 할 만하다. 폭포는 두 단으로 나누어지는데 위의 폭포는 11m, 아래 협곡으로 떨어지는 폭포는 21m의 높이로 초당 평균 109㎥의 엄청난 양의 물이 쏟아진다고 한다. 맑은 날이면 폭포 위로 비추는 햇살이 수많은 물방울에 반사되어 예쁜 무지개가 만들어진다. 수량이 많은 여름철의 굴포스도 매력 있지만 겨울철에 얼음과 폭포가 공존하는 모습 또한 장관이다. 입구 주차장에 있는 방문자 센터는 내부에 따뜻한 수프, 샌드위치 등을 파는 카페 겸 레스토랑과 화장실이 있으며 폭포의 전체 모습을 조망할 수 있는 위쪽 하이킹 트레일과 연결되어 있다. 위쪽 트레일에서 계단을 내려오면 아래쪽 트레일과 바로 연결되는 작은 주차장이 하나 더 있으며 아래쪽 트레일을 따라 걸어 들어가면 아주 가까이에서 물방울을 맞으며 폭포를 감상할 수 있다.

게이시르에서 자동차로 10~15분 소요

Restaurant & Cafe

레스토랑 미카

Restaurant Mika 피자

굴포스, 게이시르에서 1번 링로드로 내려오는 길인 35번 도로 근처에 있는 인기 레스토랑이다. 시푸드나 고기 요리를 메인으로 하는 코스 요리를 주문할 수 있지만 점심으로는 화덕에 구운 맛있는 피자가 제격이다. 피자는 마르게리타, 하와이안, BBQ 치킨, 랑구스틴 등 토핑에 따라 다양한 종류가 있다. 수제 초콜릿으로도 유명한 곳이니 겨울철에 들렀다면 따끈한 핫 초콜릿 한잔으로 몸을 녹여보자. 규모가 꽤 큰 편이라 단체 여행객도 많이 찾는다.

- Skólabraut 4, 806 Reykholt
- +354 486 1110
- 매일 12:00-16:00, 17:00-22:00
  12/23~12/26 & 12/31~1/1 휴무
- ISK 피자 작은 사이즈 1845~4240 ISK, 큰 사이즈 3190~7890 ISK, 메인 메뉴 4290~7290 ISK

에프스티달루르

Efstidalur II | 목장 레스토랑 & 카페

싱벨리르 국립공원에서 게이시르로 가는 37번 도로 근처에 있는 목장 레스토랑으로, 예쁜 초록색 건물의 1층은 아이스크림과 커피를 파는 카페이며 2층은 레스토랑이다. 카페 한쪽 벽의 유리창을 통해 바로 옆에 붙은 외양간을 볼 수 있으며 직접 만든 수제 아이스크림은 많이 달지 않으면서도 맛있다. 레스토랑에서는 버거와 양고기, 소고기, 생선 요리, 수프 등을 판매한다.

- Bláskógabyggð, 801 Laugarvatn
- +354 486 1186
- **카페** 10:00-20:00, **레스토랑** 11:30-20:00(계절에 따라 시간 변동 있음)
- ISK 수제 아이스크림 700~1100 ISK,
  버거 2600~3050 ISK,
  스테이크 4000~6400 ISK,
  오늘의 수프 1900 ISK

게이시르 글리마

Geysir Glima | 카페 레스토랑

호텔 게이시르에서 2012년에 문을 연 레스토랑 겸 카페로 방문자 센터 옆에 있어 게이시르 관광 시 들르기에 편하다. 아이슬란드의 자연에서 영감을 받은 유니크한 인테리어가 돋보이며 커피와 아이스크림, 피자, 파니니와 키시 등의 가벼운 식사 메뉴, 런치 메뉴까지 다양한 선택이 가능하다. 관광지에 있는 것에 비해 가격도 많이 비싸지 않은 편이다.

- Geysir, 801 Haukadalur
- +354 481 3003
- 10:00-18:00
- ISK 메인 요리 3950~8350 ISK, 라이트 메뉴 1550~3980 ISK

수파 Súpa ｜수프｜

호텔 게이시르에서 가장 최근에 문을 연 수프 레스토랑이다. 채식주의자들도 즐길 수 있는 토마토&바질, 양고기 등 4가지 종류의 수프를 판매하는데 빵 한 조각과 버터가 곁들여 나온다. 관광지에 있는 데다가 추운 날 들러 가벼운 런치로 즐기기에 딱 좋아 점심시간에는 매우 붐빈다.

- Geysir, 801 Haukadalur
- +354 480 6800
- 금~일요일 12:00-17:00, 월~목요일 휴무
- ISK 수프 1550 ISK

굴포스 파노라마 레스토랑 카페

Gullfoss Panorama Restaurant Café ｜카페 레스토랑｜

굴포스 방문자 센터에 있는 레스토랑 겸 카페로 양고기와 채소로 끓인 아이슬란드식 미트 수프를 비롯한 다양한 수프, 샌드위치, 파니니, 베이글 등 가벼운 식사 메뉴를 판매한다. 겨울철에는 따뜻한 커피와 핫 초콜릿으로 몸을 녹이기 위해 들르는 사람들도 많으며 케이크 한 조각을 곁들여 먹을 수도 있다.

- Bláskógabyggð, 801 Selfoss
- +354 486 6500 · 10:00-19:00
- ISK 오늘의 수프 1550 ISK, 샌드위치 770 ISK, 파니니 1550 ISK

실프라 레스토랑

Silfra Restaurant ｜북유럽 요리｜

이온 어드벤처 호텔에 있는 레스토랑으로 고급스럽고 현대적으로 꾸며져 있으며 커다란 창을 통해 주변의 아름다운 풍경을 감상할 수 있다. 싱발라바튼 호수에서 잡은 신선한 생선 요리와 양고기 정강이 요리가 유명하며 이 두 요리 중 하나를 메인으로 선택하여 3코스나 5코스 요리를 즐기는 사람들이 많다.

- Nesjavellir við Thingvallavatn, 801 Selfoss
- +354 482 3415
- 12:00-16:00, 18:00-22:00
- ISK 3코스 메뉴 1만 1990 ISK, 5코스 메뉴 1만 4990 ISK

골든서클 추천 숙소
Accommodation

ION Adventure Hotel

★★★★

호텔 안에 머물러 있는 것만으로도 아이슬란드에 있다는 느낌을 고스란히 받을 정도로 주변의 자연적 특성을 잘 이용하여 지은 럭셔리 호텔로 싱벨리르 국립공원 근처, 아이슬란드에서 가장 큰 호수 싱발라바튼과 인접해 있다. 친환경적인 객실 인테리어와 라바 스파의 야외풀에서 바라보는 아이슬란드의 자연환경이 압권이다.

- Nesjavellir við Thingvallavatn, 801 Selfoss
- +354 578 3700
- @ ioniceland.is/

Hotel Grímsborgir ★★★★

싱벨리르 국립공원에서 셀포스로 내려가는 길에 있는 럭셔리 호텔로 일반 객실과 주방 시설이 있는 아파트먼트 객실을 가지고 있다. 객실은 새단장을 하여 고급스러우면서도 사랑스러운 인테리어를 자랑한다. 허니문이나 가족 여행객들이 많이 찾는 곳이다. 2014년에 오픈한 레스토랑에서는 아라카르트 메뉴들을 제공한다.

- Ásborgir 30, 801 Selfoss
- ☎ +354 555 7878
- @ www.grimsborgir.com

Litli Geysir Hotel ★★★

2018년에 오픈 예정인 4성급 호텔 Hotel Geysir, 스트로쿠르 전망의 부속 건물에 있는 Litli Geysir Hotel, 건너편 강가에 있는 Geysir Cottages, 3개의 숙박 시설을 같은 오너가 운영한다. 깔끔하고 고급스러운 22개 객실을 갖춘 Litli Geysir에는 레스토랑과 바, 실내 온천 시설도 있으며 게이시르 방문자 센터를 도보로 방문할 수 있어 편리하다.

- Geysir, 801 Haukadalur
- ☎ +354 480 6800
- @ hotelgeysir.is/

©Iceland Travel

Hotel Gullfoss ★★★

굴포스에서 자동차로 5분 정도 거리에 있는 깔끔한 준일급 호텔로 키욀뤼르 루트를 따라 여행할 경우 숙박하기에 더욱 좋은 위치이다. 호텔 레스토랑에서는 양고기와 연어, 생선 등 신선한 재료로 요리한 맛있는 아이슬란드 음식을 맛볼 수 있다.

Brattholt, 801 Selfoss ☎ +354 486 8979 @ www.hotelgullfoss.com

Hotel Borealis

★★☆

싱벨리르 국립공원과 셀포스 사이에 있는 호텔로 싱글, 더블룸부터 4인 가족이 숙박할 수 있는 방갈로, 3개의 침실과 2개의 욕실이 있는 빌라까지 다양한 종류의 객실이 있다. 통나무집처럼 아늑하게 꾸며져 있는 라운지와 바는 경치를 감상하며 와인 한잔을 즐기기에 그만이다. 겨울철에는 오로라를 관찰하기에 최적의 장소이기도 하다.

- Efri Brú, 801 Selfoss
- +354 561 3661
- www.hotelborealis.is

Geysir Hestar

게이시르와 굴포스 사이에 있는 게스트하우스로 승마 투어를 전문으로 제공하는 곳이다. 게스트하우스에는 2인실과 4인실이 있으며 공동 욕실을 사용한다. 더블룸과 4개의 침대가 있는 다락방이 있어 6명까지 숙박할 수 있으며 주방 시설이 있는 프라이빗 캐빈도 있다.

- Kjóastaðir 2, 801 Selfoss
- +354 847 1046
- www.geysirhestar.com

Farmhotel Efstidalur II

목장 레스토랑으로 유명한 Efstidalur II에서 운영하는 B&B로 소, 말, 닭을 키우는 목장 내에 있다. 더블, 트윈 또는 트리플로 나누어지는 10개의 객실은 목재로 꾸며져 있어 아늑한 느낌이 들며 개별 욕실을 갖추고 있다.

- Bláskógabyggð, 801 Laugarvatn
- +354 486 1186
- www.efstidalur.is

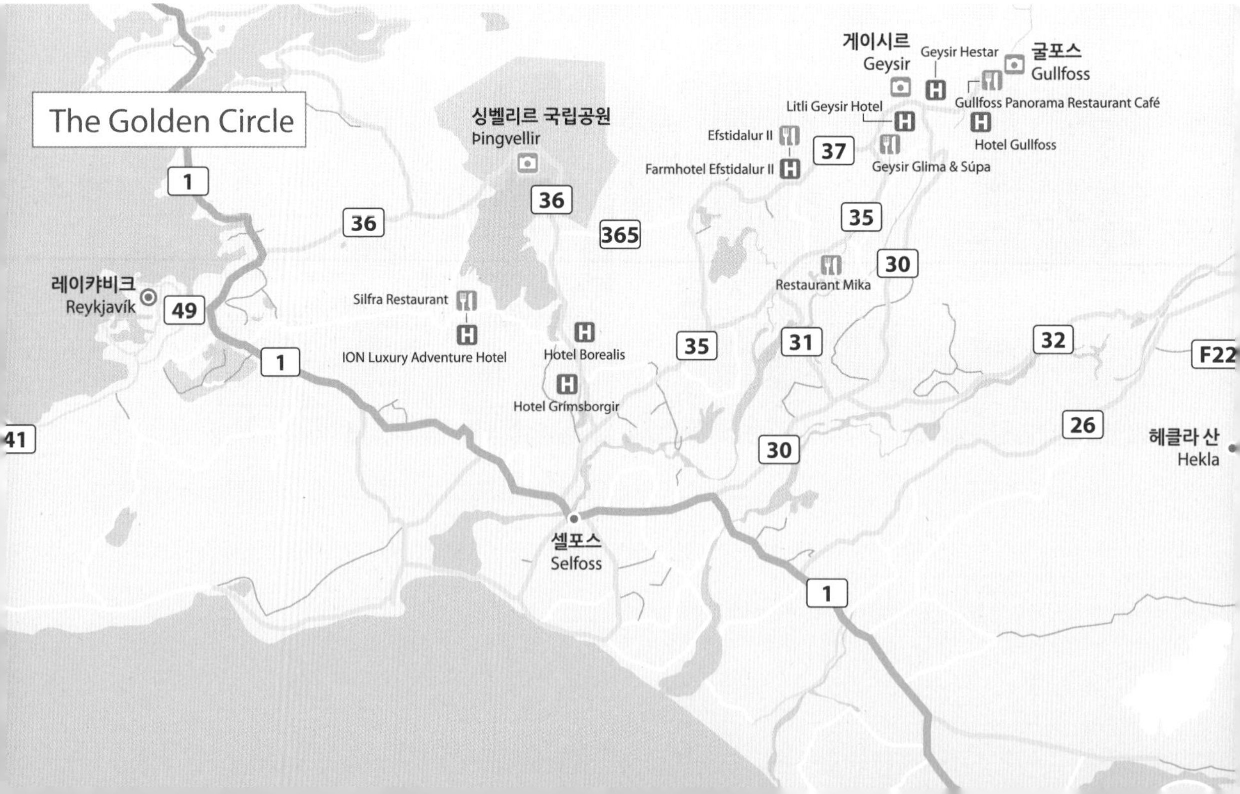

Hálendið

하이랜드

아이슬란드 내륙지역인 하이랜드는 수 세기 동안 사람이 접근할 수 없었을 정도로 거칠고 황량한 곳으로 대부분의 땅이 식물이 자랄 수 없는 암석 사막과 삐죽삐죽 솟은 봉우리들, 화산 지대와 빙하로 이루어져 있다. 하이랜드에서 가장 인기 있고 많은 사람들이 방문하는 곳은 남부의 란드만나뢰이가이다. 이곳에서 사람들은 컬러풀한 색으로 빛나는 산들에 둘러싸여 천연 노천풀에서 온천을 즐기거나 소르스뫼르크까지 이어지는 유명한 하이킹 트레일인 뢰이가베구르인Laugavegurinn을 걸으며 드라마틱한 자연을 감상한다. 여름철에만 버스를 이용하여 방문할 수 있고 직접 차를 운전하여 갈 경우에는 4륜구동 차를 렌트해야 한다. 만약 이 2가지 방법이 다 힘들다면 레이캬비크에서 출발하는 일일 투어를 통해서도 방문할 수 있다. 또 다른 하이랜드의 유명 관광지로는 바트나요쿨 바로 위쪽 내륙 깊숙이에 위치한 아스캬Askja 화산이 있는데, 이곳에 있는 대형 비티 분화구는 온천욕을 즐길 수 있어 색다른 온천 체험을 할 수도 있다. 아스캬는 직접 운전하여 가는 것보다 미바튼에서 떠나는 일일 투어로 방문하는 것을 더 추천한다.

찾아가기

렌터카

레이캬비크에서 란드만나뢰이가는 3시간 30분, 소르스뫼르크는 2시간 30분 정도 소요된다. 내륙으로 들어선 후에는 거친 F 도로를 달려야 하기 때문에 4륜구동 자동차만 들어갈 수 있다.

버스

6월 중순~9월 중순까지 레이캬비크 익스커션(www.re.is/highland-bus)의 하이랜드 버스가 레이캬비크 BSÍ 버스 터미널과 란드만나뢰이가 사이에 운행되며 레이캬비크 BSÍ 버스 터미널과 소르스뫼르크 사이에는 5월 말~9월까지 버스가 운행된다.

©Iceland Travel

Travel Highlight

란드만나뢰이가

Landmannalaugar

하이랜드의 남쪽 관문에 해당되는 곳으로 오렌지색, 푸른색, 황금색이 섞인 말로 형용할 수 없는 오묘한 색의 산들과 광활한 용암지대, 기암괴석들이 주변을 둘러싸고 있어 지구가 아닌 다른 행성에 온 듯한 초현실적인 풍경을 만들어낸다. 이곳은 또한 온천수가 많이 솟아나는 지역으로 골짜기를 흐르는 온천수 시냇물이 모여 초목이 우거진 노천 온천풀이 만들어지는데 여행객의 숙소인 란드만나뢰이가 헛Landmannalaugar hut에서 얼마 떨어지지 않은 곳에 있는 노천풀은 성수기에는 여행의 피로를 풀기 위해 몰려드는 여행객들로 붐빈다.

마지막으로 란드만나뢰이가를 말할 때 절대 빼놓을 수 없는 것이 하이킹이다. 란드만나뢰이가는 남쪽의 소르스뫼르크까지 이르는 4일 코스의 유명한 하이킹 트레일인 뢰이가베구르인Laugavegurinn의 시작 지점이면서 다른 여러 짧은 하이킹 트레일들의 베이스가 되는 곳이다. 초보자도 도전해볼 만한 쉬운 하이킹 트레일로는 란드만나뢰이가의 환상적인 전경을 감상할 수 있는 브라우흐뉴퀴르Bláhnjúkur 산에 오르는 1시간 코스와 뢰이가흐뢰인Laugahraun 용암지대를 통과하여 브렌니스테인살다Brennisteinsalda 산에 이르는 2시간 코스가 있다.

렌터카 | 렌터카를 이용하여 란드만나뢰이가로 가는 길은 크게 3가지가 있다. 그중 가장 쉬운 것은 북서쪽에서 란드만나뢰이가에 이르는 길로 메인 도로인 30번, 32번 도로를 타고 가다가 Sultartangi 댐을 건넌 후 F26 노로와 F208 도로를 이용하는 것이다. 이 길에는 건너야 할 강도 없고 비교적 순탄하기 때문에 작은 4륜구동 차로도 도전해볼 만하다. 또는 1번 링로드를 타고 가다가 Hella에 도착하기 진에 26번 도로로 비로 들어가는 방법도 있다. 다른 두 길은 큰 4륜구동 차로만 갈 수 있는데 서쪽에서 26번 도로를 타고 가다가 F225 도로로 갈아타는 것과 남쪽 1번 링로드의 Vík와 Kirkjubæjarklaustur 중간에서 F208 도로를 타는 것이다. 마지막 길이 가장 험난하고 거친 길이다.

버스 | 6월 중순~9월 중순까지는 레이캬비크 익스커션(www.re.is/highland-bus)의 버스가 레이캬비크 BSÍ 버스 터미널과 란드만나뢰이가 사이에 운행된다.

소르스뫼르크

Þórsmörk

소르스뫼르크는 틴드피아틀라요쿨Tindfjallajökull, 에이야피아틀라요쿨Eyjafjallajökull, 미르달스요쿨Mýrdalsjökull, 세 빙하가 삼각형을 이루는 한가운데 지점에 있는 초목이 우거진 계곡으로 거칠고 웅장한 바위산과 빙하 지대, 빙하가 녹아 흐르는 강들에 둘러싸인 자연보호 구역이다. 소르스뫼르크 주변 지역은 아이슬란드에서 손꼽히는 하이킹 지역 중 하나로, 가장 유명한 하이킹 트레일로는 란드만나뢰이가에서 소르스뫼르크까지 55km의 세계적인 하이킹 트레일, 뢰이가베구르인과 소르스뫼르크에서 스코가르Skógar까지의 23km 트레일, 핌뵈르뒤하울스Fimmvörðuháls가 있다. 소르스뫼르크는 후사달루르Húsadalur, 란기달루르Langidalur, 바우사르Básar 이렇게 3개 지역으로 나뉘는데 각각 산장과 캠핑장이 있어 여행자들이 숙박과 식사를 해결할 수 있으며 레이캬비크에서 비교적 가깝기 때문에 여름철에는 숙소를 미리 예약하는 것이 좋다.

렌터카 | 레이캬비크에서 1번 링로드를 타고 남쪽으로 달리다가 소르스뫼르크 방향으로 좌회전하여 F249번 도로를 따라 1시간 정도 내륙으로 들어간다.

버스 | 5월~9월까지 레이캬비크 익스커션(www.re.is/highland-bus)의 버스가 레이캬비크 BSÍ 버스 터미널과 소르스뫼르크 사이에 운행된다.

Hálendið
시글뤼피오르드
Siglufjörður
76
85
85
후사비크
Húsavík
달비크
Dalvík
744
87
아퀴레이리
Akureyri
842
미바튼
Mývatn
1
821
1
F26
F821
아스캬
Askja
F752
F910
호프스요쿨
Hofsjökull
랑요쿨
Langjökull
F35
Kjölur
Sprengisandur
F26
바트나요쿨
Vatnajökull
37
F26
F208
32
F225
26
30
헤클라산
Hekla
란드만나뢰이가
Landmannalaugar
1
셀포스
Selfoss
F210
F206
F208
키르큐바이야르클뢰이스튀르
Kirkjubæjarklaustur
헬라
Hella
소르스뫼르크
Þórsmörk
F210
261
F208
F249
미르달스 요쿨
Mýrdalsjökull
에이야피야틀라 요쿨
Eyjafjalla jökull
1
비크 Vik

Southwest Coast

남서부 해안

레이캬비크와 골든 서클에서 아이슬란드 남부로 이동하다 보면 바다와 인접하여 1번 링로드를 달리게 된다. 셀랴란드스포스에서 스코가포스에 이르는 이 길은 남부의 스펙터클한 풍경을 감상할 수 있을 뿐만 아니라 2010년 4월, 화산 폭발로 세계적으로 유명해진 에이야피야틀라요쿨Eyjafjallajökull과 당시 화산재가 덮였던 농장을 볼 수 있는 곳으로도 유명하다. 직접 차를 렌트해서 운전하고 이동한다면 중간에 잠깐씩 들러 멋진 풍경을 감상하고 가면 되지만 만약 차 없이 여행한다면 레이캬비크에서 다녀오는 일일 투어에 참가해서 이 지역을 관광하는 것도 좋은 방법이다. 레이캬비크에서 출발하는 일일 투어에는 남부 해안의 셀랴란드스포스와 스코가포스는 물론 스코가르 민속박물관, 검은 모래 해변인 레이니스피아라, 아름다운 빙하 에이야피야틀라요쿨과 미르달스요쿨 감상 등 남부 해안의 모든 매력적인 요소들이 포함되어 있어 만약 비크를 들르지 않고 바트나요쿨 쪽으로 바로 이동할 경우에는 이 투어를 이용하는 것을 추천한다.

찾아가기

렌터카

레이캬비크에서 셀랴란드스포스까지는 1번 링로드를 이용하여 1시간 40분 정도 소요.

버스

6월 초~8월 말까지 레이캬비크 익스커션(www.re.is/highland-bus)의 버스가 레이캬비크 BSÍ 버스 터미널에서 셀포스를 거쳐 스코가르까지 운행된다.

셀랴란드스포스 Seljalandsfoss

65m 높이의 폭포로 좁고 세찬 여러 개의 물줄기가 아래의 웅덩이로 내리꽂히고 다시 작은 시내를 이루어 초원을 흘러간다. 이 폭포의 특징은 폭포 줄기 뒤 절벽의 움푹 파인 아랫부분에 있는 하이킹 트레일을 따라 뒤로 걸어 들어가 폭포 안쪽에서 바깥 풍경을 바라보는 특별한 경험을 할 수 있는 것이다. 뒤쪽에서 바라보는 폭포는 훨씬 더 수량이 많고 가슴이 뻥 뚫릴 정도로 시원한 느낌이 든다. 하이킹 트레일은 폭포를 바라보고 오른쪽으로 들어가 왼쪽으로 돌아 나오게 되어 있는데, 폭포 바로 뒤편은 물보라가 많이 튀기 때문에 우비나 방수가 되는 점퍼를 입는 것이 좋으며 바닥이 물에 젖어 매우 미끄러우므로 조심해야 한다. 1번 링로드에서 바로 갈 수 있어서 남부의 다른 관광지로 이동하는 중에 잠깐 들렀다가 가기에 편리하다.

1번 링로드에서 소르스뫼르크로 가는 F249 도로 초입에 위치

스코가포스 Skógafoss

남부 해안의 조용한 휴양 마을 스코가르Skógar와 인접해 있는 높이 62m, 너비 25m의 폭포로, 떨어지면서 많은 물보라가 생겨 화창한 날에는 선명한 무지개를 쉽게 관찰할 수 있는 곳이다. 폭포는 온통 초록색 이끼로 덮인 수직의 절벽을 타고 시원하게 쏟아져 내리는데 그 모습이 무척이나 인상적이다. 폭포를 정면으로 바라보고 오른쪽에 나 있는 트레일을 따라 가파른 계단을 20분 정도 걸어 올라가면 폭포의 전경을 볼 수 있는 작은 전망대가 있으며 그 트레일은 폭포 위쪽의 강 상류를 따라 멀리 소르스뫼르크까지 이어진다. 올라가다가 중간에 옆으로 난 샛길로 들어가면 폭포의 중간 지점을 볼 수 있는 뷰포인트도 있는데, 이곳에서 보는 폭포의 모습도 놓치기 아까울 정도로 멋지다. 폭포 앞에 넓게 펼쳐진 초원은 스코가포스 캠핑장으로 이용되는데 다른 곳에 비해 시설이 잘 갖추어지지 않았지만 폭포 바로 옆에서 하룻밤을 보내는 특별한 경험을 할 수 있다. 자동차로 5분 정도 떨어진 곳에 있는 스코가르 민속박물관은 지붕이 잔디로 덮여 있는 아이슬란드 전통 농장 가옥을 볼 수 있는 곳으로 유명하다.

1번 링로드에서 스코가르Skógar를 지나 자동차로 6분 소요

솔헤이마산두르 비행기 잔해

Solheimasandur Plane Wreck

1973년 11월에 아이슬란드 남부 해안의 Solheimasandur 해변에 추락한 미국 해군의 비행기의 잔해로 비행기는 연료 부족으로 인해 강제 착륙을 했으며, 승무원 7명은 모두 생존했다. 이후 비행기는 그대로 이곳에 남겨져 있으며, 흰색 잔해와 검은 모래의 대조가 인상적인 풍경을 만들어내어 사진가들과 관광객들에게 인기 있는 명소가 되었다. 이곳을 방문하려면 주차장에 차를 두고 도보로 약 한 시간을 걸어야 해서 힘들었지만 지금은 트랜스퍼 버스가 운행되고 있어 조금 더 편안하게 방문이 가능하다.

@ www.arcanum.is/tours/the-plane-wreck-shuttle

ISK 성인 2900 ISK, 청소년(8-17세) 2030 ISK, 어린이 무료

Restaurant & Café

스베이타그릴 미우

Sveitagrill Míu(Mia's Country Grill)

피시 앤 칩스

스코가포스 근처에 있는 빨간색 도트 무늬의 앙증맞은 푸드 트럭으로 신선한 생신 살로 만드는 피시 앤 칩스가 맛있기로 유명하다. 주로 포장을 해서 차에서 먹는 사람들이 많지만 날씨가 좋으면 트럭 앞에 있는 피크닉 테이블에서 먹고 가도 좋다. 소스는 토마토케첩, 스위트 칠리, 타르타르 3가지 종류가 있는데, 피시 앤 칩스에 하나가 포함되어 있으며 추기 소스는 따로 구입해야 한다.

- Skógar, 861 Hvolsvöllur
- +354 696 6542
- 매일 12:00-16:00
- ISK 피시 앤 칩스 2950 ISK, 추가 소스 300 ISK, 음료 450 ISK

남서부 해안 추천 숙소

Accommodation

UMI Hotel ★★★★

셀랴란드스포스에서 스코가포스로 가는 링로드에서 해안가 쪽으로 난 243번 도로에 있는 아름다운 호텔이다. 모던하고 편안하게 디자인된 객실에서는 에이야피아틀라요쿨이나 아름다운 바다의 멋진 경치를 감상할 수 있으며 전망 좋고 맛도 훌륭한 레스토랑도 투숙객들의 사랑을 받고 있다.

- Leirnavegur road nr. 243, 861 Hvolsvöllur
- +354 518 4001
- @ hotelumi.is

Hotel Skógafoss ★★☆

스코가포스 바로 앞에 있는 호텔로 비스트로 바와 함께 운영된다. 더블룸과 트리플룸, 더블 침대와 2층 침대가 있는 패밀리룸이 있으며 객실은 깔끔하고 현대적이다. 비스트로에서는 호텔 숙박객의 아침 식사 외에 점심과 저녁 식사도 판매하며 스코가포스의 웅장한 풍경을 감상하며 식사를 즐길 수 있다.

Skógar, 861 Hvolsvöllur ☎ +354 487 8780

@ www.hotelskogafoss.is

Welcome Holiday Home

셀랴란드스포스와 스코가포스 중간 지점에 있는 독채형 숙박 시설로 각각의 집에 싱글 침대 2개가 있는 침실과 깔끔한 욕실, 주방 시설, 거실이 갖추어져 있다. 투숙객들은 무료 와이파이를 이용할 수 있으며 집 앞에 바로 주차를 할 수 있어 편리하다. 궁금한 점이 있으면 근처에 있는 Welcome Hotel Lambafell로 전화해서 문의할 수 있다. 에이야피야틀라요쿨과 유명한 시크릿 온천, 셀야발라뢰이그가 근처에 있다.

Lambafell, 861 Eyvindarhólar ☎ +354 487 1212

@ www.welcome.is

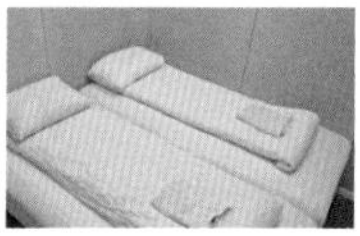

Vík

비크

아이슬란드 가장 남쪽에 있는 마을인 비크는 시원한 대서양을 마주한 해변과 주변의 그림 같은 자연환경을 자랑하는 아이슬란드의 유명 관광지이다. 다른 지역에 비해 강수량이 많아 아이슬란드 내에서 항구가 아닌 곳에 남아 있는 유일한 바닷가 마을이며 무지개를 자주 볼 수 있는 곳이기도 하다. 500명 정도의 주민이 살고 있는 작은 마을이지만 다양한 숙박 시설과 레스토랑, 슈퍼마켓, 기념품 숍, 교회 등 여행객에게 필요한 시설을 모두 갖추고 있어 이곳에 숙소를 잡고 주변 지역을 관광할 수 있으며 1번 링로드에 있어 잠시 들르기에도 편리하다.

비크 여행 정보 | www.visitvik.is

찾아가기

렌터카

1번 링로드에 있으며 레이캬비크에서는 약 186km 거리로 자동차로 2시간 30분 정도 소요된다.

Travel Highlight

레이니스피아라

Reynisfjara

비크 근처의 유명한 해변 레이니스피아라는 아이슬란드 남쪽 해안에 있는 해변 중 가장 독특하면서도 인상적인 곳이다. 검은 모래로 이루어진 해변의 끝에는 사각형 모양의 크고 작은 돌기둥을 불규칙적으로 쌓아놓은 듯한 하얀 주상절리 절벽이 있고 절벽에 있는 동굴 하울사네스프헬리르Halsanefshellir 안으로 들어가면 주상설리 아랫딘의 거친 단면을 볼 수 있다. 절벽에서 바다 쪽으로 조금만 눈을 돌리면 바다 위에 우뚝 서 있는 기묘한 모양의 현무암 바위들을 볼 수 있는데 레이니스드란가르Reynisdrangar라 불리는 이 바위들에는 2명의 트롤이 3개의 돛이 달린 배를 끌고 해안으로 오다가 동이 트자 햇빛을 받아 모두 돌이 되었다는 전설이 전해진다.

자동차로는 1번 링로드를 타고 가다가 215번 도로로 빠져 5분 정도 소요, 비크에서는 자동차로 10분 소요.

디르홀레이 Dyrhólaey

비크에서 멀지 않은 곳에 있는 120m 높이의 곶으로 디르홀레이에 있는 인상적인 코끼리 모양의 바위는 남부 아이슬란드의 상징 중 하나이다. 양쪽 끝으로 2개의 전망대가 있는데 서로 2시간 코스의 하이킹 트레일로 연결되며 자동차로 이동해서 양쪽을 볼 수도 있다. 둘 중 레이니스피아라 끝 쪽에 있는 전망대에서는 레이니스피아라와 레이니스드란가르의 아름다운 전경을 가까이에서 볼 수 있다. 반대편의 등대가 있는 전망대에서는 오른쪽으로는 끝도 없이 펼쳐진 바다와 검은 모래 해변이 내려다보이고, 왼쪽으로는 보트가 지나갈 정도로 큰 아치를 가진 바위가 보이는 드라마틱한 경치를 감상할 수 있다. 디르홀레이는 여러 종류의 바닷새 서식지로도 유명한데 특히 여름철에는 이곳 절벽에 둥지를 튼 퍼핀들을 볼 수 있다.

자동차로는 1번 링로드를 타고 가다가 218번 도로로 빠져 15분 정도 소요, 비크에서는 자동차로 30분 소요

©Iceland Travel

©Iceland Travel

©Iceland Travel

Restaurant & Café

수드르 비크 Suður-Vík | 피자, 코스 요리

아이슬란드 전통 목재 주택을 개조하여 오픈한 레스토랑 겸 카페로 비크 마을과 해변이 굽어보이는 언덕 위에 있어 멋진 전망을 자랑한다. 간단한 스낵부터 피자, 코스 요리, 달콤한 케이크까지 다양한 메뉴가 있으며 맛도 훌륭하다.

- Suðurvíkurvegur 1, 870 Vík
- +354 487 1515 매일 08:00-21:00
- ISK 피자 작은 사이즈 2590~2790 ISK, 메인 메뉴 4290~5350 ISK

할도르스카피 Halldórskaffi | 피자, 생선 구이

19세기 후반에 지어진 전통 수택을 개조한 레스토랑으로 '꽃보다 청춘 아이슬란드' 팀이 방문한 후 우리나라 관광객들 사이에서 유명해졌다. 햄버거나 피자 같은 간편한 요리부터 생선 구이나 양고기 요리 등을 메인으로 한 코스 요리까지 즐길 수 있다. 넓은 실내 좌석 외에 날씨가 좋은 여름철에는 야외 테이블도 오픈한다.

- Víkurbraut 28, 870 Vík
- +354 487 1202
- 12:00-21:00
- ISK 버거 2990~3390 ISK, 메인 메뉴 4490~5490 ISK

스바르타 피아란

Svarta Fjaran(Black Beach Restaurant)

| 샌드위치, 음료 |

유명한 검은 모래 해변인 레이니스피아라에 있는 레스토랑으로 2014년에 오픈했다. 샌드위치나 버거, 수프 등 간단한 스낵과 음료를 즐길 수 있으며 여름철 저녁 시간만 한정적으로 정식 코스 요리를 제공하기도 하는데 가격이 만만치 않다. 전면이 유리로 되어 있어 식사를 하면서 디르홀레이와 해변의 멋진 전망을 감상할 수 있다.

Reynisfjara, 871 Vík　+354 571 2718

매일 10:30-19:30

ISK 수프, 샐러드 2150~2650 ISK, 버거 2850 ISK, 피시 앤 칩스 3400 ISK

비쿠르스칼리

Vikurskali | 패스트푸드 |

비크를 관통하는 1번 링로드의 N1 주유소 휴게소와 같이 있는 패스트푸드 레스토랑으로 햄버거나 샌드위치, 피시 앤 칩스 같은 간단한 스낵을 판매한다. 특별히 맛이 뛰어나지 않지만 간단히 식사를 해결하고 싶을 때나 다른 레스토랑들이 문을 열지 않은 이른 시간에 방문하기에 좋다.

Austurvegur 18, 870 Vík

+354 487 1230

주중 09:00-21:00, 주말 10:00-21:00

ISK 버거 1800~2500 ISK, 샌드위치 1500~2000 ISK, 오늘의 수프 1850 ISK

Icelandair Hotel Vik

★★★★

주변 자연환경과 조화를 이룬 모던한 외관과 컨템퍼러리 스타일의 인테리어가 돋보이는 호텔로 객실과 레스토랑의 커다란 창을 통해 멋진 경관을 감상할 수 있다.

Klettsvegur 1-5, 870 Vík ☎ +354 487 1480

@ www.stayinvik.is/

Black Beach Suites

간이 부엌 시설을 갖춘 아파트먼트 형태의 숙소로 커플뿐만 아니라 3~4인 가족이 숙박하기에도 좋으며 무채색 계열로 꾸며 모던하면서도 깔끔하다. 레이니스피아라 해변과 가까워 남부 해안을 관광하기에도 좋다.

Norðurfoss, Iceland ☎ +354 779 1166

@ blackbeachsuites.is/

Grand Guesthouse Garðakot

1번 링로드에서 디르홀레이로 들어가는 218번 도로에 있는 게스트하우스로 4개의 객실 중 아래 2개는 전용 욕실을 가지고 있으며 위층에 있는 객실들은 욕실을 함께 사용한다. 공동으로 사용할 수 있는 주방도 있으며 홈메이드 빵과 잼, 달걀, 치즈 등이 제공되는 조식 뷔페는 너무 신선하고 맛있다. 가족이 운영하는 농장에서는 약 30마리의 양과 닭, 오리 등을 키운다.

Garðakot, 871 Vík

☎ +354 769 3828

Volcano Hotel

7개의 객실을 가진 작은 규모의 호텔로 깔끔하고 실용적인 객실과 부대시설, 친절한 서비스로 조용한 휴식을 만끽할 수 있다. 아이들과 숙박할 수 있는 패밀리룸도 있으며 호텔 레스토랑에서 저녁 식사를 주문해서 먹을 수도 있다. 디르홀레이와 비크 사이의 1번 링로드 바로 옆에 있다.

Ketilsstaðaskóli, 871 Vík

☎ +354 486 1200

@ www.volcanohotel.is

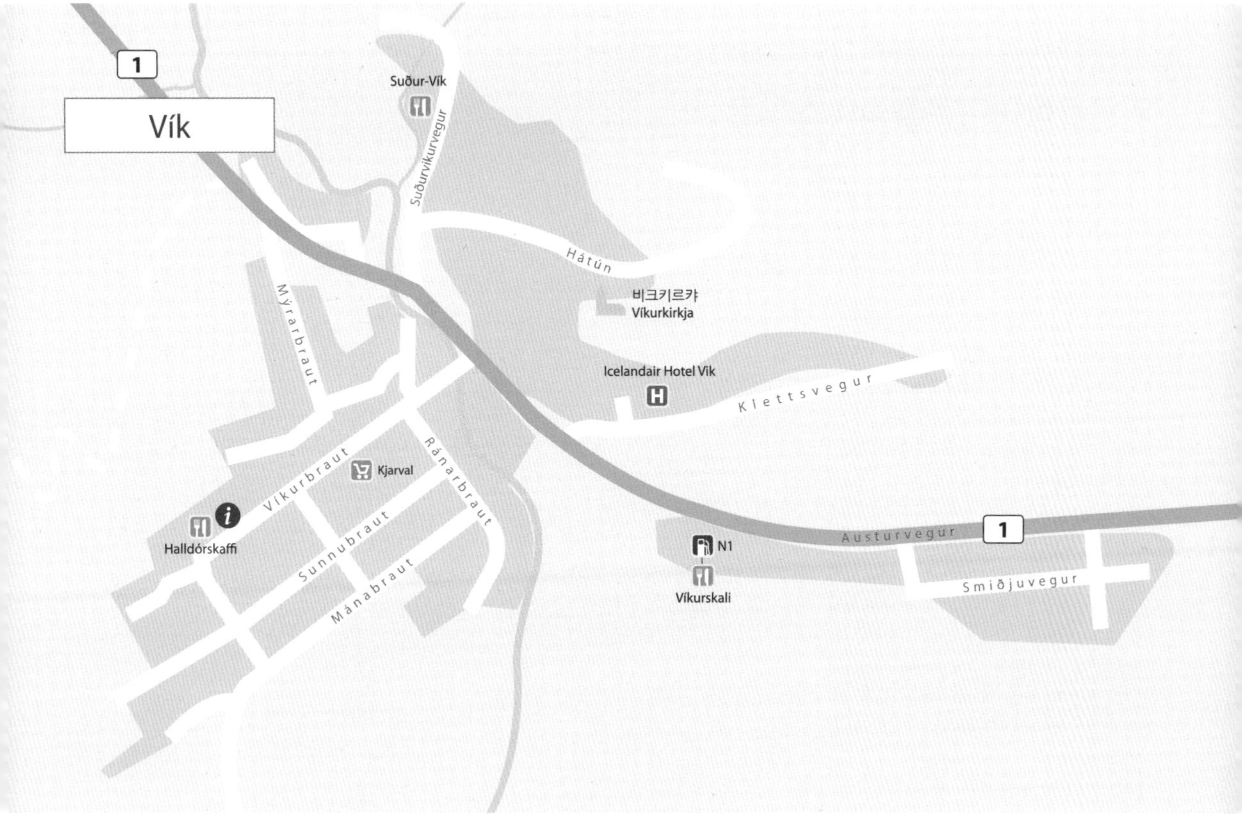
Vík
1
Suður-Vík
Suðurvíkurvegur
Hátún
비크키르캬
Víkurkirkja
Icelandair Hotel Vik
Klettsvegur
Mýrarbraut
Víkurbraut
Kjarval
Ránarbraut
Halldórskaffi
Sunnubraut
Mánabraut
N1
Víkurskali
Austurvegur
1
Smiðjuvegur

Kirkjubæjarklaustur

키르큐바이야르클뢰이스투르

비크와 호픈 사이 링로드에 있는 작은 마을로 아이슬란드 사람들은 클뢰이스투르Klaustur라고 줄여 부른다. 발음하기 어려운 이 마을의 긴 이름은 교회, 농장, 수녀원이라는 3개의 단어가 합쳐진 것으로 1186년~1550년까지 이 마을에 있었던 베네딕트회 수녀원에서 유래된 것이다. 이 마을은 1783년 라키Laki 화산 폭발 당시 있었던 특별한 일화로 아이슬란드 전역에 알려지게 되었는데, 바로 1783년 7월 20일 용암이 마을을 덮치려는 긴박한 상황에서 욘 스테인그림손Jón Steingrímsson 목사와 마을 주민들이 교회에 모여 예배를 드렸고 그 후 용암이 바로 교회 앞에서 멈추었다는 기적 같은 사건이다. 당시의 교회는 1859년까지 있다가 다른 곳으로 옮겨졌으며 현재 마을에 있는 교회는 열정적으로 엘드메사Eldmessa(불 설교라는 뜻)를 했던 욘 스테인그림손 목사를 기리기 위해 1974년에 새로 지어진 것이다. 마을 내에는 호텔, 레스토랑, 슈퍼마켓, 투어리스트 인포메이션 등이 있어 숙박을 하거나 잠시 쉬어가기에 좋다.

키르큐바이야르클뢰이스투르 여행 정보 | www.visitklaustur.is

찾아가기

렌터카
비크에서는 1번 링로드를 따라 자동차로 50분 정도가 소요되며 스카프타펠까지도 1시간 정도면 이동할 수 있다.

Travel Highlight

엘드흐뢰인

Eldhraun

비크에서 1번 도로를 타고 달리다가 쿠다 강Kúðafljót을 건너면 바로 오른쪽으로 204번 도로가 나오는데 이 지점부터 키르큐바이야르클뢰이스투르 마을의 남쪽까지 565㎢에 이르는 광대한 용암지대가 이어진다. 이 용암지대는 1783~1784년 라키 화산 폭발 때 만들어진 것으로, 기암괴석 위에 초록색 이끼가 두껍게 덮여 있는 이곳의 경이로운 풍경은 아이슬란드에서도 가장 인상적인 풍경 중 하나로 손꼽힌다. 204번 도로를 따라 한 바퀴 돌아보거나 플리오츠바튼Fljótsbotn 방향으로 보트나르Botnar 도로를 따라 엘드흐뢰인의 한가운데로 들어가면 이끼 위로 걸어보는 신기한 경험도 할 수 있다. 발이 푹푹 빠져 들어갈 정도로 푹신한 이끼 위를 걸으면 마치 고급 페르시아 카펫 위를 걷는 듯한 느낌이 드는데 아폴로 11호의 우주 비행사들도 달에 가기 전 이곳에서 문워크 훈련을 받았다고 한다.

1번 링로드를 타고 가다가 204번 도로나 보트나르 도로로 빠져서 이동

키르큐골프 Kirkjugólf

'교회의 바닥'이라는 뜻의 이름을 가진 키르큐골프는 오각형 또는 육각형 모양의 현무암 기둥들이 벌집 모양으로 모여 약 80㎡ 넓이의 암반을 이루고 있는 것으로, 그 모양이 마치 타일을 일부러 짜 맞춘 듯 정교하여 과거에는 사람이 만든 교회의 바닥으로 잘못 알려지기도 했다. 하지만 이곳에 교회나 어떤 다른 건물이 있었던 적은 없으며 이 놀라운 작품은 오랜 세월 100% 자연에 의해 만들어진 것으로 판명났다. 좀 더 자세한 정보는 www.katlageopark.com 참고.

📍 키르큐바이야르클뢰이스투르 마을 입구의 N1 주유소에서 하이킹 트레일로 도보 7분 / 203번 도로로 빠진 후 하이킹 트레일로 도보 5분

피야드라글리우퓌르 Fjaðrárgljúfur

피야드라Fjaðrá 강에 의해 깎여 만들어진 길이 2km, 최대 깊이 100m의 협곡으로 키르큐바이야르클뢰이스투르 마을에서 가까운 곳에 있다. 빙하시대의 마지막인 약 9000년 전에 생긴 것으로 추정되는 이 협곡에는 깎아지른 절벽들이 구불구불하게 이어지며 기가 막힌 절경을 만들어낸다. 주차장에 차를 세우고 하이킹 트레일을 따라 위쪽으로 올라갈수록 협곡이 더 깊어지며 웅장하고 아름다운 경치가 눈앞에 펼쳐진다. 피야드라 강의 수위가 낮아질 때는 협곡 안으로 들어가서 하이킹을 즐기는 사람들도 있다.

📍 1번 링로드를 타고 가다가 206번 도로로 빠져 표지판을 따라 2km 정도 이동

Restaurant & Café

시스트라카피

Systrakaffi | 피자, 햄버거 |

키르큐바이야르클뢰이스투르 마을 내에 있는 레스토랑으로 다양한 토핑을 올린 피자와 그릴드 햄버거, 신선한 피시 앤 칩스와 촉촉한 스테이크, 따끈한 수프와 샐러드까지 여러 가지 종류의 요리를 제공하지만 모두 맛이 훌륭하고 서비스도 좋다. 식사 시간에는 자리가 없을 정도로 인기가 많아 입구에서 대기를 할 수도 있다. 아이슬란드의 살인적인 물가를 생각하면 가격도 합리적인 편이다.

- Klausturvegur 13, 880 Kirkjubaejarklaustur
- +354 487 4848
- 매일 12:00-21:00
- ISK 수프, 샐러드 1700~2900 ISK, 피자 2150~3350 ISK, 버거 3100 ISK, 메인 메뉴 3600~4600 ISK

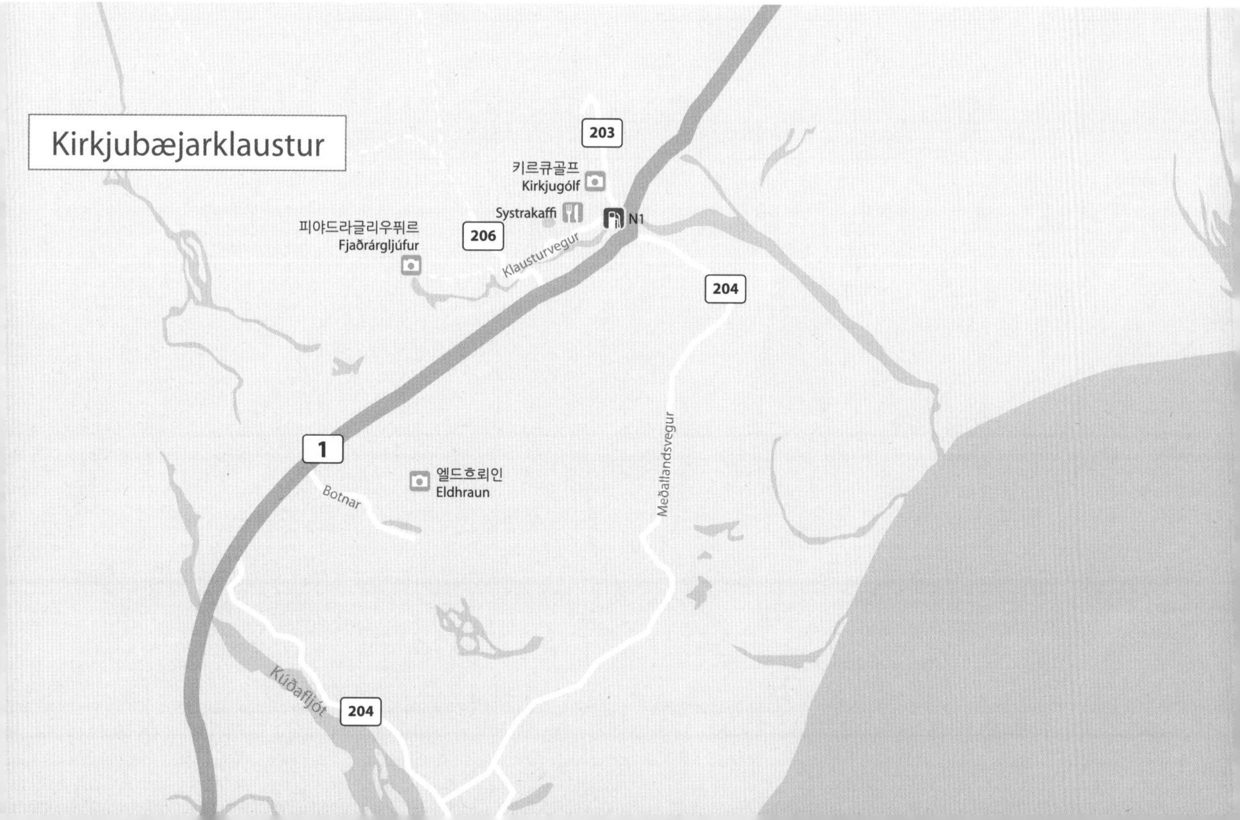

Southeast Iceland

Skaftafell | Jökulsárlón | Höfn | Djúpivogur | Seyðisfjörður

바트나요쿨
Vatnajökull
스카프타펠
Skaftafell
스바르티포스
Svartifoss
스비나펠스
Svínafellsj
998
1
Fosshotel Núpar
호프키르카
Hofskirkja
키르큐바이야르클뢰이스튀르
Kirkjubæjarklaustur
1
미르달스요쿨
Mýrdalsjökull
비크 Vík

Southeast Iceland

Skaftafell 스카프타펠

1967년에 국립공원으로 조성된 스카프타펠은 아이슬란드에서 두 번째로 큰 국립공원이었으나 2008년, 북쪽의 요쿨사우르글리우퓌르Jökulsárgljúfur까지 포함하여 1만 3600㎢라는 광대한 면적을 포괄하는 바트나요쿨 국립공원이 새로 생기면서 그 일부로 귀속되었다. 화산활동과 빙하라는 자연환경이 만들어낸 독특한 경관, 화창하고 온화한 날씨, 잘 정비된 하이킹 트레일로 많은 여행객과 하이킹 마니아들이 이곳을 찾으며 여름철에는 250여 종의 고산식물과 여러 종류의 희귀한 새들을 볼 수 있는 지역으로도 유명하다. 바트나요쿨 국립공원 내에 있는 스카프타펠 방문자 센터에서는 하이킹 트레일, 숙박, 액티비티 등의 다양한 정보를 얻을 수 있다. 방문자 센터 근처에 있는 넓은 캠핑장은 5~9월까지 모든 서비스를 이용할 수 있으며 그 외 시즌에 캠핑을 원할 경우에는 미리 방문자 센터에 문의하는 것이 좋다. 하이킹 트레일 중 가장 쉽고도 유명한 트레일은 주상절리 폭포인 스바르티포스를 보고 오는 2시간 코스의 트레일과 포장된 산책 길을 따라 스카프타펠스요쿨 빙하에 다녀오는 1시간 30분 코스의 트레일이며 가이드와 동행하는 7~8시간 코스의 난이도 높은 트레일도 있다. 스카프타펠에서 가장 인기 있는 액티비티인 빙하 워킹 투어는 다양한 여행사에서 제공하며 여름철에는 미리 예약을 하고 가는 것이 좋다.

바트나요쿨 국립공원 여행 정보 | www.vatnajokulsthjodgardur.is / www.visitvatnajokull.is

찾아가기

렌터카

1번 링로드를 타고 가다가 998번 도로로 빠져 5분 정도 소요.

Travel Highlight

빙하 워킹 투어 Glacier Walk

전문 가이드와 함께 빙하 위를 직접 걸어보는 투어로 스카프타펠에서 가장 인기 있는 액티비티이다. 여러 여행사에서 투어를 제공하지만 대표적인 곳이 방문자 센터 주차장에 사무실이 있는 Icelandic Mountain Guides(www.mountainguides.is)와 Glacier Guides(www.glacierguides.is)이다. 두 회사 모두 연중 투어 프로그램을 제공하며 여름철에는 하루에 4회 이상, 그 외 시즌에는 하루에 한두 번 정도만 투어가 진행되는데 여름철에는 사전에 예약하지 않으면 투어를 하지 못할 정도로 인기가 있다. 투어 때는 방수 처리된 점퍼와 바지를 입는 것이 좋으며 등산화를 신어야 한다. 그 외에 모자와 선글라스, 얇은 장갑, 물병과 과일 등을 넣은 작은 가방 등을 챙겨 가면 도움이 된다. 가장 기본이 되는 투어는 총 2시간 30분~3시간이 소요되는 초보자용 코스로 8세 이상의 어린이도 같이 즐길 수 있다. 자신의 발에 맞는 아이젠과 피켈을 받아 들고 가이드를 따라 20분 정도 걸어 들어가면 영화 '인터스텔라'에서 본 신비로운 빙하의 세상이 눈앞에 펼쳐진다. 화산재 때문에 잿빛으로 변한 빙하 위를 가이드를 따라 조심스레 걷다 보면 아이젠을 콕콕 찍으며 걷는 것이 점차 익숙해서 주변의 현실 같지 않은 풍경을 즐길 수 있는 여유가 생긴다. 4시간 이상의 좀 더 난이도 높은 투어도 있으며 여행사에 따라 요쿨살론 보트 투어와 결합된 투어 상품도 있다. 투어 가격은 성인 1만 900 ISK부터

스바르티포스 Svartifoss

아이슬란드 엽서에 자주 등장하는 유명 폭포로 스카프타펠 방문자 센터에서 2km 정도 떨어진 곳에 있으며 폭포까지의 트레일은 완만한 오르막길이라 산책을 즐기듯이 다녀올 수 있다. 이정표를 따라 수풀 사이로 난 오솔길을 걷다 보면 졸졸 흐르는 시냇물 위에 걸린 나무다리와 작은 폭포들을 지나 넓은 트레일이 나온다. 이 트레일을 따라 좀 더 가면 멀리 푸른 수목이 우거진 한가운데에 움푹 파인 구멍 같은 것이 보이는데 이것이 바로 스바르티포스이다. '검은 폭포'라는 뜻의 이름에 걸맞게 폭포는 화려한 레이스 커튼처럼 둘러쳐진 검은색 현무암 주상절리를 배경으로 쏟아져 내린다. 인상적인 이 폭포의 모습은 아이슬란드의 건축에도 많은 영향을 끼쳤으며 특히 레이캬비크의 명소인 할그림스키르캬에 영감을 주었다고 한다.

스카프타펠 방문자 센터에서 하이킹 트레일을 따라 도보 45분 정도

호프키르캬 Hofskirkja

스카프타펠에서 피얄살론과 요쿨살론으로 가는 길에 있는 작은 농장 지구인 호프Hof에는 지붕이 잔디로 덮인 사랑스러운 교회 호프키르캬가 있다. 1884년에 세워진 이 교회는 아이슬란드의 혹독한 자연환경에 딱 맞는 전통 가옥인 터프 하우스Turf House 양식의 건물로 아이슬란드에서 역사적 건축물로 보호되고 있는 6개 교회 중 하나이다. 돌로 견고하게 쌓은 벽과 나무로 된 골조 위에 파란 잔디 지붕이 덮여 있는 교회 모습은 주변의 자연과 어우러져 한 장의 그림엽서 같은 풍경을 만들어낸다. 아직도 교구 교회로 사용되며 아이슬란드 국립박물관이 관리하고 있다. 교회 주변에 호텔과 몇 개의 게스트하우스가 있다.

스카프타펠에서 요쿨살론 방향으로 1번 링로드를 타고 가다가 호프스베구르Hofsvegur에서 좌회전(약 20분 소요)

스비나펠스요쿨 Svínafellsjökull

바트나요쿨의 빙설 중 하나인 스비나펠스요쿨은 트레일을 따라 조금만 들어가면 쉽게 접근할 수 있는 빙하로, 스카프타펠을 지나 1번 링로드를 따라 동쪽으로 조금만 가면 빙하 가까이까지 자동차로도 접근할 수 있도록 비포장도로가 나 있다. 멀리서 하얗게 빛나던 빙하는 하이킹 트레일에 가까이 갈수록 점점 웅장한 본모습을 드러내는데 바로 앞에서 보면 감탄사가 절로 나올 정도로 감동적이다. 스카프타펠에서 출발하는 빙하 워킹 투어를 통해 스비나펠스요쿨 위를 걸어볼 수 있다.

스카프타펠에서 1번 링로드를 타고 동쪽으로 조금 가다가 Svínafellsjökull 이정표를 보고 좌회전한 후 비포장도로인 스비나펠스요쿨스베구르Svinafellsjokulsvegur를 따라 자동차로 약 5분 소요

스카프타펠 추천 숙소
Accommodation

Fosshotel Núpar
★★★

키르큐바이야르클뢰이스투르 마을과 스카프타펠 사이에 있는 호텔로 바트나요쿨 빙하의 스펙터클한 전망을 감상할 수 있는 곳으로 유명하다. 컨테이너 박스 형태의 단층 건물 내에는 60개의 깔끔한 객실과 레스토랑, 바 등의 시설이 있다.

Núpar, 880 Kirkjubæjarklaustur ☎ +354 517 3060

@ www.islandshotel.is/hotels-in-iceland/fosshotel-nupar/

Jökulsárlón 요쿨살론

아이슬란드에서 가장 인기 있는 관광지로 손꼽히는 요쿨살론은 남부 아이슬란드를 덮고 있는 유럽 최대의 빙하 바트나요쿨이 녹아서 흘러내린 빙하가 수천 년의 시간에 걸쳐 바닷물과 합쳐져 만들어진 빙하 라군이다. 빙산들이 둥둥 떠다니는 맑고 푸른빛의 이 거대한 라군은 마치 이 세상에 속하지 않은 듯 몽환적이면서도 초현실적인 모습이다. 해변을 거닐다 보면 잘게 부서지고 희한한 모양으로 깎인 빙산 조각들이 파도를 타고 밀려와 검은 모래 해변에 반짝이는 보석처럼 흩어져 있는 것도 볼 수 있다. 요쿨살론의 이 대체 불가능한 매력은 수많은 사진작가에게 영감을 주었으며 007 시리즈, '배트맨 비긴즈', '툼 레이더' 등의 영화들이 이곳에서 촬영되었다. 1번 링로드를 따라 렌터카로 여행하는 경우에는 요쿨살론에 도착하기 전에 작은 주차장이 보이면 차를 잠시 세우고 언덕 위로 올라가볼 것을 권한다. 요쿨살론에 도착해서는 볼 수 없는 빙하 라군의 숨 막힐 듯 아름다운 전경을 이곳에서 감상할 수 있다.

요쿨살론 여행 정보 | www.vatnajokulsthjodgardur.is / www.visitvatnajokull.is

찾아가기

렌터카

1번 링로드에 있으며 비크에서는 2시간, 호픈에서는 1시간 정도 소요된다.

요쿨살론 보트 투어

Jökulsárlón Boat Tour

요쿨살론을 좀 더 가까이에서 경험해보고 싶다면 수륙양용 보트를 타고 30~40분 정도 빙하 라군을 둘러보는 보트 투어를 추천한다. 투어 도중 가이드가 호수에서 건져 올린 유빙 조각을 맛보게 해주는데 이때 잔과 위스키를 미리 준비해 가면 아이슬란드의 위스키를 온더록스로 맛보는 호사도 누릴 수 있다. 레이캬비크에서 출발하는 요쿨살론 일일 투어에는 대부분 이 보트 투어가 포함되어 있다. 최근에 인기를 끌고 있는 조디악 투어는 조디악 고무보트를 타고 좀 더 빙산 가까이까지 가볼 수 있는 투어로 1시간 가까이 소요되며 수륙양용 보트 투어에 비해 가격이 조금 비싸다. 수륙양용 보트 투어의 경우 6~8월에는 오전 9시에서 오후 7시까지 수시로 운영되며 5월과 9~10월은 오전 10시에서 오후 5시까지 운영된다. 가격은 성인 6300 ISK, 6~12세 어린이 3000 ISK, 5세 이하는 무료이다. 최근 아이슬란드 관광객이 늘면서 6~8월에는 탑승객이 많아 예약을 하지 않으면 탑승을 하지 못하는 경우도 종종 발생하므로 홈페이지에서 미리 예약하고 가는 것이 좋다. 조디악 투어는 6~10월에만 진행되며 수륙양용 보트 투어를 진행하는 icelagoon.is 외에 조디악 투어만 진행하는 icelagoon.com에서도 판매한다. 가격은 성인 1만 3900 ISK이며 10세 미만의 어린이는 탑승이 불가능하다.

얼음 동굴 투어 Ice Cave Tour

전문 가이드와 함께 '크리스털 케이브'라 불리는 바트나요쿨 남쪽 면의 얼음 동굴을 방문하는 투어로, 신비한 푸른빛으로 빛나는 경이로운 동굴 내부는 판타지 세계로 들어간 듯한 착각을 일으키게 한다. 얼음 동굴 투어는 봄부터 가을까지는 빙하가 녹아 동굴이 무너질 수 있으므로 11~3월 겨울 시즌에만 진행되는데 방문하게 되는 얼음 동굴의 위치는 매년 조금씩 달라질 수 있다. 투어는 요쿨살론에서 출발하며 그곳에서 자동차로 30분 정도 달려 빙하 가장자리에 도착한 후 빙하로 들어가기 전에 아이젠, 헬멧, 안전 멜빵 등의 장비를 제공하고 안전 수칙을 알려준다. 총 3시간 정도 소요되는데 얼음 동굴에 들어가는 만큼 따뜻하고 방수가 잘 되는 옷과 하이킹 부츠는 필수이며 장갑과 얇은 모자, 선글라스, 작은 배낭 등도 가져가면 좋다. Glacier Guides(www.glacierguides.is), Arctic Adventures(www.adventures.is)를 비롯한 몇 개 회사에서 투어를 운영 중이며 출발 시간이 회사마다 다르므로 미리 확인하고 예약하는 것이 좋다. 투어 가격은 성인 2만 990 ISK부터.

스노모빌 투어 Snowmobile Ride

만년설이 덮인 바트나요쿨 빙원을 신나게 질주해보고 싶다면 전문 여행사들에서 진행하는 스노모빌 투어에 참가해보자. Glacier Jeeps(www.glacierjeeps.is)의 Snowmobile Adventure는 4륜구동 슈퍼 지프 트랜스퍼와 스노모빌, 빙하 하이킹을 포함하고 있다. 투어는 3월 1일~10월 15일까지 매일 Vagnsstaðir Hostel에서 오전 9시 30분과 오후 2시에 출발하며 6월 15일~10월 15일까지는 1번 링로드와 F985가 만나는 교차로 지점에서도 출발한다. 투어는 만년설 끝에 있는 요클라셀Jöklasel로 이동하여 높은 봉우리와 깊은 계곡이 빚어내는 장엄하고 환상적인 경치를 감상하는 것으로 시작하여 오버롤과 헬멧, 부츠 등의 복장을 갖추고 1시간 동안 스노모빌을 타고 리더를 따라 신나게 설원 위를 달리게 된다. 투어 가격은 1인 2만 4000 ISK이며 두 사람씩 짝을 이루어 한 스노모빌에 타게 된다. 만약 스노모빌에 혼자 탑승한다면 1만 2000 ISK의 추가 요금이 있다. Glacier Journey(www.glacierjourney.is)의 스노모빌 투어는 겨울철에는 요쿨살론, 나머지 시즌은 호픈 근처의 Flatey 농장에서 출발하며 가격은 1인 2만 6000 ISK이다.

피얄살론 Fjallsárlón

피얄살론은 요쿨살론과 마찬가지로 바트나요쿨 빙하가 녹아 만들어진 빙하 호수로, 바트나요쿨의 수많은 분출 빙하 중 하나인 피얄스요쿨Fjallsjökull의 웅장한 모습과 거기서 떨어져 나온 빙산들이 호수에 떠다니며 만들어내는 신비로운 풍경을 감상할 수 있다. 요쿨살론보다 규모는 작지만 관광객이 적어 훨씬 여유롭고 한적하게 빙하 호수를 감상할 수 있으며 여름철에는 45분 정도 조디악 보트를 타고 호수를 돌아보는 보트 투어(성인 9300 ISK)도 진행된다. 보트 투어에 대한 자세한 정보 및 예약은 www.fjallsarlon.is 참고.

스카프타펠에서 1번 링로드를 타고 요쿨살론으로 가다가 도착하기 10분 전쯤 피얄살론Fjallsárlón이라는 작은 표지판을 지나 좌회전

Restaurant & Café

할리 컨트리 호텔 레스토랑

Hali Country Hotel Restaurant

카페 & 아이슬란드 요리

Hali 농장에서 자란 아이슬란드 작가 Þórbergur Þórðarson에 헌정된 작은 박물관과 함께 있는 독특한 레스토랑으로 요쿨살론 근처 링로드에 있다. 거대한 책꽂이처럼 꾸며져 있는 레스토랑의 옆면에서 기념사진을 찍고 가는 사람들도 많다. Hali Country Hotel에 숙박하는 손님들은 이곳에서 아침 식사를 할 수 있으며 낮 시간에는 커피와 케이크 등을 즐길 수 있는 카페로, 저녁 시간에는 양고기와 작은 바닷가재, 생선 등의 아이슬란드 요리를 맛볼 수 있다.

- Hali, 781 Hornafjörður
- +354 478 1078
- 07:30-10:00(호텔 조식), 11:00-17:30(런치), 18:00-20:00(디너), 12/23~12/25 휴무
- ISK 런치 메뉴 샌드위치 2150 ISK, 저녁 메인 메뉴 3900~6500 ISK, 디저트 1790~2100 ISK

Höfn

호픈

'항구'라는 뜻의 작은 어촌 마을인 호픈은 여행객에게는 바트나요쿨 국립공원 관광의 거점 또는 동부 피오르드 관광의 시작점으로 더 유명한 곳이다. 호텔, 캠핑장, 레스토랑, 상점, 수영장 등 여행객에게 필요한 모든 시설이 갖추어져 있어 이곳에서 숙박하며 주변 지역을 관광하거나 여행하다가 잠시 들러 식사하거나 식료품 쇼핑을 즐기기에 좋다. 호픈은 노르웨이 바닷가재라 불리는 작은 바닷가재, 랑구스틴이 많이 잡히는 곳으로 항구 근처와 시내 레스토랑에서 다양하고 신선한 바닷가재 요리를 맛볼 수 있다. 마을 안에 특별히 방문해야 할 관광 스폿은 없으므로 한적한 산책로를 따라 천천히 걷거나 예쁜 벤치에 앉아 그림같이 아름다운 바트나요쿨 빙하를 감상하는 여유로운 여행을 추천한다. 항구 근처의 하얀 통나무집은 인포메이션 센터와 바트나요쿨 국립공원의 방문자 센터, 민속박물관을 겸하고 있다.

찾아가기

렌터카

1번 링로드를 타고 가다가 99번 도로로 빠져 5분 정도 달리면 호픈에 도착한다.

스톡크네스

Stokksnes

아이슬란드 남동부 해안에 위치한 곳으로 아름다운 Vestrahorn 산의 모습이 검은 모래 해변과 물에 비치는 모습이 아름다워 많은 관광객들이 찾고 있다. Vestrahorn은 독특한 봉우리를 가지고 있는 454m 높이의 산으로 대부분의 아이슬란드 산들과 달리 철과 마그네슘이 풍부한 가브로 암석으로 이루어져 있어 검은빛을 띠며 울퉁불퉁한 모양이다. 날씨에 따라 다른 신비로운 풍경이 압권이며, 스타워즈 스토리 로그 원의 외계행성, 볼리우드 영화 Dilwale의 배경으로도 나와 더욱 유명해졌다. 검은 해변뿐 아니라 유니버설 스튜디오에서 영화 촬영을 위해 지어진 바이킹 마을도 구경할 수 있다. 이곳은 개인 소유지이므로 입장료가 있다.

호픈에서 차로 약 20분

Restaurant & Café

오토 마투르 드리쿠르 Otto Matur & Drykkur | 레스토랑 |

셰프 부부가 운영하는 레스토랑으로 저녁에 단 4시간만 오픈하는 인기 레스토랑이다. 예약을 받지 않아 기다려야 하는 경우가 종종 있지만 홈메이드 수프와 음식들을 맛보면 기다릴만한 가치가 충분히 있다고 생각된다. 바닷가인 만큼 랍스터, 연어, 새우, 대구 등의 해산물을 이용한 메뉴가 많으며, 닭고기, 소고기 등의 메뉴도 있어서 선택이 자유롭다.

- Hafnarbraut 2, Höfn, Iceland, 780
- +354 478 1818
- 매일 17:00-21:00
- ISK 랍스터 수프 2690 ISK, 연어구이 4490 ISK

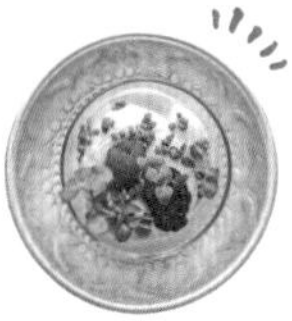

파크후스 Pakkhús | 바닷가재 |

1932년에 지어진 유서 깊은 창고 건물을 개조한 레스토랑으로 항구 근처에 있다. 바닷가재 요리가 전문이지만 양고기 요리나 피자를 먹는 사람도 많다. 낮 시간에는 케이크나 수프, 단품 요리, 저녁 시간에는 코스 요리를 제공한다. 식사 시간에는 사람이 많아 오래 기다릴 수도 있다.

- Krosseyjarvegur 3, 780 Höfn
- +354 478 2280
- 12:00-17:00(Day Menu), 17:00-21:00(Evening Menu)
- ISK 랑구스틴 수프 2990 ISK, 양고기 4990 ISK, 랑구스틴 구이(300g) 7990 ISK

카피 호르니드 Kaffi Hornið | 아이슬란드 요리 |

1999년에 오픈한 레스토랑으로 바닷가재를 비롯한 신선한 해산물 요리와 양고기, 사슴 고기 요리, 햄버거와 샌드위치까지 다양한 선택을 할 수 있는 레스토랑이다. 그릴에 구운 바닷가재 요리와 양고기 요리, 대구 필레, 비프 버거 등이 추천할 만하다.

- Hafnarbraut 42, 780 Höfn
- ☎ +354 478 2600 ⏲ 11:30-21:00
- ISK 비프 버거 3040 ISK, 랑구스틴 파스타 4250 ISK, 랑구스틴 구이 6350~6450 ISK

이스후시드 피자리아 Íshúsið Pizzeria | 피자 |

호픈에서 나고 자란 형제가 2016년에 오픈한 피자리아로 맛있고 다양한 화덕 피자와 합리적인 가격으로 최고의 인기 레스토랑으로 자리 잡았다. 푸짐한 토핑을 자랑하는 피자는 여러 종류가 있지만 역시 가장 인기 있는 것은 랍스터가 들어간 피자이다. 12세 이하 어린이를 위한 키즈 피자도 주문 할 수 있다.

- Heppuvegur 2a, 780 Höfn
- ☎ +354 478 1230
- ⏲ 17:00-21:00, 토요일 12:00-21:00
- ISK 랍스터 수프 2800 ISK, 랍스터 페스티벌 피자 4250 ISK

하프나르부딘

Hafnarbúðin | 패스트푸드 |

핫도그, 햄버거, 샌드위치, 피시 앤 칩스 등 간편한 스낵 종류를 판매하는 레스토랑으로 항구 쪽에 있다. 호픈에 있는 다른 레스토랑들에 비해 훨씬 저렴한 가격에 식사를 해결할 수 있을 뿐만 아니라 맛도 나쁘지 않은 편이다.

- Ránarslóð 2, 780 Höfn
- ☎ +354 478 1095
- ⏲ 11:00-21:00
- ISK 핫도그 550 ISK, 핫도그(베이컨, 치즈 포함) 1000 ISK, 샌드위치 1500~2500 ISK

호픈 추천 숙소
Accommodation

Fosshotel Vatnajökull

★★★

유럽 최대의 빙하인 바트나요쿨을 비롯하여 주변의 아름다운 경치를 감상할 수 있는 호텔로 호픈 공항 근처 1번 링로드에 있다. 아이슬란드 전통 목조 주택 형태로 지어진 외관과 군더더기 없는 깔끔한 인테리어를 자랑한다.

- Lindarbakki, 781 Höfn
- +354 478 2555
- @ www.islandshotel.is/hotels-in-iceland/fosshotel-vatnajoekull/

Hotel Höfn

★★★

1996년에 오픈한 호텔로 2016~2017년에 깔끔하게 리노베이션되었으며 푸짐한 조식 뷔페를 즐길 수 있다. 엘리베이터가 없어 짐이 많으면 좀 불편할 수 있다.

- Vikurbraut 20, 780 Höfn
- +354 478 1240
- @ www.hotelhofn.is

Hotel Edda Höfn ★★★

비즈니스, 레저 여행에 모두 적합한 호텔로 북유럽풍의 모던하고 깔끔한 인테리어와 훌륭한 전망을 자랑한다. 5월 중순~9월 말까지만 오픈한다.

Ranarslod 3, 780 Höfn

+354 444 4850

Seljavellir Guesthouse

호픈 공항 근처 1번 링로드에 있는 게스트하우스로 호픈 마을까지는 자동차로 8분 정도 소요된다. 넓은 벌판에 자리 잡고 있어 주변의 그림 같은 경치를 아무것에도 방해받지 않고 감상할 수 있으며 모던하게 꾸며진 객실에는 모두 전용 욕실이 있다.

Seljavellir, 781 Höfn

+354 478 1866

www.seljavellir.com

Lónið Apartments

4인실과 6인실, 2개의 아파트먼트만 운영하는 곳으로 아늑한 분위기의 아파트먼트에는 완벽한 주방 시설을 비롯하여 모든 부대시설이 잘 갖추어져 있다.

Vesturbraut 4, 780 Höfn

+354 895 4668

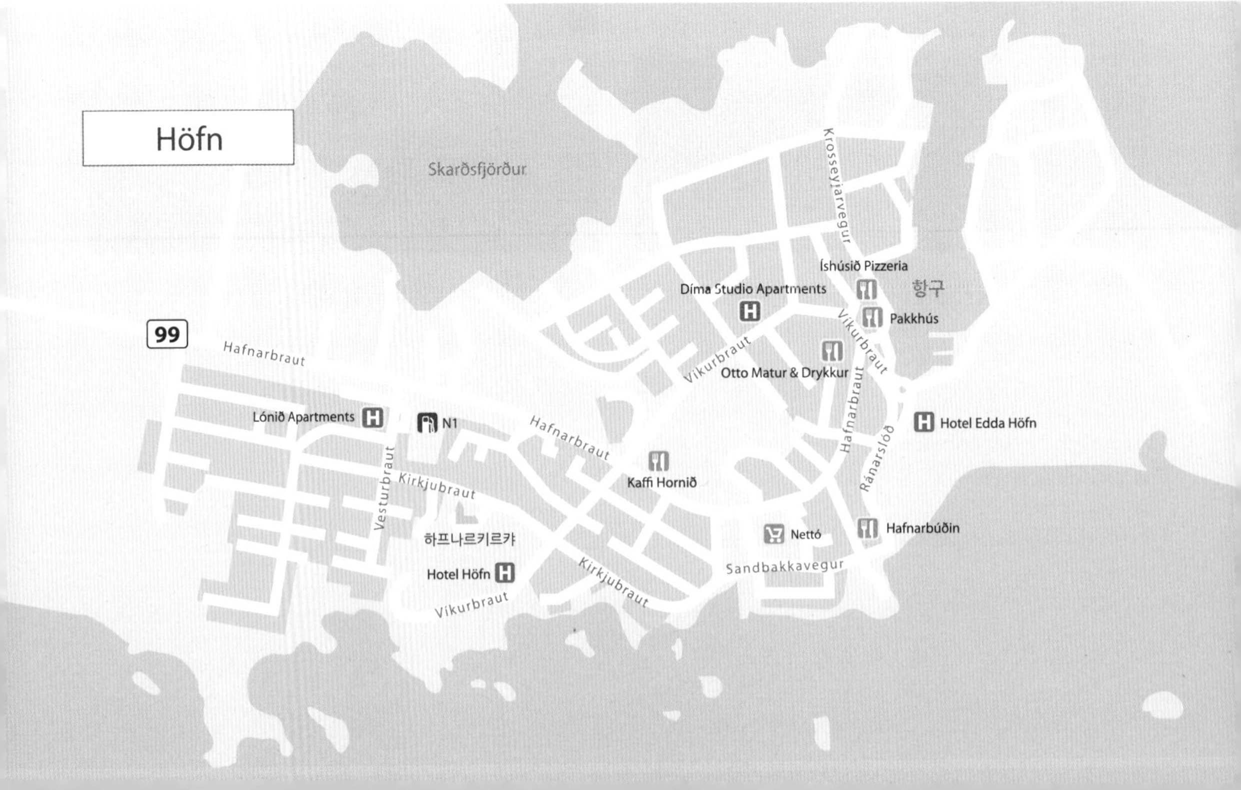

Djúpivogur 듀피보구르

아이슬란드 남부에서 동부로 가기 위해서는 반드시 거쳐 가야 하는 마을인 듀피보구르는 잠시 쉬면서 식사나 커피 한잔을 즐기기에 좋은 곳이다. 마을은 수많은 새들의 보금자리인 베루피오르드Berufjörður의 바다 쪽 끝자락에 자리 잡고 있는데, 작은 항구 주변으로 맛있는 레스토랑과 숙소가 몰려 있다. 마을에서 가장 유명한 곳은 1790년에 지어진 가장 오래된 집인 랑가부드Langabúð(www.langabud.is)로 지금은 완벽한 리노베이션을 거쳐 역사박물관과 카페로 운영되고 있다. 동부 피오르드를 관광할 계획이라면 듀피보구르가 시작점이 될 수 있다.

듀피보구르 여행 정보 | www.djupivogur.is

찾아가기

렌터카

1번 링로드를 타고 가다가 98번 도로를 따라 3분 정도 들어간다.

Restaurant & Café

랑가부드

Langabúð | 카페, 케이크 |

1790년에 지어진, 마을에서 가장 오래된 집을 개조하여 박물관과 함께 운영하고 있는 카페이다. 다양한 홈메이드 케이크와 샌드위치, 와플 등의 가벼운 식사뿐만 아니라 커피나 핫 초콜릿, 맥주를 즐길 수 있는 곳으로 예쁜 항구 옆에 있다.

- Búð 1, 765 Djúpivogur
- +354 478 8220
- 5/15~9/15 10:00-18:00
- ISK 조각 케이크 800 ISK, 커피 400~500 ISK, 맥주 900~1100 ISK

호텔 프람티르 레스토랑

Hótel Framtíð Restaurant | 시푸드

Hótel Framtíð에서 운영하는 레스토랑으로 듀피보구르에서 가장 인기 있는 곳이다. 따끈한 수프와 메인 요리인 양고기, 바닷가재, 생선 요리 등을 코스로 즐기려면 가격이 만만치 않으므로 점심으로는 간단하게 피자를 주문하는 사람들이 많다.

- Vogaland 4, 765 Djúpivogur
- +354 478 8887
- 12:00-21:00(겨울 시즌에는 일찍 종료)
- ISK 해산물 수프 2890 ISK, 피자 작은 사이즈 2110~2480 ISK, 메인 메뉴 4650~8370 ISK

비드 보긴

Við Voginn | 패스트푸드

잠시 들러서 햄버거나 피시 앤 칩스 등의 간단한 식사를 하거나 커피를 마시기 좋은 곳으로 작은 식료품점이 함께 있어 필요한 것을 구입할 수도 있다. 커다란 창문을 통해 항구의 아름다운 경치가 한눈에 들어온다. 아이슬란드 링로드를 도는 버스들이 레스토랑 앞에 정차한다.

- Vogaland 2, 765 Djúpivogur
- +354 478 8860
- 11:00-20:00
- ISK 피시 앤 칩스 2900 ISK

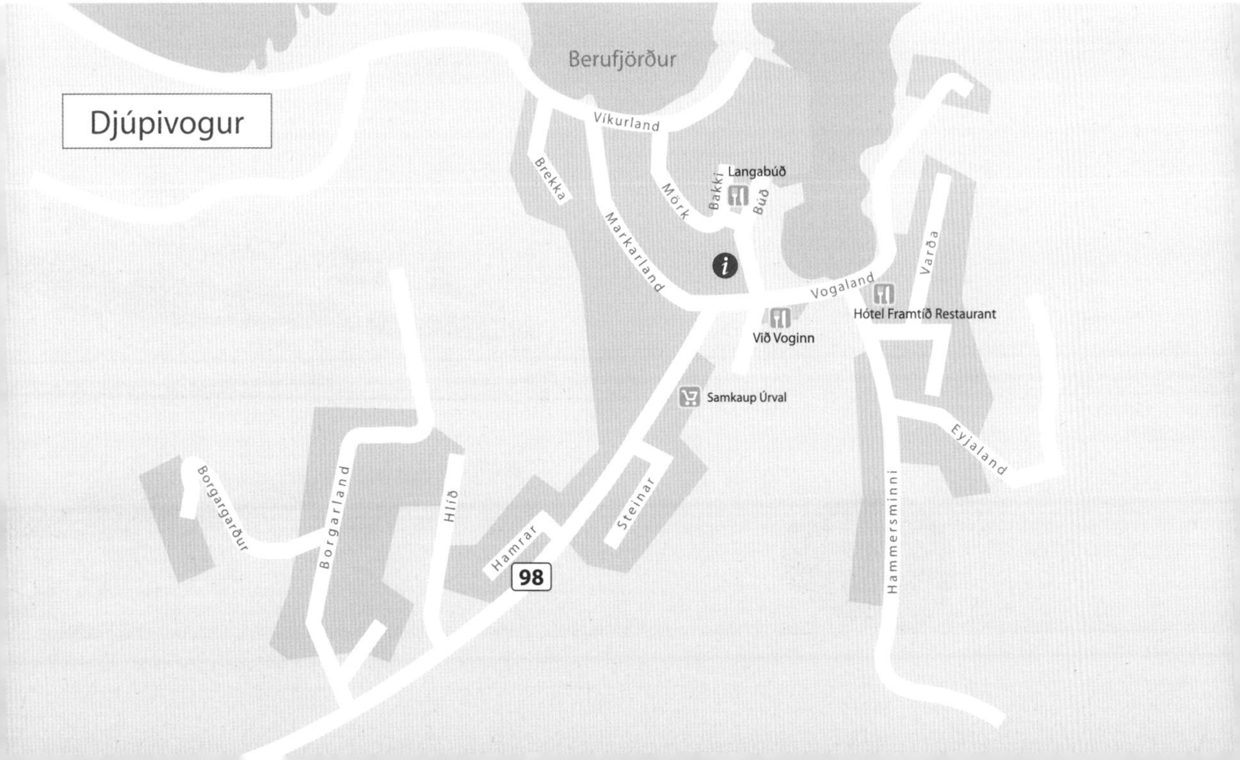

Seyðisfjörður

세이디스피오르드

길고 좁은 17km 길이의 세이디스피오르드 제일 안쪽, 산들이 병풍처럼 둘러선 고요한 계곡에는 피오르드와 이름이 같은 아름다운 마을 세이디스피오르드가 숨어 있다. 지금은 700명도 안 되는 주민이 살고 있는 이 작은 마을은 19세기부터 근대에 이르기까지 유럽 대륙으로의 주요 무역항으로 이름을 날렸던 곳으로 당시 노르웨이에서 완성품을 가져다가 그대로 조립해서 지은 컬러풀한 목조 주택은 지금까지 잘 보존되어 엽서에서 튀어나온 듯한 마을의 유니크한 풍경을 만들어낸다. 이 목조 주택들 중 가장 유명한 것은 블라우아 키르키얀Bláa kirkjan이라 불리는 하늘색 목조 교회인데 매년 7~8월 중순 수요일 저녁 이곳에서 재즈에서 클래식에 이르기까지 다양한 종류의 음악 콘서트가 열린다. 마을과 피오르드의 기막힌 전경을 감상할 수 있는 뷰포인트로는 마을 서쪽의 비욜푸르 산Mt. Bjólfur의 눈사태 차단 벽이 있는 곳이 유명한데, 이곳에 오르는 길은 6~10월까지만 오픈하는 험난한 비포장도로로 에이일스타디르에서 세이디스피오르드를 잇는 93번 도로에서 연결되어 있다. 93번 도로를 타고 세이디스피오르드로 향하다 보면 영화 '월터의 상상은 현실이 된다The Secret Life of Walter Mitty'에서 월터가 롱보드를 타고 신나게 달리던 구불구불한 내리막길도 만나게 된다.

세이디스피오르드 여행 정보 | www.visitseydisfjordur.com

©Iceland Travel

찾아가기

렌터카

세이디스피오르드로 가려면 우선 동부 아이슬란드의 교통 허브인 에이일스타디르를 지나야 한다. 남부 아이슬란드에서 에이일스타디르로 이동하는 방법은 대표적으로 3가지가 있는데 1번 링로드만 이용하여 가는 방법과 잠시 지름길인 939번 도로로 빠졌다가 다시 1번 링로드를 이용하여 가는 방법, 마지막으로는 해안 도로와 피오르드를 최대한 즐기며 1번 링로드와 96번 해안 도로, 그리고 92번 도로를 이용하여 가는 방법이 있다. 단, 939번 도로는 가파르고 거친 비포장도로이므로 4륜구동 차량이 아닌 소형 차량의 경우에는 첫 번째나 세 번째 루트를 선택하는 것이 좋다. 에이일스타디르에서 세이디스피오르드까지는 93번 도로를 이용하여 25분 정도 소요된다.

버스

Strætó(www.straeto.is/en)에서 에이일스타디르와 아퀴레이리 사이를 56번 버스가 운항한다. 에이일스타디르와 세이디스피오르드 사이에는 지역 버스인 FAS 버스가 월~토요일, 요일에 따라 1~3회 연중 운행된다. 티켓 가격은 성인 1110 ISK이며 자세한 버스스케줄은 www.visitseydisfjordur.com 참고.

페리

스미릴 라인Smyril Line 페리에서 운영하는 카페리호가 덴마크에서 페로제도를 거쳐 세이디스피오르드까지 운항된다. 페리는 1~6월 상순과 9~12월 중순에는 덴마크에서 토요일 오후 3시에 출발하여 세이디스피오르드에 화요일 오전 9시에 도착하며 6월 중순~8월 말까지의 성수기에는 덴마크에서 화요일 오전 11시 30분에 출발하여 목요일 오전 10시 30분에 세이디스피오르드에 도착하는 직행 편이 운항된다. 자세한 스케줄과 가격은 www.smyril-line.com/ 참고.

비스트로 스카프타펠

Bistró Skaftfell [피자 & 바]

세이디스피오르드 마을 안쪽에 있는 레스토랑으로 비주얼 아티스트들을 위한 전시나 교육, 숙소 등을 제공하는 Skaftfell Group에서 운영한다. 로컬 푸드나 피자에 맥주나 와인, 음료수를 곁들여 먹을 수 있으며 달콤한 케이크와 커피도 판매한다.

Austurvegur 42, 710 Seyðisfjörður ☎ +354 472 1633

월~목요일 11:45-22:00, 금~토요일 11:45-01:00, 일요일 13:00-20:00(음료와 페스트리만 주문 가능)

ISK 피자 작은 사이즈 1700~3000 ISK, 로컬 푸드 2500~4000 ISK

노르드 외스투르 Norð Austur | 초밥 & 바 |

Aldan 호텔 2층에 있는 레스토랑으로 뉴욕 출신의 셰프가 주변의 강과 바다에서 잡은 신선한 생선으로 만들어내는 초밥이 맛있기로 유명하다. 15가지 종류의 초밥이 나오는 Chef's choice Iceland sushi 메뉴에는 된장국이 포함되어 있다. 캘리포니아롤이나 바닷가재롤 등도 인기가 있으며 맥주나 와인을 곁들여 먹을 수도 있다.

- Norðurgata 2, 710 Seyðisfjörður
- +354 787 4000
- 5/15~9/15 수~일요일 17:00-22:00, 월~화요일 휴무
- ISK 마키&롤 3100~3400 ISK, OMAKASE 1만 ISK

노르딕 아이슬란드 Nordic Restaurant | 아이슬란딕 퓨전 |

Aldan 호텔에서 운영하는 레스토랑으로 해산물 요리와 양고기, 소고기 요리 등 신선한 현지 식재료로 요리한 아이슬란드 음식을 즐길 수 있으며 채식주의자를 위한 메뉴도 있다. 저녁 식사는 미리 예약을 하는 것이 좋다.

- Norðurgata 2, 710 Seyðisfjörður
- +354 472 1277
- 5/15~9/15 12:00-15:00(런치), 17:00-22:00(디너), 14:00-18:00(커피와 케이크)
- ISK 샐러드 2350~2650 ISK, 메인 메뉴 3200~4600 ISK

카피 라라

Kaffi Lára | 바&그릴 레스토랑 |

Aldan 호텔 맞은편에 있는 펍 스타일의 그릴 레스토랑으로 시그니처 맥주인 El Grilló를 비롯하여 20가지가 넘는 다양한 아이슬란드 맥주를 판매한다. 바비큐와 생선 요리, 햄버거 등도 판매하여 식사도 할 수 있다.

- Norðurgata 3, 710 Seyðisfjörður
- +354 820 2818
- 여름 시즌 일~목요일 11:30-24:00(금요일과 토요일은 01:00까지)
- ISK 햄버거 2900~3200 ISK, 스테이크 3300~3900 ISK

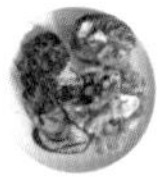

Hótel Aldan ★★☆

영화 '월터의 상상은 현실이 된다The Secret Life of Walter Mitty'에 등장하여 유명해진 호텔로 세이디스피오르드의 오래된 목조건물 3개를 개조하여 호텔과 레스토랑을 운영하고 있다. 호텔의 리셉션과 2개의 레스토랑들은 영화에 나왔던 빨간 목조 주택에 있으며 조식도 이곳에서 제공된다. 1898년 은행 건물로 지어진 Old bank건물은 리셉션에서 도보 4분 거리에 있으며 앤티크 가구로 꾸며진 객실은 리노베이션을 거쳐 깔끔하면서도 낭만적인 분위기를 풍긴다.

Norðurgata 2, 710 Seyðisfjörður(리셉션) / Oddagata 6, 710 Seyðisfjörður(Old Bank)

+354 472 1277 @ www.hotelaldan.is

Hótel Snæfell ★★☆

Aldan 호텔에서 운영하는 또 다른 호텔로 1908년에 지은 3층 목조 주택을 개조한 것이다. 처음에는 우체국으로 사용되다가 1943년부터 호텔이 되었으며 앤티크 가구와 모던함이 조화를 이룬 인테리어와 아름다운 전망을 자랑한다.

Austurvegur 3, 710 Seyðisfjörður +354 472 1277

@ hotelaldan.is/en/accommodation/

Lónsleira Apartments

세이디스피오르드 중심에 있으며 주방 시설이 완비된 4개의 아파트먼트를 임대하고 있다. 목재로 지은 사랑스러운 건물 내부의 아파트먼트들은 거실과 주방, 욕실, 1개의 더블룸이 있는 1층과 2개의 더블룸이 있는 2층으로 이루어져 있는데 2~6인까지 숙박할 수 있다.

Lónsleira 7-9, 710 Seyðisfjörður

+354 472 1474 / +354 849 3381 @ www.lonsleira.com

The Old Apothecary

약국으로 사용되던 120년 된 목조 주택을 개조한 사랑스러운 게스트하우스이다. 2명이 숙박할 수 있는 3개의 객실을 가지고 있는데 각각 욕실이 딸려 있으며 거실은 공동으로 사용한다.

Suðurgata 2, 710 Seyðisfjörður +354 861 7008

Icelandair Hotel Hérað ★★★☆

에이일스타디르 중심에 있는 호텔로 링로드에서 접근하기도 용이하며 고급스럽지는 않지만 깔끔하고 실용적인 시설을 갖추고 있다. 성수기에 세이디스피오르드에 숙박 가능한 숙소가 없을 경우, 이곳에서 숙박하며 세이디스피오르드에 다녀와도 좋다.

Midvangur 1-7, 700 Egilsstadir ☎ +354 471 1500

@ www.icelandairhotels.com/en/hotels/herad

Gistihúsið-Lake Hotel Egilsstaðir ★★★

에이일스타디르라는 마을 이름이 유래된 19세기 농장 겸 게스트하우스를 개조한 호텔로 옛 건물과 2014년에 새로 지은 현대적 건물을 연결하여 호텔로 운영하고 있다. 라가르플리오트 호숫가에 위치하여 멋진 경치를 감상할 수 있으며 레스토랑과 스파 시설도 있어 편안한 휴식을 만끽할 수 있다.

Egilsstaðir 1-2, 700 Egilsstaðir

☎ +354 471 1114 @ english.lakehotel.is

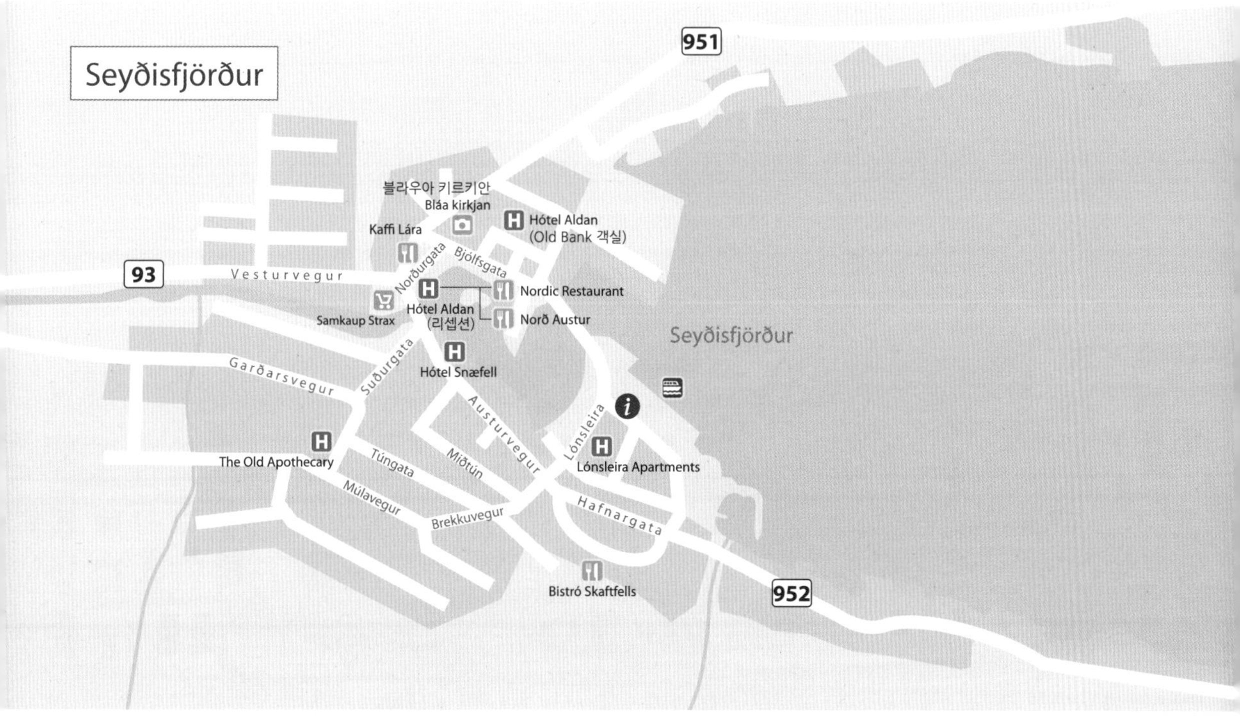

North Iceland

Jökulsárgljúfur | Mývatn | Húsavík | Akureyri | Dalvík | Siglufjörður

Hannes Boy
Kaffi Rauðka

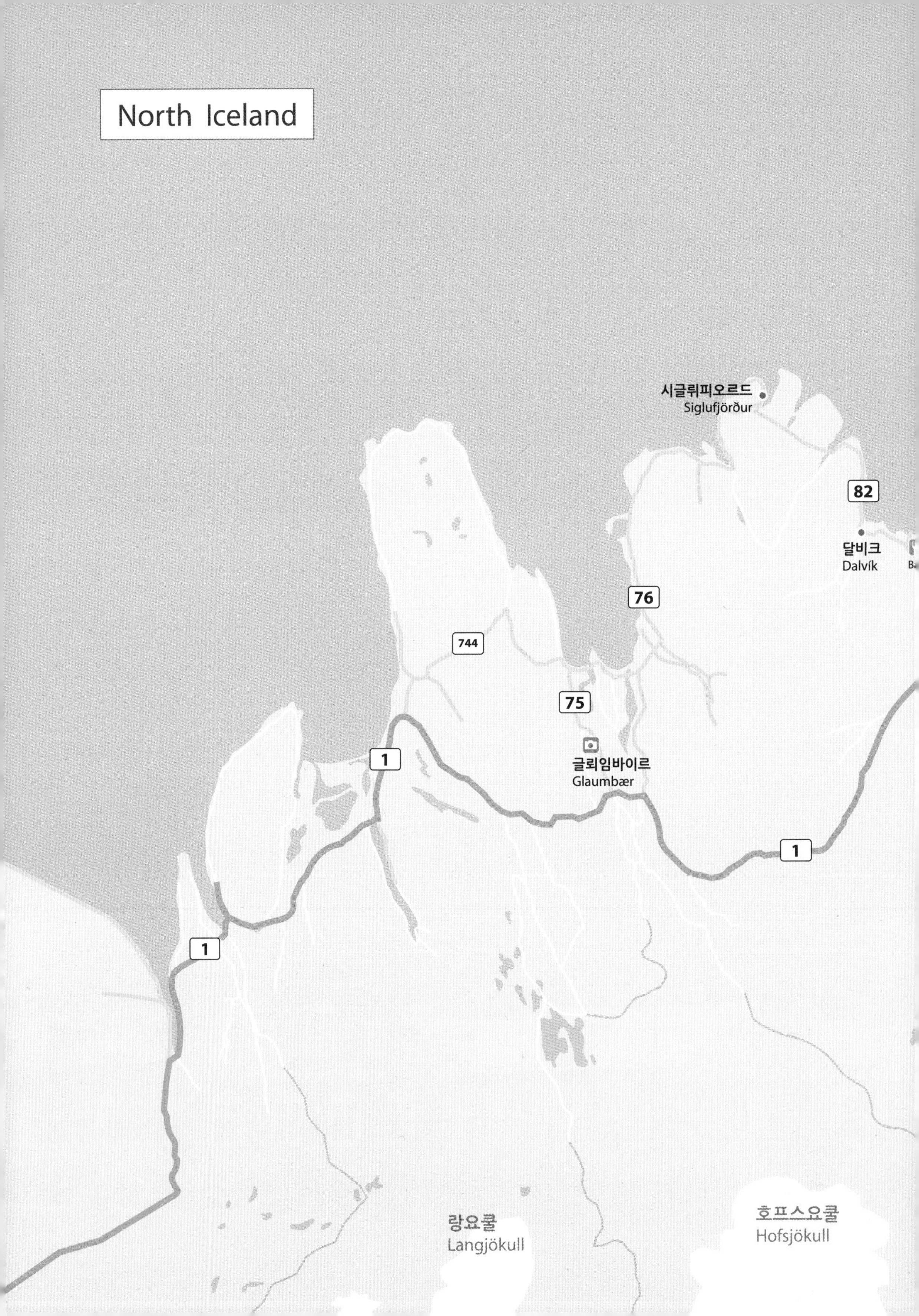
North Iceland
시글뤼피오르드
Siglufjörður
82
달비크
Dalvík
76
744
75
1
글뢰임바이르
Glaumbær
1
1
랑요쿨
Langjökull
호프스요쿨
Hofsjökull

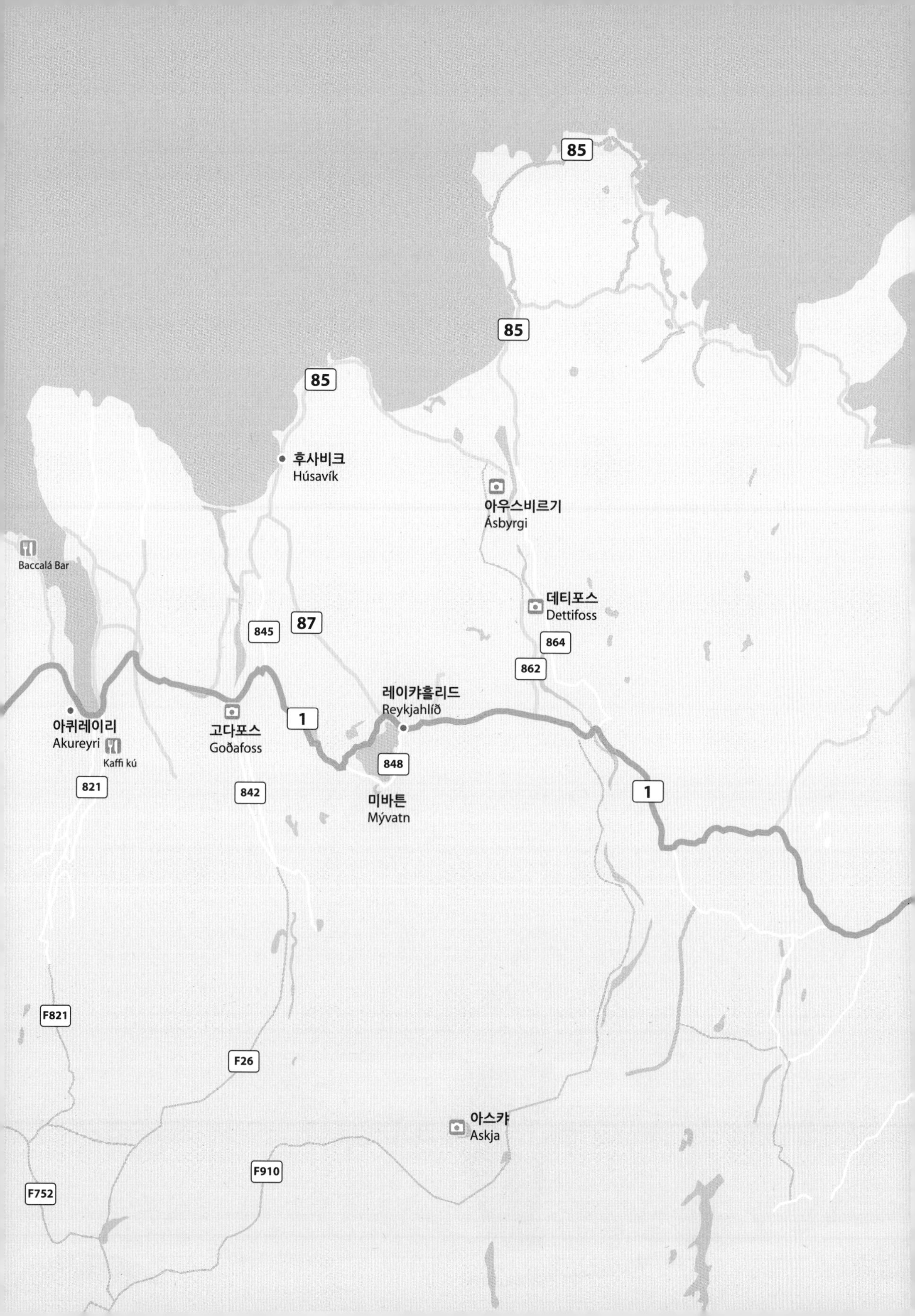

85
85
85
후사비크
Húsavík
아우스비르기
Ásbyrgi
Baccalá Bar
데티포스
Dettifoss
845
87
864
862
레이캬흘리드
Reykjahlíð
1
아쿠레이리
Akureyri
Kaffi kú
고다포스
Goðafoss
848
821
842
미바튼
Mývatn
1
F821
F26
아스캬
Askja
F910
F752

Jökulsárgljúfur

요쿨사우르글리우퓌르

2008년 바트나요쿨 국립공원의 일부가 된 아이슬란드 북부의 국립공원 요쿨사우르글리우퓌르는 바트나요쿨 빙하가 녹아 만들어진 아이슬란드에서 두 번째로 긴 강 요쿨사우 아우 피요틀룸Jökulsá á Fjöllum에 의해 깎인 총 길이 24km, 최대 폭 500m, 깊이 100m의 인상적인 협곡에서 그 이름을 따왔다. 공원은 협곡 중 가장 드라마틱한 경치를 뽐내는 말발굽 모양의 협곡 아우스비르기에서 남쪽의 유럽에서 가장 파워풀한 폭포 데티포스까지 강을 따라 이어진다. 아우스비르기에서 데티포스까지는 협곡을 따라 34km 길이의 하이킹 트레일이 만들어져 있는데, 이 트레일은 웅장하고 멋진 경치를 감상할 수 있지만 길이 매우 험하고 난이도가 높은 편이라 하이킹 경험이 풍부한 사람만 도전해볼 만하다. 하이킹맵 등의 정보를 얻을 수 있는 방문자 센터는 아우스비르기 협곡 입구에 있으며 방문자 센터 근처에 있는 캠핑장은 모든 시설을 잘 갖추고 있다.

요쿨사우르글리우퓌르 여행 정보 | www.vatnajokulsthjodgardur.is

찾아가기

렌터카

동부에서 갈 경우에는 1번 링로드로 이동하다가 864번 또는 862번 도로를 이용하여 데티포스, 아우스비르기의 순서로 들르면 된다. 후사비크에서는 85번 도로를 이용하여 아우스비르기로 와서 역시 864번 또는 862번 도로를 이용하여 데티포스로 가면 된다.

©Iceland Travel

Travel Highlight

아우스비르기 Ásbyrgi

최대 높이 100m에 이르는 깎아지른 절벽으로 둘러싸인 말발굽 모양의 협곡으로 북유럽 신 오딘의 다리 8개 달린 말이 그를 태울 때 발굽 중 하나가 바닥에 찍혀 생긴 것이라는 재미있는 전설이 전해진다. 길이 3.5km, 가장 넓은 곳의 폭이 1.1km에 이르는 협곡 내부는 자작나무와 버드나무, 소나무 등 나지막한 수풀, 야생화들로 빽빽이 채워져 있는데 숲 속으로 난 하이킹 트레일을 따라 걸어 들어가면 향긋한 숲의 향기가 콧속을 가득 채운다. 아우스비르기에 있는 여러 하이킹 트레일 중 가장 짧고 쉬운 것은 제일 안쪽에 있는 주차장에서 출발하여 협곡의 서쪽 절벽 아래에 자리 잡은 고요한 연못인 보튼스툐른Botnstjörn까지 다녀오는 왕복 1시간 정도의 코스이다. 협곡 한가운데 있는 높이 25m의 독특한 모양을 뽐내는 바위는 '섬'이라는 뜻의 '에이얀Eyjan'이라는 이름으로 불리는데, 캠핑장 근처 주차장에서 출발하는 왕복 2시간 정도의 하이킹 트레일을 이용하면 이 바위에 올라 아우스비르기 협곡의 스펙터클한 전경을 감상할 수 있다.

후사비크에서 아우스비르기 방문자 센터까지는 85번 도로를 이용하여 한 시간 정도 소요되며 데티포스에서는 864번 도로(5월 말~10월 초 오픈)를 이용하거나 강 서쪽의 862번 도로(6월 초~9월 말 오픈)를 이용할 수 있다.

데티포스 Dettifoss

유럽에서 가장 파워풀한 폭포라는 별명을 가진 데티포스는 초당 평균 193㎥, 최대 수량 500㎥의 엄청난 물줄기를 높이 45m, 너비 100m의 절벽으로 쏟아내는 경이로운 폭포이다. 영화 '프로메테우스'의 첫 장면에 등장하여 더 유명해진 이 폭포는 장대한 모습과 천둥 같은 소리로 보는 사람을 압도한다. 1번 링로드에서 데티포스로 가는 길은 폭포의 동쪽 면으로 가는 864번 도로와 서쪽 면으로 가는 862번 도로가 있는데, 두 도로 중 862번 도로가 데티포스까지 포장이 되어 있어 운전하기가 더 편하다. 만약 영화 '프로메테우스'에 나오는 전체적인 폭포의 뷰를 보고 싶다면 운전하기가 조금 더 힘들기는 하지만 폭포의 동쪽 면으로 가는 864번 도로를 선택해야 한다. 서쪽 기슭에서는 색다른 각도에서 폭포를 감상할 수 있지만 물보라가 심하게 튀어 때로는 폭포의 모습이 가려질 수 있다. 데티포스에서 1km 남짓 떨어진 강의 상류에는 높이는 10m이지만 너비는 무려 183m에 이르는 아름다운 폭포 셀포스Selfoss가 있는데 데티포스에서 셀포스까지는 쉬운 하이킹 트레일로 연결되어 있어 왕복 1시간 정도면 충분히 다녀올 수 있다.

에이일스타디르에서 데티포스까지는 1번 링로드를 타고 2시간 정도 북쪽으로 이동한 후 864번 도로(5월 말~10월 초 오픈)를 이용하여 폭포의 동쪽으로 접근하거나 862번 도로(데티포스까지는 연중 오픈)를 이용하여 폭포의 서쪽으로 접근할 수 있다. 두 도로 모두 아우스비르기를 지나 후사비크로 가는 85번 도로와 만난다.

Mývatn 미바튼

아이슬란드에서 네 번째로 큰 호수인 미바튼은 2300년 전에 있었던 화산 폭발로 만들어진 아름다운 호수이다. 여러 종류의 물새들이 이곳에 둥지를 틀고 서식하는데 그중에서도 특히 독특하고 다양한 종의 오리를 볼 수 있는 것으로 유명하며 미바튼 호수와 주변의 습지는 자연보호 구역으로 보호받고 있다. 미바튼이라는 이름은 아이슬란드어로 '날파리의 호수'라는 뜻으로 이름에 걸맞게 여름철에는 코와 입으로 달려드는 수많은 모기와 작은 날파리들 때문에 얼굴에 보호용 방충망이 필요할 정도이다. 최근에는 단지 호수뿐만 아니라 주변 지역까지 통틀어 미바튼이라고 불리는데 주변 지역은 희한한 모양의 용암 기둥과 화산 분화구, 부글거리는 진흙 웅덩이, 미네랄이 풍부한 뽀얀 온천 등 화산 지대 특유의 경이로운 풍경으로 가득 차 있어 수많은 관광객이 이곳으로 모여드는 이유가 되고 있다. 미바튼 지역을 관광할 때 거점 역할을 하는 도시는 북쪽 호숫가에 있는 레이캬흘리드Reykjahlíð로 이곳에는 은행, 우체국, 슈퍼마켓, 주유소 등의 편의 시설과 다양한 종류의 숙박 시설이 있다.

미바튼 여행 정보 | www.visitmyvatn.is

찾아가기

렌터카

에이일스타디르에서 레이캬흘리드까지는 1번 링로드를 이용하여 2시간 정도 소요되며 레이캬흘리드에서 아퀴레이리까지는 1번 링로드로 1시간 20분 정도 소요된다.

©Auðunn Níelsson / Iceland Travel

©Iceland Travel

미바튼 네이처 바스

Jarðböðin við Mývatn

2004년에 오픈하여 미바튼의 새로운 명소로 떠오른 미바튼 네이처 바스는 아이슬란드 남부의 블루라군과 더불어 아이슬란드를 대표하는 온천이다. 블루라군에 비하면 규모가 작고 부대시설이 덜 갖추어져 있지만 아직은 많이 상업화되지 않아 좀 더 평화롭고 자연스러운 분위기 속에서 진정한 휴식을 만끽할 수 있으며 가격도 훨씬 저렴하다. 수 세기 동안 이어져온 온천욕의 전통에 따라 온천 시설이 배치되어 있는데 먼저 사우나에 들어가 지표면의 갈라진 틈에서부터 직접 올라오는 수증기로 증기욕을 하는 것에서 시작하여 최대 2500m 깊이에서 끌어올린 온천수의 라군에서 수영을 즐기며 주변의 기막힌 경치를 감상하는 것으로 온천욕을 끝낸다. 라군의 온천수는 블루라군과 마찬가지로 실리카를 비롯한 풍부한 미네랄을 함유하고 있어 푸른빛의 우유 같은 오묘한 색을 띤다. 레스토랑에서는 샌드위치나 수프 같은 간단한 메뉴와 음료를 판매한다. 비수기에 5일 정도 유지 보수로 때문에 문을 닫는 기간이 있으니 방문하는 시기와 겹치지 않는지 홈페이지 및 페이스북에서 미리 확인하도록 하자.

- 레이캬흘리드에서 동쪽으로 1번 링로드를 타고 3km 정도 가다가 'Jardbodin'이라는 표지판이 보이면 우회전
- 10:00-23:00(겨울 시즌 시간 변동 있음), 1월 1일 휴무
- ISK 성인 6200 ISK, 청소년(13~15세) 3050엔, 12세 이하는 무료 (계절에 따라 요금 변동 있음)
- @ www.myvatnnaturebaths.is

그리오타이아우 Grjótagjá

레이캬흘리드 남쪽에 있는 작은 온천 동굴, 그리오타이아우는 과거에는 많은 사람들에게 사랑 받는 온천지였으나 1975년부터 1984년 사이 있었던 세 번의 크라플라 폭발 이후 온천수 온도가 60℃까지 올라가는 바람에 온천욕을 즐기기에는 너무 뜨거운 온천이 되었다. 지금은 45~50℃ 정도로 온도가 조금 떨어져 다시 온천욕을 즐기는 사람들이 있지만 온천욕보다는 따끈한 물에 발을 담그고 여행의 피로를 푸는 사람들이 많다. 동굴 속 온천수는 미바튼 네이처 바스의 온천수에 비해 훨씬 맑고 짙은 푸른빛을 띠어 눈부시게 아름답다. 또한 이 동굴은 유명한 미국 드라마 '왕좌의 게임Game of Thrones' 시즌 3의 다섯 번째 에피소드 'Kissed by Fire'를 촬영한 곳으로도 알려져 있다.

1번 링로드에서 860번 도로로 빠져서 자동차로 약 2분

흐베리르 Hverir

미바튼 호수에서 크라플라로 가는 길에 있는 나우마피야틀Námafjall 산자락에는 아이슬란드에서 가장 활동이 활발한 지열 지대 중 하나인 흐베리르가 있다. 넓고 황량한 오렌지색 들판에는 뜨거운 증기가 뿜어져 나오는 수많은 분기공과 부글부글 끓어오르는 머드풀, 오묘한 색의 미네랄 침전물로 빛나는 웅덩이 등이 곳곳에 흩어져 있어 마치 달 표면을 걷는 듯한 신비로운 느낌이 든다. 주차장에서 조금 걸어가면 지열 지대에 대한 설명이 붙어 있는 나지막한 전망대가 있고 트레일로 내려가면 웅덩이들을 가까이에서 관찰할 수 있다. 트레일 주변에 둘러놓은 안전 로프 안쪽으로 들어가는 일은 절대로 하지 말아야 한다.

미바튼 네이처 바스와 크라플라 사이의 1번 링로드에 위치

크라플라 Krafla

크라플라는 본래 미바튼 호수 북쪽에 있는 거대한 칼데라의 이름이었지만 지금은 주변의 화산 지대를 통틀어 일컫는 말이 되었다. 이 지역에는 1700년대부터 지금까지 총 29번의 화산 폭발이 있었는데 그때 흘러나온 용암들이 지금의 모습을 만들어냈다. 크라플라 화산 지대로 들어서면 가장 먼저 만나게 되는 지열발전소는 60MW의 전력을 만들어내 주변 지역에 공급하는 중요한 곳으로, 크라플라와 지열발전소에 대한 정보가 있는 발전소 내의 방문자 센터는 여름 시즌 오후에만 오픈한다. 지열발전소를 지나면 왼쪽으로 크라플라의 하이라이트인 레이르흐뉴퀴르Leirhnjúkur 용암지대가 나오는데, 왕복 2시간 정도의 하이킹으로 용암이 흐르다가 그대로 굳어진 기암괴석과 유황 가스가 올라오는 노란색 대지, 검은 돌을 뚫고 자라난 푸른 이끼 등 험준하고 거친 용암지대 풍경을 모두 감상할 수 있다. 또한 크라플라에는 아이슬란드에 있는 2개의 유명한 비티 분화구 중 하나가 있는데, 지름이 300m가 넘는 거대한 비티 분화구는 햇빛을 받으면 말할 수 없이 아름답고 신비로운 푸른색을 띤다.

동부에서 이동한다면 1번 링로드를 타고 가다가 레이캬흘리드에 가기 전에 Krafla라고 쓰인 나무 표지판에서 우회전

아스캬 Askja

바트나요쿨의 북쪽 하이랜드의 대표적 명소인 아스캬는 1875년의 대폭발로 형성된 아름다운 비티 분화구를 가진 1516m 높이의 화산이다. 비티 분화구는 햇빛을 받으면 뽀얀 하늘색으로 빛나는데 주변의 달 표면 같은 풍경과 어우러져 아름다운 절경을 만들어낸다. 분화구 아래까지 걸어서 내려가볼 수도 있으며 하늘색 온천수에 몸을 담그고 온천욕을 즐기는 사람들도 있다. 분화구 옆에는 아이슬란드에서 두 번째로 깊은 외스큐바튼Öskjuvatn 호수가 있다. 비크라보르기르Vikraborgir 주차장에서 분화구까지는 약 2.5km 거리로 도보로 45분 정도가 소요된다. 1번 링로드에서부터 100km 정도의 거리를 거친 F도로로 접근해야 하기 때문에 직접 운전해서 가기보다는 미바튼에서 지프 투어를 이용하여 방문하는 사람들이 많다. 미바튼에서 출발하는 가이드 투어를 제공하는 대표적인 회사로는 Geo Travel(www.geotravel.is), Scandinavian Travel Services(www.visitaskja.com), Mývatn Tours(www.myvatntours.is) 등이 있다.

1번 링로드에서 F88번 도로로 빠진 후 갈림길에서 이정표를 따라 F910 도로로 이동

딤무보르기르 Dimmuborgir

딤무보르기르는 미바튼 호수 동쪽에 있는 넓은 용암지대를 이르는 것으로 산책로를 따라 가볍게 하이킹을 즐길 수 있다. 검은색의 삐죽 삐죽한 기암괴석과 용암 동굴들 주변으로는 작은 관목과 초록의 수풀들이 자라나 삭막한 대지에 생기를 주며 그 사이로 잘 정비된 하이킹 트레일이 나 있다. 여러 개의 하이킹 트레일 중 가장 유명한 것은 '키르키얀Kirkjan'이라는 이름의 용암 동굴까지 다녀오는 2.3km 정도의 트레일로 입구에서 왕복 1시간 정도가 소요된다. 키르키얀은 양쪽으로 입구가 뚫려 있는 튜브 모양의 용암 동굴로 돔 모양의 천장을 가지고 있어 '교회'라는 뜻의 이름이 붙여졌다고 한다. 딤무보르기르에는 트롤의 아들들인 욜라스베이나르니르Jólasveinarnir가 산다는 전설이 전해지는데, 이들은 여름철에는 동굴 속에서 잠을 자고 겨울철에만 크리스마스를 준비하기 위해 깨어난다고 한다. 12월 크리스마스 전에 이곳을 방문하면 하이킹 트레일에서 익살맞은 욜라스베이나르니르를 만나는 재미있는 경험을 할 수 있다.

1번 링로드에서 미바튼 호수 주변을 도는 848번 도로로 빠져 약 7분

Restaurant & Café

보가피요스

Vogafjós | 목장 레스토랑 |

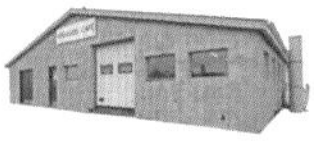

120마리의 양과 40마리의 소를 키우고 있는 목장에서 운영하는 유명 레스토랑이다. 레스토랑의 한쪽 면은 유리로 되어 있어 옆에 붙어 있는 외양간을 구경할 수 있으며 예쁜 아이슬란드 울 제품을 비롯한 다양한 기념품도 판매한다. 홈메이드 로컬 푸드를 기본으로 하며 직접 짠 신선한 우유로 만든 치즈, 지열로 쪄낸 게이시르 빵, 양고기 요리, 송어 구이, 햄버거 등을 맛볼 수 있으며 아이스크림과 케이크도 맛있다.

- Vogafjós, 660 Mývatn
- +354 464 3800
- 12:00-20:00(계절에 따라 시간 변동 있음)
- ISK 메인 메뉴 4290~6100 ISK, 게이시르 빵(사이드 디시) 680 ISK

대디스 피자

Daddi's Pizza | 피자리아 |

Vogar 게스트하우스와 함께 있는 작은 피자리아로 합리적인 가격에 맛있는 피자와 탄산음료, 맥주를 즐길 수 있다. 홈메이드 피자처럼 쫄깃한 도우에 푸짐한 토핑을 얹은 피자는 3가지 크기 중에 선택할 수 있으며 피자와 탄산음료 세트도 판매한다. 메뉴판에 스파이시한 피자와 채식주의자용 피자가 표시되어 있어 선택하기 쉽다.

- Vogar, 660 Mývatn
- +354 773 6060
- 12:00-22:00
- ISK 피자 9인치 / 12인치 / 16인치 각각 1915~3555 ISK / 2380~4405 ISK / 2940~5450 ISK

카피 보르기르 Kaffi Borgir | 카페 레스토랑 |

딤무보르기르에 있는 카페 겸 레스토랑으로 점심 식사 또는 커피나 맥주 한잔을 즐기며 쉬어가기 좋다. 직접 쪄낸 온천빵과 감자, 샐러드를 곁들인 구운 송어 요리가 인기 메뉴이다. 여름철 날씨가 좋은 날에는 아름다운 풍경을 감상할 수 있는 시원한 야외석에 앉을 수 있다. 5월 중순~8월 말에는 오후 6시 30분부터 메인 요리와 디저트로 구성된 디너 스페셜 메뉴도 주문할 수 있다.

- Dimmuborgir, 660 Mývatn
- +354 464 1144
- 10:00-17:00
- ISK 메인 요리 4300~4500 ISK / 디저트 1550~2150 ISK

미바튼 추천 숙소

Accommodation

Fosshotel Mývatn

★★★

미바튼 호수 북쪽, 1번 링로드 근처에 2017년 여름에 호픈한 호텔로 유명 건축가의 사연 친화적인 디자인으로 꾸며진 나지막한 호텔의 건물은 주변 자연환경과 멋지게 어우러진다. 호수 전망 객실과 1층에 있는 레스토랑에서 미바튼 호수의 멋진 경치를 감상할 수 있다.

- Grímsstaðir, 660 Skútustaðahreppur
- +354 453 0000
- www.islandshotel.is/hotels-in-iceland/fosshotel-myvatn

Hotel Laxa

★★★

2014년 오픈한 호텔로 미바튼 호수 남쪽 848번 도로 근처에 있다. 모던하면서도 아늑한 분위기의 객실에는 다양한 부대시설이 잘 갖추어져 있으며 객실과 레스토랑, 라운지 등에서 미바튼 호수와 주변의 멋진 경치를 감상할 수 있다.

- Við Olnbogaás, 660 Mývatn
- +354 464 1900
- www.hotellaxa.is

Dimmuborgir Guesthouse

가족이 운영하는 게스트하우스로 딤무보르기르 근처에 있다. 공동 주방과 거실을 사용하는 2인실부터 6인까지 숙박할 수 있는 독채 통나무집까지 다양한 객실을 가지고 있다. 5~6인용 통나무집에는 2개의 침실과 욕실, 주방 시설, 거실이 갖추어져 있으며 테라스에 Hot Tub가 있는 통나무집도 있다. 미바튼 호수의 멋진 풍경을 감상하며 푸짐한 조식 뷔페를 먹을 수 있다.

- Geiteyjarströnd 1, 660 Mývatn
- +354 464 4210
- www.dimmuborgir.is

Icelandair Hotel Myvatn ★★★★

미바튼 호수에 자리한 호텔로 미바튼 노천유황온천(Myvatn Nature Baths)에서 가까우며, 24시간 프런트 데스크와 레스토랑을 운영한다. 이코노미 객실은 호텔 본관에서 300m 떨어진 호수 옆의 별관에 위치해 있다.

- Reynihlid, 660 Mývatn
- +354 444 4000
- www.icelandhotelcollectionbyberjaya.com/en/hotels/north/myvatn-hotel

Einishús Cottages

4개의 독채형 코티지만을 운영하는 숙소로 미바튼 호수와 고다포스 사이에 있다. 현대적인 디자인의 코티지 내에는 침실과 욕실, 주방, 거실이 있으며 테라스에는 야외 개별 Hot Tub까지 갖추어져 있다. 2인부터 4인까지 숙박할 수 있다.

- Einarsstadir 2, 650 Laugar
- +354 865 4910
- www.einishus.com

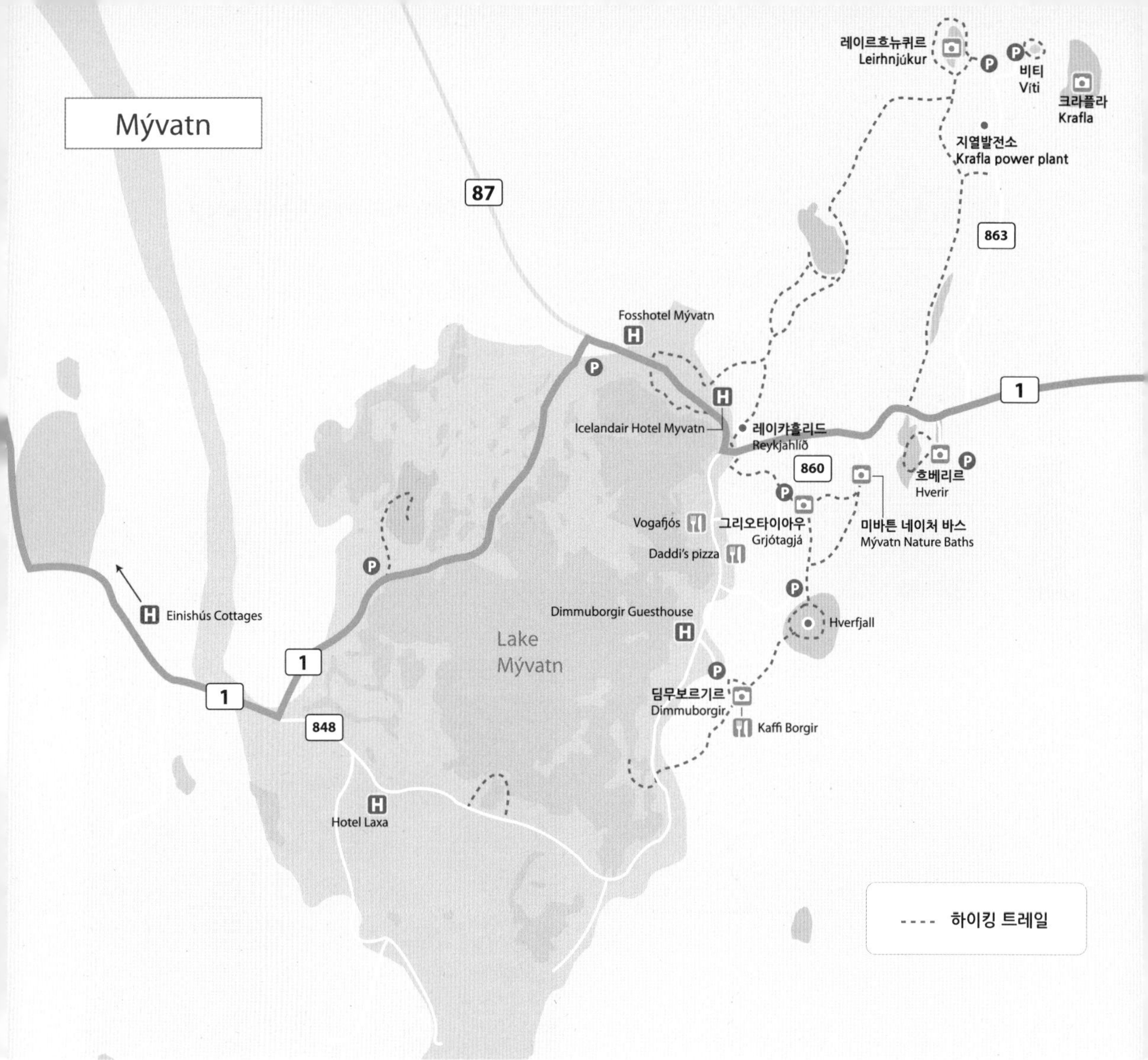
Mývatn
87
레이르흐뉴퀴르
Leirhnjúkur
비티
Víti
크라플라
Krafla
지열발전소
Krafla power plant
863
Fosshotel Mývatn
Icelandair Hotel Myvatn
레이캬흘리드
Reykjahlíð
1
860
호베리르
Hverir
Vogafjós
그리오타이아우
Grjótagjá
미바튼 네이처 바스
Mývatn Nature Baths
Daddi's pizza
Einishús Cottages
Dimmuborgir Guesthouse
Hverfjall
Lake
Mývatn
1
1
848
딤무보르기르
Dimmuborgir
Kaffi Borgir
Hotel Laxa
하이킹 트레일

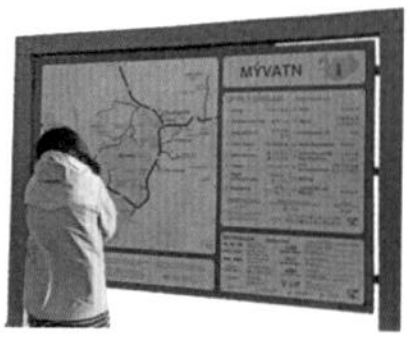

Húsavík

후사비크

비공식적으로는 아이슬란드 내 바이킹의 최초 정착지가 있었던 곳으로 전해지는 후사비크는 스캬울판디Skjálfandi 만의 동쪽 해안에 자리 잡은 아름다운 항구 마을이다. 이곳에서 아이슬란드 최초의 단체 고래 관광이 1990년대 중반에 시작되었으며 그때부터 일어난 고래 관광 붐은 후사비크를 '고래 관광의 수도'로 불릴 만큼 유명하게 만들었다. 후사비크가 세계적으로 알려진 고래 관찰의 최적지가 된 이유는 만 안쪽 바다에 고래가 좋아하는 먹이인 플랑크톤이 풍부하여 성수기에는 고래를 볼 수 있는 확률이 매우 높기 때문이다. 장난감 같은 집들이 늘어서 있는 항구에는 고래 관찰 투어 티켓을 파는 티켓 오피스와 어마어마하게 큰 고래 뼈를 전시해놓은 고래 박물관도 있으며 항구 뒤쪽의 큰 길가에는 1907년에 세워진 사랑스러운 하얀 목조 교회가 있다.

후사비크 여행 정보 | www.visithusavik.com

찾아가기

렌터카

아퀴레이리에서 후사비크까지는 1번 링로드와 85번 도로를 이용하여 1시간 15분 정도 소요되며 후사비크에서 아우스비르기까지는 85번 도로를 이용하여 1시간 정도 소요된다.

버스

Strætó(www.straeto.is/en)에서 연중 아퀴레이리에서 후사비크까지 79번 버스를 운행한다.

©Iceland Travel

Travel Highlight

©Fotograf Josef Assmayr / Iceland Travel

©Iceland Travel

고래 관찰 투어 Hvalaskoðun

후사비크에서 고래 관찰 투어를 제공하는 대표적인 회사들로는 North Sailing(www.northsailing.is), Gentle Giants(www.gentlegiants.is), Salka(salkawhalewatching.is) 등이 있으며 이 중 가장 오래되고 규모가 큰 회사는 North Sailing이다. 대부분 전통 고기잡이 배를 개조한 보트로 투어를 진행하며 고래 관찰 투어에 퍼핀 관찰, 범선 항해 등이 결합된 상품도 있다. 후사비크 고래 관광에서는 대표적으로 혹등고래와 밍크고래, 흰긴수염고래 등을 만날 수 있는데, 그중 혹등고래가 가장 다이내믹한 모습을 보여준다. 고래 관광에 나선 대부분의 관광객은 물을 내뿜는 고래의 등이나 물장구치는 고래의 꼬리를 보는 것으로 만족해야 하지만 아주 운이 좋은 사람이라면 혹등고래가 멋지게 점프하거나 먹이를 먹기 위해 물 밖으로 머리를 내민 모습을 볼 수 있다. 가장 기본이 되는 투어는 3시간 정도 소요되며 North Sailing은 3월 중순~12월 중순, Gentle Giants는 3월 중순~11월 중순, Salka는 5~9월까지 투어를 진행한다. 성수기인 7~8월은 회사마다 시간대별로 투어를 진행하므로 자신의 시간에 맞는 투어를 선택하면 된다. 투어 가격은 가장 저렴한 곳이 1만 990 ISK, 나머지 두 회사는 1만 1300 ISK 정도이며 가이드의 설명과 전신 방수복, 핫 초콜릿, 시나몬롤 등의 간식이 포함되어 있다.

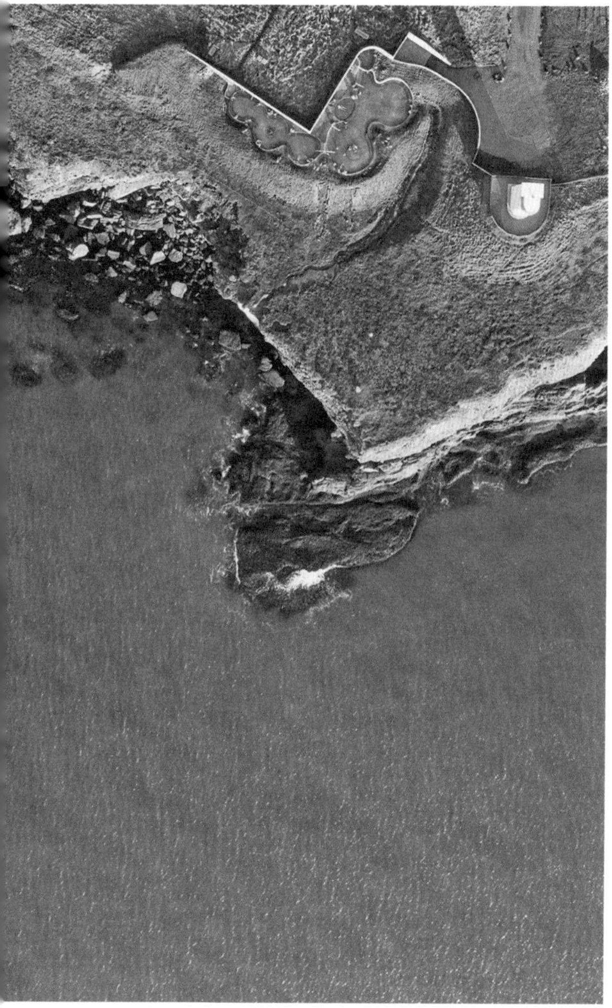

지오씨

Geosea

고래 투어로 유명한 조그만 어촌마을 후사비크에 위치한 Geosea의 온천수는 미네랄이 풍부한 해수와 지구 중심에서 나오는 지열의 희귀한 조합으로 유명하다. 풍부한 미네랄을 함유하고 있는 해수로 피부 치유 효과도 탁월해 건선 등으로 고생하는 사람들에게도 좋다. 북극권이 내려다보이는 서쪽 절벽을 따라 위치한 온천 풀은 고래 관찰자와 오로라를 찾는 사람들에게 최고의 위치에 자리한다.

매일 12:00-22:00

ISK 성인 5990 ISK, 어린이(6~15세) 2990 ISK, 5세 이하 어린이 무료, 67세 이상 3990 ISK 수건, 수영복, 가운 등은 유료로 빌릴 수 있다.

@ www.geosea.is/en

©Iceland Travel

©Iceland Travel

고래 박물관

Hvalasafnið

고래 관광의 수도 후사비크를 대표하는 박물관으로 세계적으로도 드물게 고래에만 집중된 전시를 하고 있다. 가장 눈길을 끄는 전시물은 10가지 서로 다른 종류의 거대한 고래 뼈들인데 그중에는 유니콘 같은 뿔을 가진 일각 고래와 거대한 향유고래의 턱뼈, 복잡한 모양의 고래의 귀 뼈 등이 포함되어 있다. 다양한 관련 서적들을 가지고 있는 작은 도서관도 함께 있다.

- 후사비크 항구 끝부분
- 4~10월 09:00-18:00, 11~3월 10:00-16:00
- ISK 성인 1900 ISK, 16세 이하 무료
- @ www.whalemuseum.is

Akureyri 아퀴레이리

북부 아이슬란드의 수도라는 별명을 가진 아퀴레이리는 주민이 1만 8000명 정도의 작은 도시이지만 명실공히 아이슬란드 제2의 도시로 인정받는 곳이다. 북극권에 가까운 도시이지만 아이슬란드에서 가장 긴 피오르드인 에이야피오르드Eyjafjörður 안쪽에 숨어 있어 겨울에 많이 춥지 않으며 만년설이 덮인 산봉우리들과 푸른 바다, 그리고 그 사이에 자리 잡은 아기자기한 집들이 그림 같은 풍경을 만들어낸다. 아퀴레이리에서 가장 번화한 거리는 항구에서 멀지 않은 곳에 있는 하프나르스트라이티 Hafnarstræti로 유명 레스토랑과 카페, 바, 상점, 숙소가 이곳에 다 몰려 있다. 아퀴레이리 최고의 하이라이트인 아퀴레이라르키르캬는 번화가 근처의 언덕 꼭대기에 있으며 교회 뒤편의 언덕길을 따라 천천히 산책하듯 걸어 올라가면 아름다운 꽃이 만발한 도심 속의 파라다이스, 리스티가르뒤린을 만날 수 있다.

아퀴레이리 여행 정보 | www.visitakureyri.is

©Iceland Travel

찾아가기

렌터카

아퀴레이리는 1번 링로드에 있어 교통이 매우 편리하며 미바튼 호수 지역의 레이캬홀리드에서 아퀴레이리까지는 1번 링로드로 1시간 20분 정도, 후사비크에서 아퀴레이리까지는 1번 링로드와 85번 도로를 이용하여 1시간 15분 정도 소요된다.

버스

SBA-Norðurleid(www.sba.is)는 레이캬비크와 아퀴레이리 사이를 내륙의 키욀뤼르 루트로 연결하는 610/610a 버스를 6월 말~9월 초까지 운행한다. Strætó(www.straeto.is/en)는 아퀴레이리와 에이일스타디르 사이에는 56번 버스, 아퀴레이리와 후사비크 사이에는 79번 버스, 아퀴레이리와 시글뤼피오르드 사이에는 78번 버스, 아퀴레이리와 레이캬비크 사이에는 57번 버스를 운행한다.

항공

아퀴레이리 도심에서 3km 떨어진 아퀴레이리 공항은 아이슬란드 북부에 있는 유일한 국제공항이다. 대표적인 국제선으로는 Norlandair에서 3~9월 운항하는 그린란드로의 정기 비행 편이 있으며 여름철에는 Icelandair에서 케플라비크 공항과 아퀴레이리 공항 사이에 정기 편을 운항하므로 국제선을 타고 와서 바로 아퀴레이리로 이동할 수 있다. 또한 Air Iceland는 아퀴레이리와 레이캬비크 국내선 공항 간 연중 일일 최대 13회 국내선 비행기를 운항한다. 아퀴레이리 공항에서 도심까지는 도보 30분, 자동차로는 5분이 소요되며 렌터카를 이용하지 않을 경우 택시로 이동하면 된다.

시내 교통

아퀴레이리는 항구를 벗어나면 언덕이 약간 있지만 워낙 규모가 작기 때문에 모든 관광지를 도보로 돌아볼 수 있다. SVA라 불리는 아퀴레이리의 시내버스는 5개 루트로 운행되는데 주중에는 오전 6시 25분부터 오후 9시까지, 주말에는 12시에서 오후 6시까지, 1시간에 1대 정도 운행되어 운행 시간을 맞추기 어려울 수 있지만 무료로 이용할 수 있다는 점이 좋다. 자세한 버스 스케줄과 운행 시간표는 www.visitakureyri.is 참고.

©Iceland Travel

Travel Highlight

아퀴레이라르키르캬 Akureyrarkirkja

아퀴레이리의 랜드마크이자 가장 유명한 건물로 레이캬비크의 할그림스키르캬를 만든 건축가 구드욘 사무엘손Guðjón Samúelsson이 설계하여 두 교회가 형제 같은 느낌이 든다. 외관은 아이슬란드의 주상절리를 형상화하였으며 내부는 소박하면서도 간결한 아름다움이 넘친다. 이 교회의 자랑은 3300개의 파이프를 가진 웅장한 오르간과 아름다운 스테인드글라스 창인데 특히 제단 뒤편 중앙에 있는 한 장의 스테인드글라스 창은 1940년 독일 군의 공습으로 파괴된 영국의 코번트리 대성당에서 가져온 것으로 유명하다. 교회는 여름 시즌에만 일반에게 개방되는데 월~목요일은 오전 10시~오후 7시, 금요일은 오전 10시~오후 4시, 일요일은 오후 4시~7시까지 개방하는 것으로 되어 있으나 개방 시간이 자주 변경되고 교회에 특별한 행사가 있으면 개방하지 않는다. 언덕 위에 자리 잡고 있어 교회 앞 계단에서 바다와 그림 같은 도시 전경이 한눈에 들어온다.

아퀴레이리 도심 중앙의 언덕에 위치

호프 문화센터 Menningarhúsið Hof

호프는 아퀴레이리 항구에 자리 잡은 인상적인 원통형 건물로 2010년에 문을 연 이래 아퀴레이리의 새로운 랜드마크가 되었다. 아퀴레이리의 콘서트, 뮤지컬 등의 음악 이벤트와 다양한 예술 공연, 전시회가 모두 이곳에서 열리며 2개의 대형 오디토리엄과 최고 수준의 콘퍼런스 시설도 갖추고 있다. 건물 외벽은 아이슬란드의 주상 현무암으로 꾸며져 있는데 현무암의 전체 무게가 무려 300톤에 이른다고 한다. 내부에 관광 안내소와 다양한 레스토랑, 기념품 상점 등의 편의 시설이 있다.

아퀴레이리 항구에 위치, 아퀴레이라르키르캬에서 도보 약 12분

리스티가르뒤린 Lystigarðurinn

세계에서 가장 북쪽에 있는 식물원으로 전체 공원은 1912년에, 식물원은 1957년에 개장하였다. 이곳에서는 아이슬란드의 모든 식물을 볼 수 있을 뿐만 아니라 세계의 다양한 희귀 식물들도 만날 수 있다. 공원 중앙에는 예쁜 분수가 있고 그 주변으로 벤치가 마련되어 있어 평화로운 휴식을 만끽할 수 있다. 또한 꽃이 만발한 야외 식물원을 산책하다가 지치면 공원 내 카페 Laut에서 맛있는 차 한잔을 즐길 수도 있다. 공원은 6월~9월, 여름 시즌에만 운영되지만 공원 내의 카페는 11월 중순까지 운영한다.

- 아퀴레이라르키르캬 뒤편의 언덕길을 따라 도보 8분
- 6~9월 09:00-22:00(주말은 09:00부터)
- ISK 무료
- @ www.lystigardur.akureyri.is

하프나르스트라이티

Hafnarstræti

아퀴레이리 최고의 번화가로 여러 숙소와 주요 상점, 레스토랑, 카페들이 모두 이곳에 모여 있다. 거리는 항상 관광객들로 북적거리는데 특히 기념품 상점인 The Viking 앞에는 북극곰을 거느리고 있는 거대한 트롤 인형이 있어 기념사진을 찍는 명소가 되고 있다.

- 아퀴레이라르키르캬에서 도보 3분 / 호프 문화센터에서 도보 7분

포레스트라군

Forest Lagoon

자작나무와 소나무로 둘러싸인 자연 속에 위치한 Forest Lagoon은 아이슬란드에서 가장 긴 피오르드인 에이야피외르뒤르(Eyjafjörður)가 내려다보이는 전망을 자랑한다. 대형과 소형 두 개의 수영장은 천연온천수로 각각 37, 40℃로 유지되며, 이외에도 핀란드식 건식 사우나와 사우나와 함께 이용할 수 있는 냉수 수영장도 갖추고 있다. 피오르드의 멋진 전망과 숲, 그리고 벽난로가 있는 Bistro에서는 브런치, 수프, 샐러드, 파스타 등의 간단한 식사도 가능해서 온천욕 후 식사까지 완벽하게 즐길 수 있다. 아쿠레이리에서 포레스트 라군까지 차로 5분 정도 소요되며, 프리 셔틀버스도 운행하고 있다.
버스 관련 스케줄은 홈페이지에서 확인하자.

매일 10:00-24:00

ISK 성인 6590 ISK, 어린이(6~15세) 3290 ISK, 5세 이하 어린이 무료, 67세 이상 4990 ISK
수건은 요금에 포함되어 있지 않지만 900ISK에 빌릴 수 있다.

@ www.forestlagoon.is

고다포스 Goðafoss

아퀴레이리와 미바튼 호수 지역을 잇는 1번 링로드 근처에 있는 고다포스는 아이슬란드에서 가장 아름다운 폭포 중 하나이다. 화산 지대를 따라 흐르는 빙하 강 스캬울판다플리오트Skjálfandafljót는 이곳에서 높이 12m, 너비 30m의 우아한 반원형 폭포를 이루며 쏟아져 내리는데 특히 화창한 날 햇살 아래 블루 그린으로 신비롭게 빛나는 폭포의 모습이 장관이다. '신들의 폭포'라는 이름은 1000년 알싱기 의장이었던 Þorgeir Ljósvetningagoði가 기독교를 아이슬란드의 국교로 공표했을 때 그가 가지고 있던 모든 스칸디나비아의 신상들을 이 폭포에 던진 것에서 유래했다고 한다. 아퀴레이라르키르캬의 스테인드글라스 중에는 이 이야기를 담은 창이 있는데 교회를 방문했을 때 이 창을 찾아보는 것도 재미있다.

아퀴레이리에서 1번 링로드를 따라 자동차로 50분 소요.

글뢰임바이르 Glaumbær

아이슬란드의 전통 가옥인 터프 하우스Turf House로 지어진 농장을 볼 수 있는 박물관으로 아퀴레이리에서 1번 링로드를 이용하여 서부로 향하다가 들르기에 좋다. 1947년 미지막 거주민이 떠난 후 1952년 처음 문을 열었으며 이 지역에는 900년 정착 시대부터 농가가 있던 것으로 추정된다. 13채의 전통 농가들이 남아 있는데 18세기 중반부터 19세기 후반에 이르기까지 지어진 이 농가들은 돌과 목재로 지어진 건물 위에 풍성하게 자란 잔디 지붕이 덮인 전형적인 터프 하우스이다. 농가 옆에 있는 교회는 1926년에 지어진 것이다. 글라움베어 농장 박물관 부지에는 아우스후스Áshús와 글리스스토파Gilsstofa라 불리는 2개의 19세기 목조 주택도 함께 자리 잡고 있는데 노란색의 아우스후스에는 카페 겸 티룸인 아우스카피Áskaffi가, 하늘색의 글리스스토파에는 기념품 상점과 관리 사무소가 있다. 박물관에 대한 좀 더 자세한 정보는 홈페이지 참고.

아퀴레이리에서 1번 링로드를 따라가다가 75번 도로로 우회전(전체 약 1시간 10분 소요)

5/20~9/20 매일 10:00-18:00, 4/1~5/19과 9/21~10/20 월~금요일 10:00-16:00, 10/21~3/31 월~금요일 요청 시 오픈

ISK 성인 2000 ISK, 17세 이하 무료

@ www.glaumbaer.is

Restaurant & Café

베를린 아퀴레이리

Berlin Akureyri | 아침 식사 & 브런치 |

아침 식사와 브런치를 먹기에 좋은 카페로 아파트먼트와 게스트하우스를 운영하고 있는 Accommodation Akureyri 1층에 있다. 아침 식사와 브런치로는 토스트에 달걀, 베이컨 등을 곁들여 먹을 수 있으며 런치로는 생선 요리나 치킨 윙, 바비큐 치킨 샌드위치 등의 메뉴가 있다.

- Skipagata 4, 600 Akureyri
- +354 772 5061
- 08:00-17:00
- ISK 아침 메뉴 990~2530 ISK,
  브런치 1990~3450 ISK

아퀴레이리 백패커스 바 & 레스토랑

Akureyri Backpackers' Bar&Restaurant | 패스트푸드 |

유명 호스텔인 아퀴레이리 백패커스에서 운영하는 곳으로 햄버거나 샌드위치, 피자 등 주로 간단한 메뉴를 즐길 수 있는 곳이다. 매일 다른 종류의 생선 요리를 제공하는 'Todays Fish' 메뉴도 인기가 있다. 아침 식사 메뉴는 매일 오전 7시 30분부터 10시까지 제공되며 브런치 메뉴는 주말 오전 10시에서 오후 3시까지만 주문 가능하다. 오후 5~7시는 해피아워로 저렴한 가격에 맥주를 즐길 수 있다.

- Hafnarstræti 98, 600 Akureyri
- +354 571 9050
- 주중 11:30-21:00, 주말 10:00-21:00
- ISK 버거, 샐러드, 스낵 등 1150~2990 ISK, 브런치 1260~3190 ISK, Todays Fish 3190 ISK

블라 카난 카페 Bláa Kannan Café | 카페 |

아퀴레이리 중심가에 자리한 카페로 다양한 종류의 케이크와 커피가 맛있는 곳이다. 강렬한 파란색 건물에 빨간 지붕을 얹은 성과 같은 외관이 눈길을 끄는데 하프나르스트라이티에 있어 관광과 쇼핑 중에 들러 잠시 쉬기에 좋다.

- Hafnarstræti 96, 600 Akureyri
- +354 461 4600
- 월~금요일 09:00-23:00, 토~일요일 10:00-22:00(계절에 따라 시간 변동 있음)
- ISK 오늘의 런치 1980 ISK, 빵 종류 590~940 ISK, 커피 450~850 ISK

보틴 Bautinn | 카페 |

햄버거, 샌드위치, 피자, 파스타 등 다양한 메뉴가 있어 원하는 메뉴를 선택하기 좋은 곳이다. 그릴에 구운 양고기나 고래 고기 스테이크 같은 아이슬란드 전통 요리를 메인 메뉴로 즐길 수도 있다. 아퀴레이라르키르캬 앞 사거리에 있어 관광객들이 많이 찾는다.

- Hafnarstræti 92, 600 Akureyri
- +354 462 1818
- 월~금요일 11:30-21:30, 토~일요일 12:00-21:30(계절에 따라 시간 변동 있음)
- ISK 햄버거 3199~3999 ISK, 메인 메뉴 4550~6400 ISK

루브 23

RUB 23 | 스시, 아시안 퓨전 |

몇 년째 아퀴레이리 인기 레스토랑의 상위 자리를 당당히 차지하고 있는 곳이다. 스시가 메인 메뉴이며 캘리포니아롤, 김밥 스타일의 스시도 있다. 가격대가 높은 편이라 푸짐하게 먹을 수 있는 런치 뷔페를 추천한다.

Kaupvangsstræti 6, 600 Akureyri
+354 462 2223
런치 11:30-14:00(화~금요일) / 디너 17:00-22:00
ISK 런치 뷔페 3490 ISK, 스시 플레이트(14개) 5990 ISK

아퀴레이리 피시 Akureyri Fish | 피시 앤 칩스 |

레이캬비크에도 지점이 있는 피시 앤 칩스 레스토랑으로 바삭바삭한 피시 앤 칩스에 시원한 맥주를 곁들여 먹기에 좋은 곳이다. 소스는 레몬 페퍼, 타르타르, 갈릭 등 다양한 종류 중 골라서 별도로 주문해야 한다. 샐러드, 생선 스튜, 피시 버거, 홍합 요리 등 다른 해산물 요리도 있다.

Skipagata 12, 600 Akureyri
+354 414 6050
11:30-22:00
ISK 피시 앤 칩스 1980 ISK, 피시 수프 1290 ISK, 버거 1790 ISK

카피 일무르 Kaffi Ilmur | 카페 레스토랑 |

1900년대 초반에 지어진 아퀴레이리에서 가장 오래된 주택 중 하나에 자리 잡은 예쁜 카페이다. 내부는 당시의 인테리어와 가구, 초상화들이 그대로 남아 있어 고풍스러운 분위기이며 날씨가 좋으면 하프나르스트라이티가 내려다보이는 야외석에 앉을 수도 있다. 아침 식사와 케이크, 차를 즐기기 좋으며 런치 뷔페도 인기가 있다.

Skipagata 12, 600 Akureyri
+354 571 6444
10:00-17:00(11월~2월 중순 휴무)
ISK 아침 식사 950~2360 ISK, 커피 & 티 550~820 ISK, 런치 뷔페 2450 ISK

Hotel Kea

★★★★

아퀴레이라르키르캬로 오르는 계단 바로 앞에 있는 호텔로 관광하기에 최고의 위치를 자랑한다. 1944년에 오픈하였지만 지금까지도 안락하고 깔끔하게 관리되고 있다. 호텔 레스토랑인 Múlaberg bistro & bar도 저녁에 와인이나 칵테일 한잔을 즐기기 좋다.

Hafnarstræti 87-89, 600 Akureyri

+354 460 2000 @ www.keahotels.is/hotel-kea

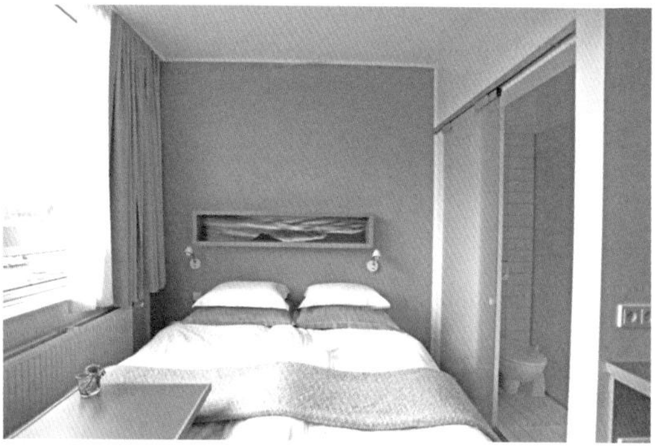

Icelandair Hotel Akureyri

★★★

모던하고 내추럴한 분위기의 호텔로 온천수로 운영되는 아퀴레이리 수영장 근처에 있다. 밝고 실용적으로 꾸며진 객실은 모든 어메니티가 잘 갖추어져 있으며 스키 보관실이 있어 겨울에 스키 여행으로 찾는 사람들도 많다.

Þingvallastræti 23, 600 Akureyri

+354 518 1000

@ www.icelandhotelcollectionbyberjaya.com/en/hotels/north/akureyri-hotel

Hotel Akureyri

★★★

복잡한 번화가에서 벗어난 하프나르스트라이티에 있어 조용하면서도 관광지로 이동하기에 편리한 호텔이다. 객실은 약간 작은 편이지만 아늑하고 클래식하게 꾸며져 있으며 바다 전망 객실을 선택할 수도 있다. 호텔 주차장이 있어 무료 주차가 가능한 점도 편리하다. 다만 엘리베이터가 없어 짐이 많을 경우에는 좀 불편할 수 있다.

Hafnarstræti 67, 600 Akureyri

+354 462 5600 @ www.hotelakureyri.is

Hotel Edda Akureyri ★★★

리스티가르뒤린 근처에 있는 호텔로 6월 중순에서 8월 중순까지만 문을 연다. 밝은 분위기의 객실은 군더더기 없이 깔끔하게 꾸며져 있으며 공용 욕실을 사용하는 객실도 있다. 야외 주차장을 무료로 이용할 수 있어 편리하다.

- Þórunnarstræti 600, Akureyri
- +354 444 4900
- www.hoteledda.is/en/hotels/hotel-edda-akureyri
- € 트윈 기준(공용 욕실) €120~

Torg Guesthouse

아퀴레이리 중심의 라우드후스토르그Ráðhústorg 광장에 있는 고급스러운 게스트하우스이다. 싱글, 더블 또는 트윈 객실에는 주방 시설이 없지만 아파트먼트형 객실에는 완벽한 주방 시설이 갖추어져 있다. 따로 직원이 있는 것이 아니라 체크인, 체크아웃을 숙박객 스스로 알아서 해야 하며 엘리베이터가 없다는 점이 불편하다. 주차나 아침 식사, 슈퍼마켓 위치 등 필요한 정보는 객실 내에 비치되어 있다.

- Brekkugata 1b, 600 Akureyri　+354 571 7201
- www.torgguesthouse.is
- € 원 베드룸 아파트먼트 기준 비수기 €160~ / 성수기 €273~

Lava Apartments

호프 문화센터 근처에 있는 모던한 디자인의 아파트먼트 호텔이다. 일반 객실과 주방 시설이 딸린 아파트먼트형 객실을 운영하고 있는데 편안하고 고급스러운 시설이 돋보인다. 주차장도 무료로 이용할 수 있다.

- Glerárgata 3b, 603 Akureyri
- +354 461 1111　www.lava-apartments.com
- € 트윈 기준 비수기 €110~ / 성수기 €195~

Sæluhús Akureyri

1번 링로드에서 아퀴레이리 시내로 진입하는 도로에 가까우며 주방 시설이 딸린 스튜디오 아파트먼트와 7명까지 숙박할 수 있는 독채형 숙소를 운영하고 있다. 고급스럽고 청결한 시설과 테라스에서 즐기는 멋진 전망으로 유명하며 특히 완벽한 프라이버시가 보장되는 독채형 숙소는 가족 여행객에게 추천한다.

- Sunnutröð 2, 600 Akureyri
- +354 412 0800　www.saeluhus.is/en
- ISK 스튜디오 아파트먼트 기준 비수기 2만 1000 ISK~ / 성수기 2만 5700 ISK~

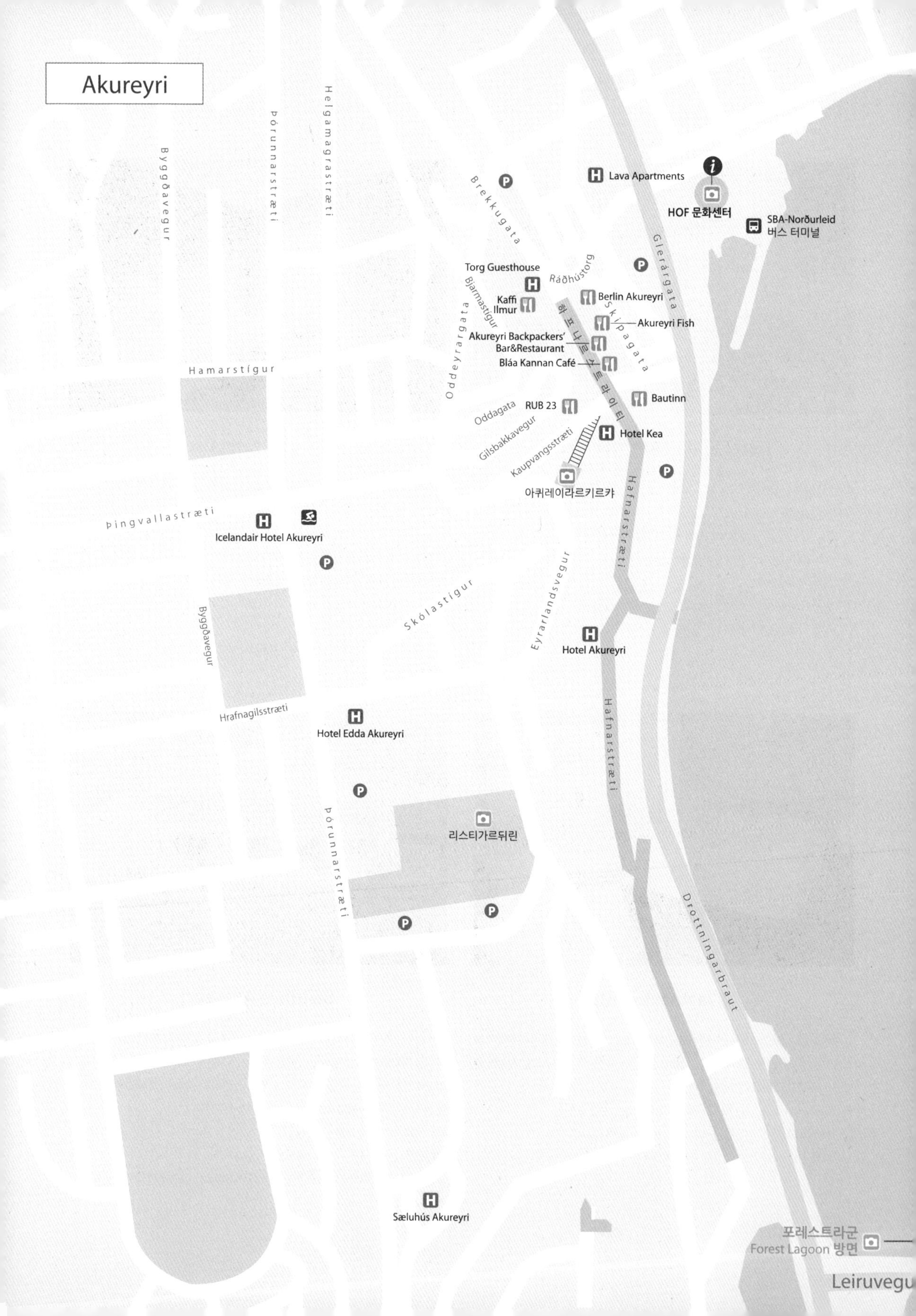

Akureyri
Helgamagrastræti
Þórunnarstræti
Byggðavegur
Brekkugata
Lava Apartments
HOF 문화센터
SBA-Norðurleid
버스 터미널
Glerárgata
Torg Guesthouse
Ráðhústorg
Bjarmastígur
Kaffi Ilmur
Berlin Akureyri
Skipagata
Akureyri Fish
Akureyri Backpackers' Bar&Restaurant
Bláa Kannan Café
하프나르스트라이티
Oddeyrargata
Hamarstígur
Bautinn
RUB 23
Oddagata
Gilsbakkavegur
Kaupvangsstræti
Hotel Kea
아퀴레이라르키르캬
Hafnarstræti
Þingvallastræti
Icelandair Hotel Akureyri
Eyrarlandsvegur
Skólastígur
Byggðavegur
Hotel Akureyri
Hrafnagilsstræti
Hotel Edda Akureyri
Hafnarstræti
리스티가르뒤린
Þórunnarstræti
Drottningarbraut
Sæluhús Akureyri
포레스트라군
Forest Lagoon 방면
Leiruvegu

아쿠레이리에서 다녀오는

추천

DAY TOUR

아이슬란드 북부 지역은 여름철에만 가능한 링로드 일주 여행을 통해 가는 경우가 많으므로 여러 지역을 천천히 관광할 시간이 충분하지 않을 수 있다. 특히 미바튼 호수 지역에 흩어져 있는 관광 스폿들은 렌터카를 이용하지 않는 여행이라면 개별적으로 방문하기가 쉽지 않다. 이럴 때는 아쿠레이리에서만 숙박하며 주변 지역을 일일 투어로 관광하는 방법을 선택하자. 투어 출발 15분 전에 무료 호텔 픽업을 신청할 수 있으며 아쿠레이리 시내에 있는 여행사의 오피스로 바로 가도 된다.

©Iceland Travel

©Iceland Travel

©Iceland Travel

미바튼 호수 클래식 투어

LAKE MYVATN CLASSIC

아름다운 미바튼 호수 지역으로 떠나는 일일 투어로 연중 이용할 수 있다. 5~10월까지는 오전 8시에, 11~4월까지는 오전 9시에 출발하며 총 8~9시간 정도 소요된다. 이 투어에서는 신들의 폭포 고다포스를 시작으로 미바튼 호수의 남쪽 스쿠튀스타다기가르Skútustaðagígar의 가분화구와 호수 동쪽의 희한한 모양의 용암 기둥과 동굴이 가득한 딤무보르기르, 신비로운 크라플라의 비티 분화구까지 미바튼 호수 지역의 매력적인 스폿을 모두 관광할 수 있으며 미바튼 네이처 바스에서 즐기는 온천욕으로 투어를 마무리한다. 미바튼 네이처 바스 입장권은 옵션으로 추가할 수 있다. 가격은 성인 기준 약 €193~

미바튼, 왕좌의 게임 테마 투어

MYVATN, GAME OF THRONES THEMED TOUR

세계적으로 선풍적 인기를 끌고 있는 미국 HBO의 판타지 드라마 '왕좌의 게임Game of Thrones' 촬영지를 방문해보는 투어로 연중 이용할 수 있다. 오전 9시에 출발하여 7~8시간 정도 소요되며 드라마 촬영 시 가이드를 했던 로컬 가이드와 함께 '장벽 너머의 땅'으로 등장했던 지역들을 방문한다. 투어는 신들의 폭포인 고다포스를 지나 미바튼 지역의 촬영지를 차례로 둘러보게 되는데, 샘웰 탈리와 제오르 모르몬트를 포함한 나이트 워치들이 백귀들에게 공격당했던 장소와 존 스노우와 이그리트, 와이들링들이 장벽에 가기 위해 건너갔던 거친 땅, 존 스노우와 이그리트가 로맨틱한 사랑을 나눈 동굴 등 드라마 속에 등장했던 스폿을 관광하므로 드라마의 팬이라면 더욱 재미있게 투어를 즐길 수 있다. 마지막으로 미바튼 네이처 바스에서 따끈한 온천욕을 즐기며 투어를 마무리한다. 미바튼 네이처 바스의 입장권과 기념품이 투어 가격에 포함되어 있다. 가격은 성인 기준 약 2만 5000 ISK~

데티포스 폭포와 네이처 바스

DETTIFOSS WATERFALL & NATURE BATHS

아이슬란드 북부의 가장 대표적인 관광지인 데티포스와 미바튼 네이처 바스 등을 방문하는 투어로 연중 이용할 수 있으며 오전 9시에 출발하여 총 8시간이 소요된다. 아퀴레이리에서 출발한 버스는 가장 먼저 블루 그린의 아름다운 폭포 고다포스로 향하고 그 다음에 미바튼 호수와 딤무보르기르에 들른 후 유럽에서 가장 파워풀한 폭포인 데티포스까지 이동한다. 돌아오는 길에 미바튼 네이처 바스에서 온천욕을 하게 되는데 입장권은 투어 가격에 포함되어 있지 않아 옵션으로 추가해야 한다. 가격은 성인 기준 약 €237~

©Iceland Travel

©IAuðunn Níelsson / Iceland Travel

©Iceland Travel

©Iceland Travel

©Iceland Travel

오로라 투어

NORTHERN LIGHTS TOUR

아퀴레이리는 북극권에 가까워 오로라를 볼 수 있는 확률이 매우 높은 곳이다. 이 확률을 더 높이기 위해서는 도심에서 조금 떨어진 장소로 오로라 헌팅을 나가는 것이 좋으며 가이드가 동행하는 오로라 투어에 참가하는 것이 최선의 방법이다. 투어는 9월~4월 중순에만 이용할 수 있으며 밤 9시 30분에 출발하여 총 2~3시간 정도 소요된다. 겨울밤의 매서운 바람을 막기 위해 반드시 따뜻하게 옷을 여러 벌 겹쳐 입어야 하며 모자나 장갑도 챙겨 가는 것이 좋다. 만약 투어 중 오로라를 보지 못할 경우 두 번째 투어는 무료로 제공된다. 가격은 성인 기준 약 € 81~

Dalvík 달비크

에이야피오르드Eyjafjörður와 스바르파다르달뤼르Svarfaðardalur 계곡 사이에 자리 잡고 있는 달비크는 1500명 정도의 인구가 살고 있는 작고 평화로운 어촌 마을로 우리나라에는 그림세이Grímsey 섬으로 가는 페리가 출발하는 곳으로 잘 알려져 있다. 달비크 항구에서는 2월 중순~12월 중순 사이 고래 관광을 즐길 수 있는데, 후사비크에 비해 관광객이 적어 훨씬 여유롭게 투어가 진행된다. 그림세이로 가는 페리는 오전 9시에 출발하므로 아퀴레이리에서 버스를 타고 달비크로 이동하는 경우, 아침 일찍 서둘러야 한다.

달비크 여행 정보 | www.dalvikurbyggd.is

찾아가기

렌터카

아퀴레이리에서 1번 링로드와 82번 도로를 이용하여 자동차로 40분 정도 소요된다.

버스

아퀴레이리에서 시글뤼피오르드 사이를 운행하는 Strætó(www.straeto.is/en)의 78번 버스가 달비크에서 정차한다.

고래 관광

Hvalaskoðun

에이야피오르드의 서쪽 해안에 자리 잡은 달비크는 후사비크와 더불어 아이슬란드에서 고래 관광으로 가장 유명한 곳이며 고래를 볼 수 있는 확률이 98~99%에 이를 정도로 높다. 혹등고래, 밍크고래, 흰긴수염고래, 범고래, 돌고래 등 다양한 종류의 고래를 만날 수 있는데 특히 혹등고래와 돌고래는 여름철에는 100% 볼 수 있다고 생각하면 된다. 달비크에서 고래 관광을 판매하는 회사는 Arctic Sea Tours라는 곳으로 하프나르브라우트Hafnarbraut 거리에 티켓 오피스가 있다. 고래 관광은 총 3시간 정도 소요되며 15분 정도의 바다낚시가 포함되어 있어 낚시로 잡은 신선한 생선을 고래 관광이 끝난 후 바로 구워 맛볼 수 있다. 투어는 6월 말~8월 중순까지는 하루에 4~5회, 그 외 시즌에는 하루에 1~2회 진행되며 가격은 성인 1만 990 ISK, 7~15세 어린이 5495 ISK이다. 좀 더 자세한 정보와 투어 예약은 www.arcticseatours.is 참고.

그림세이 Grímsey

그림세이는 아이슬란드 북쪽 해안에서 약 40km 떨어진 북극권 안에 있는 섬으로 아이슬란드에서 가장 북쪽에 있는 거주지이기도 하다. 약 100명 되는 섬 주민들은 항구를 중심으로 작은 마을을 이루어 살고 있으며 높이 60~100m에 이르는 섬 동쪽의 가파른 해안 절벽과 서쪽 해안 절벽에는 약 100만 마리의 바닷새가 둥지를 틀고 있는데 특히 아이슬란드에서 가장 큰 규모의 퍼핀 군락이 있는 곳 중 하나이기도 하다. 퍼핀은 4월 중순부터 8월 첫째 주까지만 섬에 머물기 때문에 퍼핀을 관찰하기에 가장 좋은 시기는 5~7월이다. 다리 모양으로 만들어진 북극권 한계선은 공항의 북쪽, 게스트하우스 바우사르Básar 근처에 있는데 옆에 있는 기둥에는 세계 주요 도시들과의 거리가 표시되어 있다. 항구와 공항은 모두 섬의 서쪽 해안에 자리 잡고 있으며 섬의 북쪽과 남쪽으로 여러 개의 하이킹 트레일이 마련되어 있는데, 퍼핀과 북극권 한계선을 모두 보려면 북쪽의 바우사비크Básavík 절벽까지 가는 루트를 선택하는 것이 좋다. 하이킹 트레일 주변으로는 북극권 근처라는 것이 믿어지지 않을 정도로 싱그러운 초록 들판이 펼쳐져 있고 해안선을 따라 아찔한 절벽의 경이로운 풍경이 이어진다. 당일 코스로 섬을 방문할 경우에는 시즌에 따라 2~5시간 정도밖에 시간이 없으므로 돌아올 시간을 고려하여 하이킹을 즐겨야 한다. 좀 더 자세한 정보는 www.grimsey.is 참고.

달비크에서 그림세이까지는 겨울철에는 일주일에 3회, 여름철에는 일주일에 4~5회 페리가 운항된다. 시즌과 요일에 따라 페리가 그림세이에 도착하여 다시 달비크로 돌아갈 때까지 2~5시간 정도의 시간이 있으므로 당일 코스로 그림세이를 방문하는 경우에는 사전에 페리 시간을 확인하고 일정을 잡는 것이 좋다. 좀 더 자세한 정보는 en.samskip.is/domestic/saefari/ 참고.

TIP 달비크-그림세이 페리 시간표

	6~8월			9월		10~12월, 2월 말~5월
	월,수,금	목	일	월,수,금	목	월,수,금
달비크 출발	09:00	09:00	09:00	09:00	09:00	09:00
그림세이 도착	12:00	12:00	12:00	12:00	12:00	12:00
그림세이 출발	17:00	14:00	16:00	16:00	14:00	14:00
달비크 도착	20:00	17:00	19:00	19:00	17:00	17:00

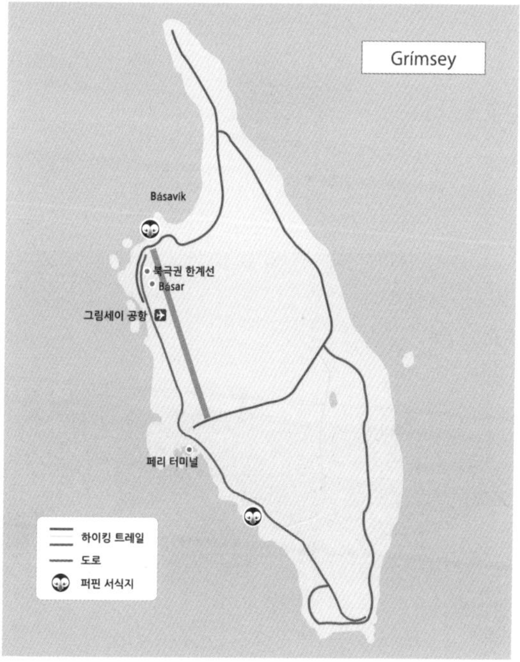

Restaurant & Café

기슬리, 에이리쿠르, 헬기 - 카피후스 바카브라이드라

Gísli, Eiríkur, Helgi - Kaffihús Bakkabræðra | 카페 |

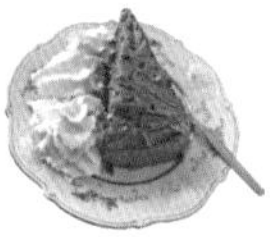

아이슬란드 민간설화에 나오는 3명의 형제 이름을 딴 카페로 통나무집같이 아늑한 실내에서 따끈한 커피나 핫 초콜릿에 홈메이드 케이크를 먹으며 쉬어가기 좋은 곳이다. 점심 식사로는 빵과 샐러드를 곁들여 먹는 홈메이드 피시 수프도 맛있기로 유명하다. 여름철에는 나무 데크가 깔린 테라스 석에 앉아 시원한 맥주 한잔을 마셔도 좋다.

- Grundargata 1, 620 Dalvík
- +354 666 3399
- 월~수 11:00-17:00, 목 11:00-19:00, 금 11:00-23:00, 토 11:00-17:00, 22:00-03:00, 일 12:00-17:00(매월 소금씩 변동 가능)
- ISK 피시 수프 2200 ISK

바카라 바

Baccalá Bar | 시푸드 |

달비크로 오는 해안 도로인 82번 도로 근처에 있는 레스토랑으로 배 모양으로 생긴 테라스 석이 눈길을 끈다. 피시 앤 칩스나 피시 수프가 전문이며 맥주를 곁들여 마시는 사람들도 많다. 달비크 마을 중심에서는 자동차로 15분 정도 떨어져 있다.

- Hafnargata 6, Hauganes, 621 Dalvík
- +354 466 1010
- 화~일요일 12:00-20:30(겨울철 휴무)
- ISK 메인 요리 2200~4600 ISK, 피자 2200~3600 ISK

Dalvík
82
Gunnarsbraut
Bárugata
Karls-Rauðatorg
그림세이 페리 티켓 오피스
Norðurgarður
그림세이 페리 타는곳
Samkaup Úrval
Kirkjuvegur
Hafnarbraut
Marttröð
Böggvísbraut
Hólavegur
Goðabraut
Svarfaðarbraut
Bjarkarbraut
Arctic Sea Tours
Gísli, Eiríkur, Helgi - Kaffihús Bakkabræðra
Mímisvegur
Grundargata

Siglufjörður

시글뤼피오르드

같은 이름의 피오르드 내에 자리 잡고 있는 평화로운 어촌 마을 시글뤼피오르드는 1940~1950년대 아이슬란드 청어잡이의 중심지로 크게 번성했던 곳이다. 마을의 가장 큰 볼거리이자 자랑거리는 항구에 있는 아이슬란드 청어 시대 박물관으로, 5개의 건물로 이루어진 유럽에서 가장 큰 규모의 해양 산업 박물관이다. 항구 근처에 맛있는 레스토랑과 카페들이 모여 있어 박물관을 둘러본 후 식사나 따뜻한 차 한잔을 즐길 수 있다. 아퀴레이리에서 구불구불한 해안 도로를 따라 약 1시간 정도면 이동할 수 있으며 렌터카를 이용하지 않는다면 일일 투어로 다녀갈 수도 있다.

시글뤼피오르드 여행 정보 | www.fjallabyggd.is

찾아가기

렌터카

아퀴레이리에서 82번, 76번 도로를 이용하여 자동차로 1시간 정도 소요된다.

버스

Strætó(www.straeto.is/en)의 78번 버스가 아퀴레이리와 시글뤼피오르드 사이를 운행하며 버스는 시글뤼피오르드의 Olís 주유소 앞에 정차한다.

©Auðunn Níelsson / Iceland Travel

©Auðunn Nielsson / Iceland Travel

©Auðunn Nielsson / Iceland Travel

아이슬란드 청어 시대 박물관

Síldarminjasafn Íslands

아이슬란드 청어잡이 시대의 영광을 그대로 재현하고 있는 박물관으로 2500㎡ 넓이의 부지에 5개 건물을 가진, 유럽에서 가장 큰 규모의 해양 산업 박물관이다. 가장 먼저 둘러봐야 할 곳은 1907년에 세워진 빨간 목조 건물 Róaldsbrakki로 청어를 염장하던 곳을 개조한 이곳에서는 당시의 사진, 공예품, 문서 자료 등을 통해 아이슬란드를 비롯한 유럽 청어잡이의 역사를 한눈에 볼 수 있다. 1930~1950년대 어분과 어유 공장이었던 Grána, 다양한 종류와 크기의 11척 보트를 전시해놓은 Bátahúsið도 흥미롭다. 7월에는 매주 토요일마다 Róaldsbrakki 앞 옛 부두에서 전통 방식으로 청어를 소금에 절이는 퍼포먼스가 펼쳐진다. 좀 더 자세한 정보는 홈페이지 참고.

- 시글뤼피오르드 항구 바로 앞에 위치
- 6~8월 10:00-18:00, 5월, 9월 13:00-17:00
- ISK 성인 2200 ISK, 시니어 및 20세 이하 1200 ISK, 부모 동반 어린이(16세 이하) 무료
- @ www.sild.is

Restaurant & Café

카피 뢰드카

Kaffi Rauðka | 카페 레스토랑 |

시글뤼피오르드 항구 옆의 인상적인 빨간 목조 건물에 있는 레스토랑으로 바로 옆에 있는 Hannes Boy와 함께 Sigló Hótel에서 운영한다. 생선 요리, 바비큐 립, 샌드위치, 버거, 피자 등 다양한 요리를 즐길 수 있으며 가볍게 커피와 케이크 등을 먹을 수도 있다.

- Gránugata 19, 580 Siglufjörður
- +354 461 7733
- 12:00-21:00, 화요일 휴무(계절에 따라 시간 변동 있음)
- ISK 피자 2490~3390 ISK, 카르파초 2990 ISK

피시 & 칩스 시글뤼피오르드

Fish and Chips Siglufjörður | 레스토랑

아이슬란드에서 가장 맛있는 피시&칩스 레스토랑이라고 해도 과언이 아닌 곳이다. 피시&칩스 이외에 해산물 피자, 수프 등의 메뉴도 갖추고 있다.

- Aðalgata 27, 580 Siglufjörður
- +354 467 1172
- 11:30-17:00 토~일요일 휴무
- ISK Fish and Chips 1890 ISK

하버 하우스 카페 Harbour House Café | 시푸드 |

생선 구이나 시푸드 수프, 새우 샐러드, 고래 고기 스테이크 등의 맛있는 해산물 요리를 즐길 수 있는 레스토랑이다. 커피나 맥주, 와인, 칵테일 등의 음료 메뉴도 있다.

- Gránugata 5b, 580 Siglufjörður
- +354 659 4809
- 비정기적(깃발이 올려져 있으면 오픈)
- ISK 시푸드 수프 2600 ISK, 메인 요리 3900~4800 ISK

Photo©Auðunn Níelsson / Iceland Travel

Sigló Hótel

★★★★

시글뤼피오르드 항구에 있는 인상적인 올리브 그린의 대형 목조 건물에 있는 럭셔리 호텔이다. 고풍스럽게 꾸며진 인테리어로 세계 청어잡이의 수도로 이름을 날리던 당시의 분위기를 고스란히 느낄 수 있으며 아름다운 전망으로도 유명하다. 항구에 있는 유명 레스토랑 2개를 포함해 3개의 레스토랑을 운영하고 있다.

Snorragata 3, 580 Siglufjörður

+354 461 7730

www.siglohotel.is

Siglufjörður

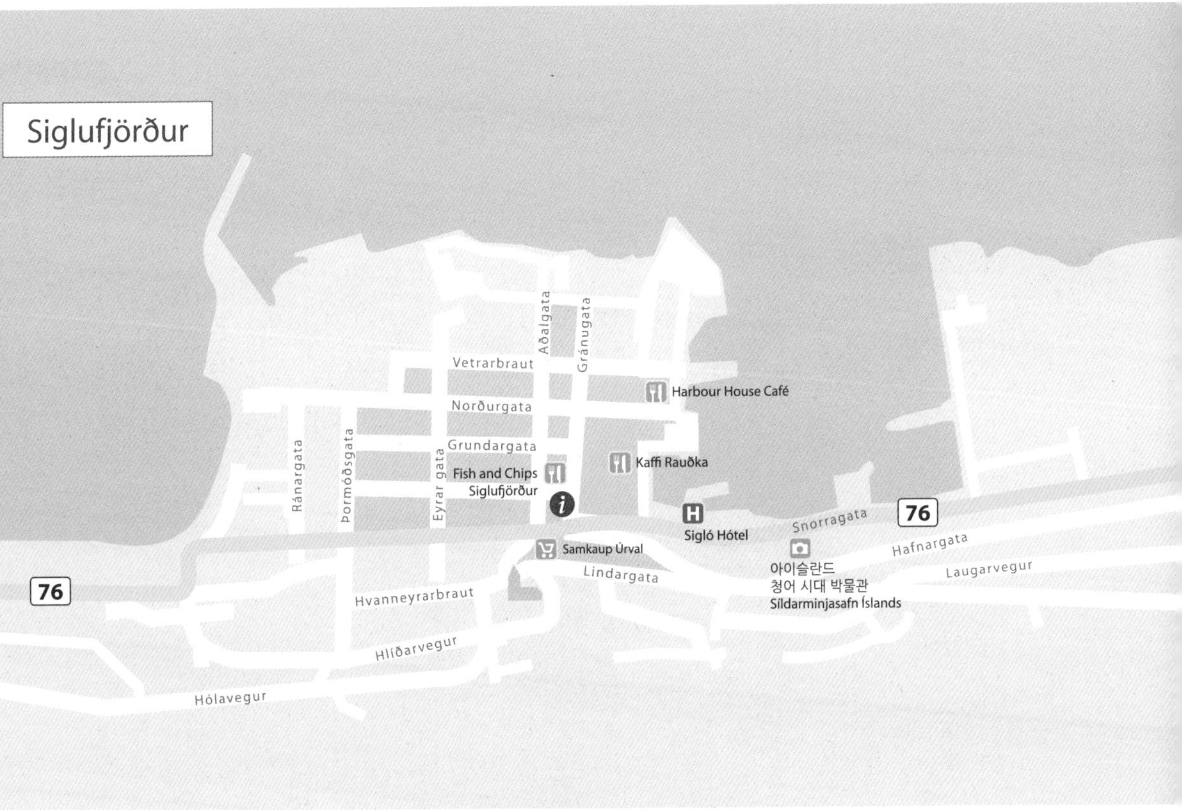

West Iceland

Snæfellsnes | Borgarnes | Vestfirði

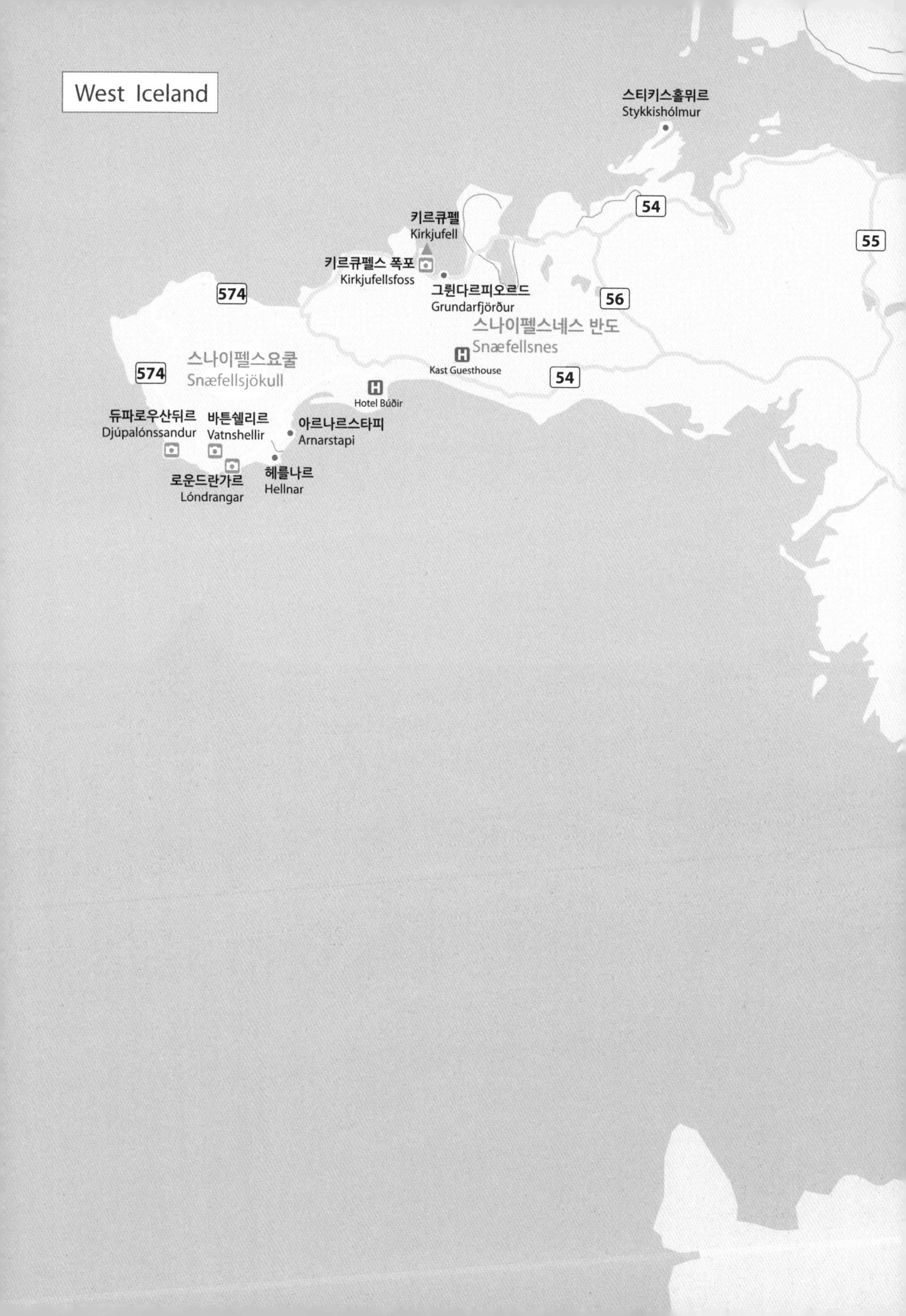

West Iceland
스티키스홀뮈르
Stykkishólmur
54
55
키르큐펠
Kirkjufell
키르큐펠스 폭포
Kirkjufellsfoss
그륀다르피오르드
Grundarfjörður
56
574
스나이펠스네스 반도
Snæfellsnes
Kast Guesthouse
574
스나이펠스요쿨
Snæfellsjökull
54
Hotel Búðir
듀파로우산뒤르
Djúpalónssandur
바튼쉘리르
Vatnshellir
아르나르스타피
Arnarstapi
로운드란가르
Lóndrangar
헤를나르
Hellnar

54
60
1
54
흐리인포사르
Hraunfossar
레이크홀트
Reykholt
랑요쿨
Langjökull
1
보르가네스
Borgarnes
1
레이캬비크
Reykjavík
1

Snæfellsnes

스나이펠스네스

스나이펠스네스는 아이슬란드 서쪽에 있는 90㎞의 긴 반도로 화산 지대와 분화구, 빙하, 아름다운 피오르드, 검은 모래 해변, 새들의 보금자리인 해안 절벽, 아담하고 예쁜 어촌 마을 등 아이슬란드의 경이로운 자연과 생활 모습을 모두 가지고 있어 '아이슬란드의 미니어처'라는 별명을 갖고 있다. 스나이펠스네스의 상징이라고 할 수 있는 스나이펠스요쿨은 반도의 서쪽 끝에 있는 화산 분화구 위에 덮인 빙하로 그 미스터리한 모습으로 많은 예술가들의 작품에 영감을 주었는데 대표적인 것이 프랑스 작가 쥘 베른의 〈지구 속 여행 A Journey to the Center of the Earth〉이다. 스나이펠스네스는 또한 아이슬란드의 다양한 야생동물을 관찰할 수 있는 장소로도 손꼽히는데, 반도 주변의 만과 작은 섬들의 절벽에서는 퍼핀과 흰꼬리수리 등 다양한 새들을 볼 수 있을 뿐 아니라 시즌에 따라 고래와 바다표범도 만날 수 있다. 인구의 대부분은 북쪽 해안 마을에 거주하며 반도 남쪽은 레이캬비크와 가까워 레이캬비크에서 하루 코스 여행으로도 방문할 수 있다.

스나이펠스네스 여행 정보 | www.visitsnaefellsnes.is / www.ust.is/snaefellsjokull

찾아가기

렌터카

1번 링로드에서 60번 도로로 나간 후 54번 도로를 이용하여 스나이펠스네스 반도의 북쪽으로 들어가거나 1번 링로드로 보르가네스까지 와서 그곳에서 54번 도로로 스나이펠스네스 반도의 남쪽으로 들어가는 방법이 있다. 레이캬비크에서 온다면 후자의 방법으로 2시간 정도면 도착할 수 있다.

버스

Strætó(www.straeto.is/en)는 연중 보르가네스에서 스티키스홀뮈르까지 58번 버스를 월, 수, 금, 일요일에 하루 1~2회 운행하며, 레이캬비크에서 스티키스홀뮈르까지 이동하려면 57번 버스를 타고 가서 환승해야 한다. 반도 북쪽 해안 마을들 사이에는 82번 버스가 운행된다.

Travel Highlight

스티키스홀뮈르 Stykkishólmur

스나이펠스네스 반도 북쪽 해안에 자리 잡고 있는 스티키스홀뮈르는 잘 보존된 다양한 컬러의 19세기 가옥들로 유명한 마을이다. 또한 아름다운 자연 풍경과 희귀한 야생동물을 관찰할 수 있는 브레이다피오르드Breiðafjorður의 작은 섬들로의 보트 여행과 웨스트피오르드로 가는 관문으로도 잘 알려져 있다. Seatours(www.seatours.is)가 퍼핀과 흰꼬리수리 등을 볼 수 있는 브레이다피오르드 만으로의 보트 투어와 고래 투어, 브레이다피오르드를 가로질러 웨스트피오르드의 브리아운슬라이퀴르Brjánslækur까지 가는 발두르Baldur 카페리를 하루에 두 번 운행한다. 6월 초~8월 하순까지 여름 시즌에는 피오르드 중간에 있는 플라테이Flatey 섬도 스톱오버하며 들러볼 수 있다. 마을에서 가장 방문할 만한 관광지는 3개의 종이 달린 하얀 종탑이 인상적인 교회 스티키스홀름스키르캬Stykkishólmskirkja로, 교회 앞에서는 브레이다피오르드의 멋진 전망을 감상할 수 있다. 그 밖에 민속박물관인 Norska Húsið(Norwegian House), 24개 유리 기둥에 아이슬란드 각지의 빙하수를 가득 채운 흥미로운 작품을 볼 수 있는 Vatnasafn(Library of Water), 화산 폭발에 대한 예술 작품과 Haraldur Sigurdsson 교수의 화산암 컬렉션을 볼 수 있는 Eldfjallasafn(Volcano Museum) 등의 볼거리가 있다. 영화 '월터의 상상은 현실이 된다The Secret Life of Walter Mitty'의 팬이라면 항구 쪽으로 내려가 월터가 헬리콥터에 타는 그린란드 항구 마을로 등장한 장소를 찾아보는 것도 재미있다.

1번 링로드에서는 60번 도로와 54번 도로를 이용하여 스나이펠스네스 반도로 들어가서 40km 정도 달린 후 58번 도로로 우회전하여 끝까지 이동

그런다르피오르드 Grundarfjörður

스나이펠스네스 반도의 북쪽 해안 중심에 자리 잡고 있는 매력적인 어촌 마을로 아름다운 바다와 웅장한 산들로 둘러싸인 경탄할 만한 풍경을 자랑하며 영화 '월터의 상상은 현실이 된다'에서 월터가 배를 타고 아이슬란드에 처음 도착하여 자전거를 타고 출발하는 마을로 등장하기도 했다. 주변 풍경 중 가장 눈에 띄는 것은 작은 만을 사이에 두고 마을과 마주 보고 있는 뾰족한 산 키르큐펠Kirkjufell이다. 이 산은 아이슬란드 관광 엽서에도 등장하는 유명 포토 스폿으로 그런다르피오르드 마을 반대편의 키르큐펠스 폭포 Kirkjufellsfoss 주차장에서 산책로를 따라 폭포 위쪽으로 조금만 걸어 올라가면 키르큐펠과 키르큐펠스 폭포가 어우러진 멋진 사진을 찍을 수 있다.

스나이펠스네스 반도 북쪽 해안 54번 도로에 위치

듀파로우산뒤르 Djúpalónssandur

스나이펠스요쿨 공원 남쪽에 있는 듀파로우산뒤르는 과거 스나이펠스네스 반도에서 가장 큰 어촌이 있었던 곳으로 지금은 검은 모래가 깔려 있는 아름다운 해변과 기암괴석들이 즐비하게 솟아 있는 용암지대 풍경으로 유명하다. 나무 패널이 깔려 있는 위쪽 길을 따라가면 주변 풍경을 한눈에 내려다볼 수 있으며 산책로를 따라 해변으로 내려가면 어부들의 힘을 테스트하는 데 사용되었던 4개의 'Lifting Stones'가 있다. 각각 23kg, 54kg, 100kg, 154kg인 이 돌들은 고기잡이 배에서 일할 어부를 뽑을 때 사용했던 것으로 최소 54kg의 돌을 엉덩이 높이까지 들어 올릴 수 있어야 어부로 뽑힐 수 있었다고 한다.

스나이펠스요쿨 국립공원 남쪽 해변, 574번 도로에서 572번 도로로 빠져서 약 3분

스나이펠스요쿨 국립공원

Þjóðgarðurinn Snæfellsjökull

스나이펠스요쿨 국립공원은 스나이펠스네스 반도 끝에 있는 170㎢ 넓이의, 아이슬란드에서 유일하게 바다에 바로 접근할 수 있는 국립공원이다. 2001년 6월에 문을 열었으며 웅장하고 아름다운 경치와 다양한 야생동물을 볼 수 있는 데다가 레이캬비크에서 자동차로 2시간 정도면 도착할 수 있는 거리여서 많은 방문객이 찾는 곳이기도 하다. 공원 내에 있는 스나이펠스요쿨은 쥘 베른의 소설 〈지구 속 여행A Journey to the Center of the Earth〉에 등장하여 유명해진 빙하로, 가장 높은 곳이 1446m에 이르러 맑은 날에는 케플라비크 공항과 레이캬비크에서도 그 모습을 볼 수 있다. 빙하는 지난 80만 년 동안 수많은 폭발로 만들어진 활화산의 정상을 덮고 있으며 빙하와 만년설 아래의 산 정상에는 200m 깊이의 분화구가 숨어 있는데 쥘 베른은 그의 소설에서 이 분화구를 지구의 중심으로 들어가는 입구로 묘사했다.

📍 54번 도로를 타고 스나이펠스네스 반도의 끝 쪽으로 이동하여 574번 도로를 따라가면 공원 전체를 돌아볼 수 있다.

바튼쉘리르 Vatnshellir

바튼쉘리르는 스나이펠스요쿨 공원의 남쪽에 있는 용암 동굴로 지구 속 여행을 생생하게 체험해보고 싶은 사람들에게 추천한다. 전문 가이드와 동행해야만 방문이 가능하며 5월 중순~9월까지는 오전 10시~오후 6시까지 매시간, 10월~5월 초까지는 오전 11시~오후 3시까지 매시간 가이드 투어가 진행된다(예약은 www.summitguides.is 참고). 투어를 예약한 사람들에게는 헬멧과 손전등을 제공하며 따뜻한 옷과 울퉁불퉁한 바닥에서도 잘 미끄러지지 않는 신발, 장갑 등을 준비하는 것이 좋다. 투어는 지상에서 계단으로 연결되어 있는 입구로 들어가 45분 정도 소요되며 가격은 성인 기준 3750 ISK이다.

📍 듀파로우산뒤르와 로운드란가르 사이의 574번 도로에 위치

로운드란가르 Lóndrangar

스나이펠스요쿨 공원의 남쪽 해안에 돌출되어 있는 한 쌍의 현무암 바위인 로운드란가르는 거대한 분화구가 파도에 의해 침식되어 만들어진 것으로, 멀리서 보면 마치 거대한 성 같은 기이한 모양으로 유명하다. 로운드란가르와 주변의 해안 절벽은 퍼핀을 비롯한 수많은 바닷새들의 보금자리로 알려져 있어 퍼핀을 보기 위해 찾는 사람들이 많으며 헤를나르에서 로운드란가르까지 하이킹 트레일을 따라 하이킹을 즐겨보는 것도 추천할 만하다.

📍 바튼쉘리르와 헤를나르 사이의 574번 도로 근처 해안에 위치

아르나르스타피 Arnarstapi

스나이펠스요쿨의 남쪽, 피라미드 모양의 스타파펠Stapafell 산발치에 자리 잡고 있는 아르나르스타피는 독특한 해안선으로 유명한 작은 어촌 마을이다. 아르나르스타피 부두 주변으로는 희한한 모양의 현무암 기둥과 좁은 틈, 수많은 작은 동굴들이 있는데, 이런 해안선 모양은 멋진 경치를 만들어낼 뿐 아니라 작은 보트들이 정박하기에 최적의 조건이 되어 아이슬란드 전역에서 낚시꾼이 모여든다. 아르나르스타피에서 스나이펠스요쿨 국립공원의 방문자 센터가 있는 헤를나르Hellnar 사이의 해안선과 해안 절벽은 1979년 자연보호 구역으로 지정되었다. 마을 내에 있는 돌을 쌓아 만든 기념물은 아이슬란드 사가에 등장하는 바우르뒤르Bárður의 모습을 형상화한 작품이다.

📍 스나이펠스요쿨 국립공원의 남쪽 해안 근처, 574번 도로에서 자동차로 1분

헤를나르 Hellnar

스나이펠스요쿨 국립공원 남쪽에 있는 작은 마을로 공원의 방문자 센터가 있는 곳이다. 예전에는 1700명 정도의 주민이 있는 큰 어촌 마을이었으나 지금은 200명 정도가 살고 있는 조용하고 한적한 곳이다. 헤를나르의 해안선에 뻗어 나와 있는 인상적인 해안 절벽은 바라스뇌스Valasnös라는 이름으로 불리는데, 이 절벽의 중간 정도에 뻥 뚫려 있는 기이한 모양의 해안 동굴 바드스토파Baðstofa는 햇빛에 따라 여러 가지 다양한 색을 띠는 것으로 유명하다. 스나이펠스요쿨 국립공원 방문자 센터는 마을 중심 거리인 헤를나베구르Hellnavegur에 있으며 바로 옆에 카페 겸 레스토랑 프리머스 카페Prímus Kaffi가 있다. 헤를나르에서 출발하여 해안선을 따라 스나이펠스요쿨 국립공원 내로 이어지는 수많은 하이킹 트레일이 있으며 아르나르스타피까지도 하이킹 트레일을 따라 이동할 수 있다.

📍 스나이펠스요쿨 국립공원 남쪽 해안, 574번 도로에서 이정표를 따라 2번 도로로 이동

샤우바르파크후시드

Sjávarpakkhúsið | 시푸드 레스토랑

스티키스홀뮈르 항구 바로 앞에 있는 전망 좋고 맛있는 시푸드 레스토랑이다. 창고로 사용되던 100년 전통의 목조 건물을 레스토랑으로 개조하였으며 한쪽 벽에는 스티키스홀뮈르 어부들의 오래된 흑백사진들이 장식되어 있다. 홍합 요리가 가장 인기 있으며 생선 구이나 시푸드 파스타, 피시 버거 등 다양한 해산물 요리를 판매한다.

- Hafnargata 2, 340 Stykkishólmur
- +354 438 1800
- 일~목요일 18:00-22:00, 금~토요일 18:00-23:00
- ISK 메인 메뉴 3850~3990 ISK,

나르페이라르스토파

Narfeyrarstofa | 시푸드 레스토랑

스티키스홀뮈르에서 1, 2위를 다투는 인기 있는 레스토랑으로 브레이다피오르드에서 잡힌 싱싱한 해산물로 요리한다. 홍합 요리가 가장 맛있지만 오늘의 생선 요리나 피시 수프, 해산물 스파게티도 많이 먹는다. 해산물을 싫어하는 사람이라면 아이슬란드 양고기 요리나 비프 버거를 선택할 수도 있다.

Aðalgata 3, 340 Stykkishólmur

+354 533 1119 매일 12:00-21:00

ISK 피시 수프 2990 ISK, 메인 메뉴 4800~6990 ISK

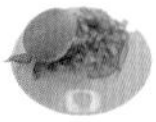

비야르가르스테인 마트후스

Bjargarsteinn Mathús | 시푸드 레스토랑

키르큐펠과 그런다르피오르드의 멋진 경치를 감상하며 식사를 즐길 수 있는 전망 좋은 레스토랑이다. 요리도 맛있고 서비스도 좋아 인기가 많으므로 성수기에는 미리 예약을 하는 것이 좋다.

Sólvellir 15, 350 Grundarfjörður

+354 438 6770

18:00-21:30

ISK 피시 수프 2990 ISK, 오늘의 생선 요리 4990 ISK, 고기 요리 4790~6790 ISK

하버 카페

Harbour Café | 카페

크루아상, 파니니, 샐러드 등의 브런치 메뉴부터 해산물, 파스타, 피자 등 디너 메뉴까지 갖추고 있어 언제든 원하는 식사가 가능한 레스토랑이다. 물가 비싼 아이슬란드에서 부담스럽지 않은 가격의 식사를 하고 싶을 때, 이곳은 셀프서비스의 캐주얼한 분위기이며 부담스럽지 않은 곳이어서 좋다.

Nesvegur 5, 350 Grundarfjörður

+354 831 5565

07:30-15:00, 18:00-21:00 (월 07:30-2100)

ISK 햄 치즈 크루아상 670 ISK 치킨 파니니 1850 ISK 마르게리타 피자 1600 ISK

피요르후시드

Fjöruhúsið | 카페 레스토랑 |

헤를나르 해안가에 있는 유명한 카페 레스토랑으로 환상적인 바다 전망을 즐기며 홈메이드 케이크와 와플, 키시, 맛있는 피시 수프 등을 즐길 수 있다. 아늑한 실내석이나 전망 좋은 야외석 모두 인기가 있으며 특히 아르나르스타피와 헤를나르 해안선을 따라 하이킹을 즐기는 사람들이 많이 찾는다.

- Hellnar, 365 Snæfellsnes
- +354 435 6844
- 11:00-18:00 (계절에 따라 시간 변동 있음)
- ISK 커피, 차, 음료 400~700 ISK, 맥주 1500 ISK, 와플 1100 ISK, 케이크 1500 ISK, 피시 수프 3500 ISK, 키시 3700~3900 ISK

아르나르바이르

Arnarbær | 카페 레스토랑 |

아르나르스타피의 인기 숙소인 Snjofell Guesthouse에서 운영하는 카페 레스토랑이다. 지붕에 잔디가 덮인 터프 하우스 형식으로 지어진 2개의 예쁜 빨간 건물에 있어 잠시 들러 사진도 찍으며 커피 한잔과 간단한 스낵을 즐기기에 좋다.

- Arnarstapi, 355 Snæfellsbær
- +354 435 6783
- 5월 중순~9월 말 10:00-22:00
- ISK 오늘의 수프 1700 ISK, 게이크 1100 ISK, 커피 450~650 ISK

Fosshotel Hellnar

★★★

헤를나르의 드라마틱한 해안선이 굽어보이는 곳에 있는 자연 친화적인 호텔이다. 깔끔하고 아늑한 객실을 가지고 있으며 바다 전망 객실과 라운지, 레스토랑에서는 아름다운 바다의 전경을 감상할 수 있다. 3~10월에만 예약이 가능하다.

Brekkubær, 356 Hellnar ☎ +354 435 6820

@ www.islandshotel.is/hotels-in-iceland/fosshotel-hellnar

©Iceland Travel

Hotel Búðir

★★★

아이슬란드에서 가장 아름다운 호텔 중 하나로 손꼽히는 곳으로 바로 옆에 있는 검은색 교회 부다키르캬 Búðakirkja와 더불어 결혼식 장소로 많이 이용된다. 마을에서 떨어진 한적한 초원 위에 있어 조용하게 쉬기에 더할 나위 없이 좋은 곳이며 내부 인테리어는 우아하고 클래식한 아름다움을 뽐낸다.

Búðir, 356 Snæfellsbær

☎ +354 435 6700

@ www.hotelbudir.is

Hótel Egilsen

★★★

스티키스홀뮈르 중심에 있는 사랑스러운 부티크 호텔로 1867년에 지어진 목조 주택을 개조하여 2012년에 호텔로 문을 열었다. 3개 층에 나뉘어 있는 10개의 객실은 넓지 않지만 코코 매트 침대와 푹신한 거위 털 침구, 록시땅 욕실 어메니티 등이 잘 갖추어져 있다.

Aðalgata 2, 340 Stykkishólmur

☎ +354 554 7700

@ www.egilsen.is

Hótel Fransiskus

★★★

가톨릭 수도원의 부속 병원으로 사용되던 건물을 개조한 호텔로 지금도 내부에 예배당이 남아 있다. 겉모습은 좀 삭막해 보이지만 객실은 부드러운 색조로 아늑하게 꾸며져 있다. 객실은 싱글룸, 더블룸, 패밀리룸으로 나뉘는데, 싱글룸 중에는 공용 욕실을 사용하는 데도 있으니 예약 시 확인하는 것이 좋다.

Austurgata 7, 340 Stykkishólmur

☎ +354 422 1101

@ www.fransiskus.is

Hofdagata Guesthouse

스티키스홀뮈르 중심에 있는, 마을에서 가장 오래된 게스트하우스이다. 깔끔하고 사랑스러운 객실들을 갖추고 있으며 투숙객은 공용 욕실, 주방, 라운지를 이용할 수 있다. 개별 욕실을 가진 더블룸과 아파트먼트도 있으니 예약 시 원하는 대로 선택하자.

- Höfðagata 11, 340 Stykkishólmur
- +354 831 1806
- @ www.hofdagata.is

Kast Guesthouse

스나이펠스네스 반도 남쪽, 마을에서 떨어진 한적한 지역에 있는 게스트하우스로 아이슬란드의 아름다운 자연 속에서 한가로운 휴식을 누릴 수 있는 곳이다. 밝은 분위기의 객실은 깔끔하고 편안하며 게스트하우스를 운영하는 가족들의 친절한 서비스도 인기 있는 이유이다. 겨울철 오로라 여행을 할 때도 이곳을 추천한다.

- Lysudalur, 356 Snæfellsbaer
- +354 421 5252
- @ www.kastguesthouse.is

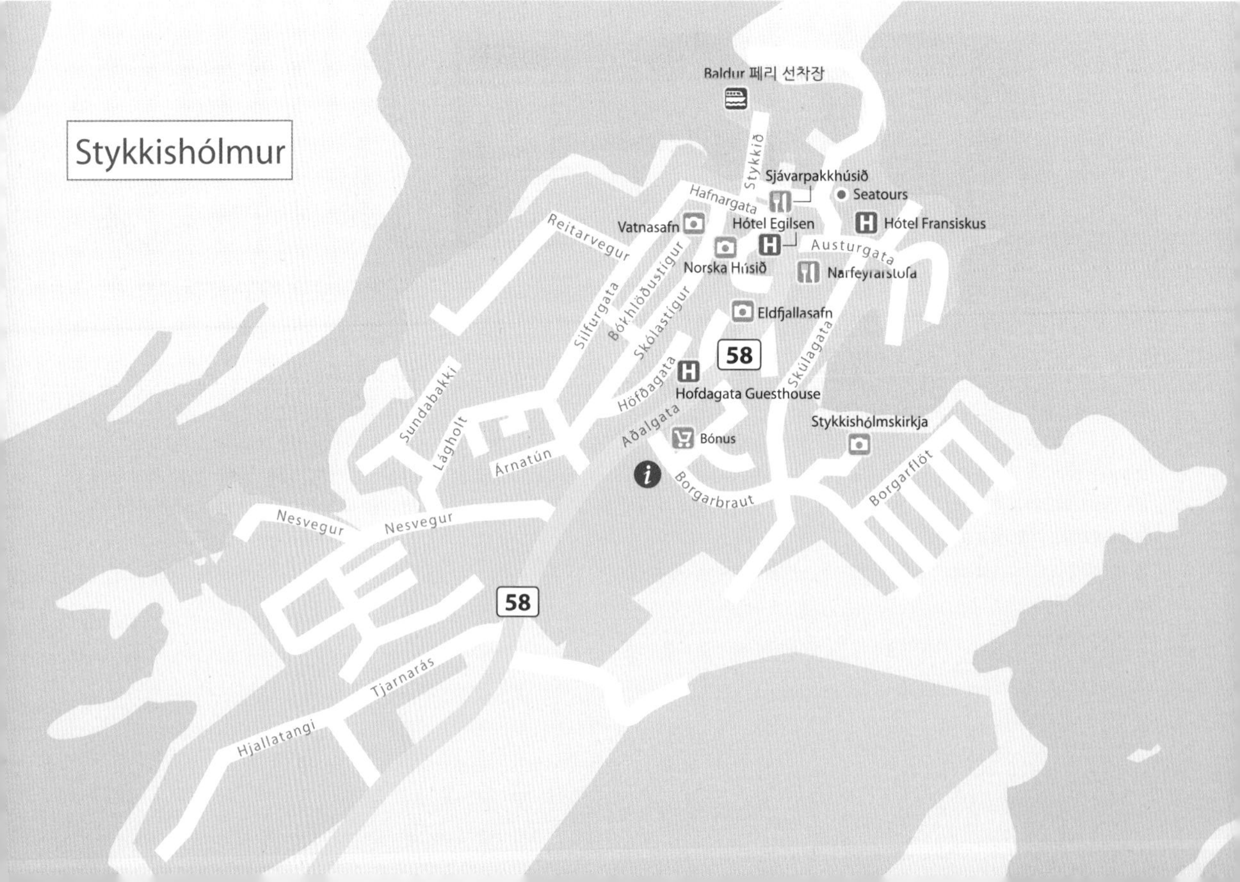

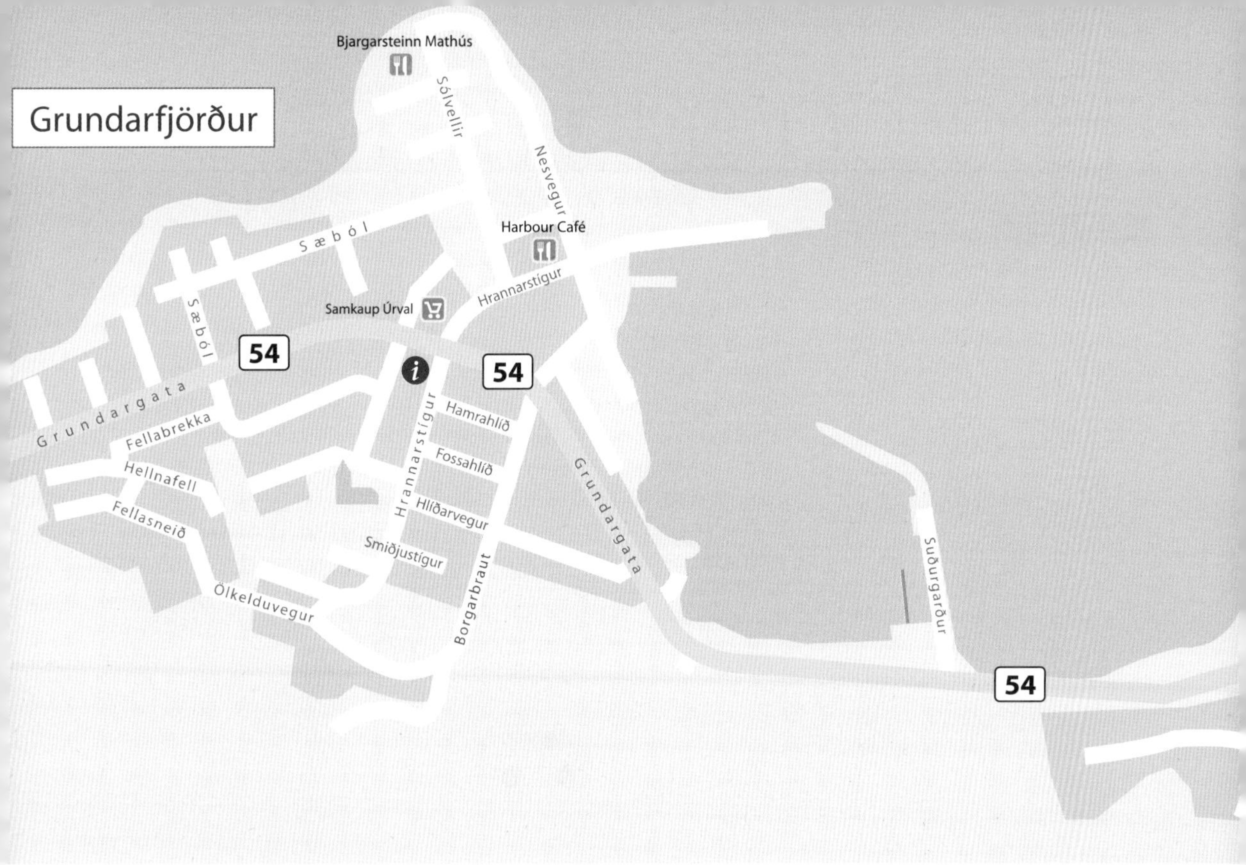
Grundarfjörður
Bjargarsteinn Mathús
Sólvellir
Nesvegur
Harbour Café
Sæból
Sæból
Hrannarstígur
Samkaup Úrval
54
54
54
Grundargata
Fellabrekka
Hamrahlíð
Fossahlíð
Hellnafell
Hrannarstígur
Hlíðarvegur
Fellasneið
Smiðjustígur
Grundargata
Suðurgarður
Borgarbraut
Ölkelduvegur

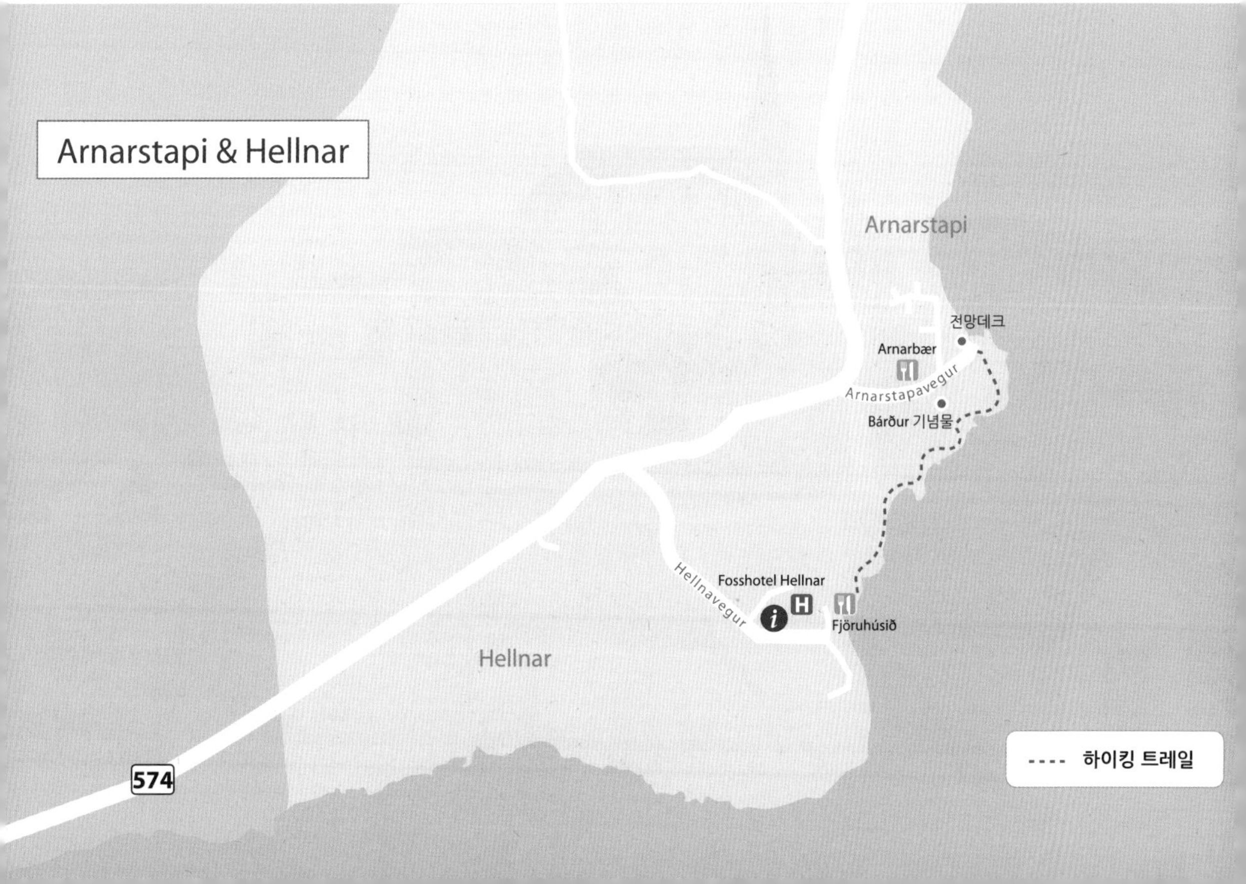
Arnarstapi & Hellnar
Arnarstapi
전망데크
Arnarbær
Arnarstapavegur
Bárður 기념물
Fosshotel Hellnar
Hellnavegur
Fjöruhúsið
Hellnar
574
---- 하이킹 트레일

Borgarnes

보르가네스

보르가네스는 레이캬비크와 스나이펠스네스 반도의 중간 지점에 있으며 1번 링로드와 54번 도로가 만나는 교차로와 맞닿아 있어 서부 아이슬란드 관광의 거점으로 인기 있는 마을이다. 마을이 자리 잡은 작은 반도는 아름다운 경치를 자랑하는 보르가르피오르드Borgarfjörður 내에 있는 것으로 아이슬란드 사가에 따르면 이곳이 9세기에 바이킹 Skalla-Grímur가 처음 정착했던 곳이라고 한다. 사가의 배경이 된 마을답게 마을에는 아이슬란드 정착의 역사를 보여주는 '세틀먼트 센터'라는 전시관이 있으며 마을 외곽에는 <에이일의 사가>의 주무대가 되었던 바위 Borg á Mýrum이 있다.

찾아가기

렌터카

1번 링로드와 54번 도로의 교차로에 있으며 레이캬비크에서는 약 75km 거리로 1번 링로드를 이용하여 자동차로 1시간 정도 소요된다.

버스

레이캬비크의 Mjódd 버스 터미널에서 아퀴레이리 사이를 운행하는 Strætó의 57번 버스가 보르가네스에 정차하며 보르가네스에서 스나이펠스네스 반도의 스티키스홀뮈르까지는 연중 58번 버스가 월, 수, 금, 일요일에 하루 1~2회 운행된다. 자세한 버스 스케줄은 www.straeto.is 참고.

©Iceland Travel

세틀먼트 센터 Landnámssetur Ísland

'사가 랜드'라 불리는 아이슬란드 서부의 진면목을 발견할 수 있는 곳으로 창고로 사용되던 19세기 건물을 개조한 것이다. 2개의 전시관으로 나뉘어 있는데 한 곳은 바이킹이 그들의 고향인 노르웨이를 떠나 아이슬란드에 정착하게 된 이야기를, 다른 한 곳은 아이슬란드의 가장 유명한 사가 영웅이자 최초의 시인이었던 에이일 스카틀라그림손Egill Skallagrímsson의 가족 이야기를 다룬 <에이일의 사가> 내용을 전시하고 있다. 독특한 멀티미디어 전시로 지루하지 않게 관람할 수 있으며 영어를 비롯한 14개국 언어로 오디오 가이드를 들을 수 있는데 아쉽게도 한국어는 없다. 센터 바로 옆 건물은 부다르클레투르Búðarkletturr라는 이름의 보르가네스에서 가장 오래된 건물 중 하나로, 이곳에 있는 레스토랑은 수프와 스타터를 갖춘 코스 요리, 간단한 런치 뷔페, 채식 요리 등 다양한 메뉴를 판매하며 맛도 좋다고 소문이 나 있다.

- 보르가네스 중심가인 'Ne-ðribærinn(lower-town)'의 남쪽 끝에 위치
- 연중 10:00-21:00(12/24, 12/25, 12/31 11:00-15:00)
- ISK 성인 3000 ISK, 13~18세 2500 ISK, 0~12세 1000 ISK
- @ www.landnam.is

흐뢰인포사르 Hraunfossar

흐뢰인포사르는 레이크홀트Reykholt 북동쪽에 있는 용암 폭포로 랑요쿨Langjökull 빙하 밑에 있는 화산의 분출로 만들어진 용암지대인 할문드흐뢰인Hallmundarhraun에서 흘러나온 시내들이 합쳐져 만들어진 것이다. 이끼로 뒤덮인 검은 대지를 흘러온 시냇물은 여러 개의 작은 폭포가 되어 맑고 푸른 흐비타Hvita 강으로 쏟아져 내리는데 햇살이 좋은 날에는 강물 색이 말로 형용할 수 없을 정도로 황홀한 터키색을 띤다. 주차장에서 폭포 맞은편에 있는 전망대까지 산책로가 연결되어 있어 웅장하고 아름다운 흐뢰인 폭포와 흐비타 강의 전경을 한눈에 감상할 수 있다. 근처에 있는 또 다른 폭포인 바르나포스Barnafoss와 함께 1987년부터 자연기념물로 지정되어 보호받고 있다.

- 보르가네스에서 1번 링로드와 50번, 518번 도로를 이용하여 약 45분 소요

Restaurant & Café

게이라바카리 카피후스

Geirabakarí Kaffihús | 베이커리 카페

남쪽에서 1번 링로드를 타고 보르가네스로 들어오다 보면 만날 수 있는 이 베이커리 카페는 영화 '월터의 상상은 현실이 된다The Secret Life of Walter Mitty'에서 파파존스 피자 가게로 등장하여 유명해진 곳이다. 카페 유리창에 영화 속 카페가 나왔던 장면이 붙어 있어 실제 모습과 비교해보는 재미를 누릴 수 있다. 커다란 창문을 통해 눈부신 햇살 아래 빛나는 보르가르피오르드의 멋진 전경을 감상하며 신선하고 맛있는 빵과 케이크, 샌드위치와 커피 등을 즐길 수 있다. 바로 옆에 대형 슈퍼마켓이 있어 장도 볼 수 있다.

Digranesgata 6, 310 Borgarnes ☎ +354 437 1920

월~목요일 07:30-16:30, 금요일 07:30-17:30, 토~일요일 08:00-16:30

ISK 빵, 도넛 200~550 ISK, 수프 1200 ISK

엥글렌딘가비크

Englendingavík | 시푸드 레스토랑

아름다운 해안가에 있는 카페 레스토랑으로 신선한 시푸드를 비롯한 아이슬란드 요리를 즐길 수 있다. 음식이 맛있고 전망도 좋은 데다 직원들이 친절하여 인기가 많으므로 여름 시즌 저녁 식사 시간에는 예약을 하는 것이 좋다. 여름철에는 테라스 석과 해변에 있는 테이블에서 바닷바람을 맞으며 시원한 맥주를 마시는 사람도 많다.

Skúlagata 17, 310 Borgarnes ☎ +354 555 1400

여름철 12:00-21:00 (겨울철에는 단축운영)

ISK 시푸드 수프 2450 ISK, 메인 요리 3100~4600 ISK

Englendingavík

보르가네스 해안에 있는 샤바르보르그Sjávarborg는 1890년에 지어진 아이슬란드 전통 건축 양식의 건물로 지금은 이곳에서 인기 시푸드 레스토랑과 아늑하고 사랑스러운 숙소가 운영되고 있다. 2인이 숙박할 수 있는 더블룸과 4인까지 숙박할 수 있는 패밀리룸이 있으며 욕실과 주방은 공용으로 이용한다. 바다 전망 객실에서는 기막히게 아름다운 전망도 감상할 수 있다.

- Skúlagata 17, 310 Borgarnes
- +354 555 1400
- englendingavik.is

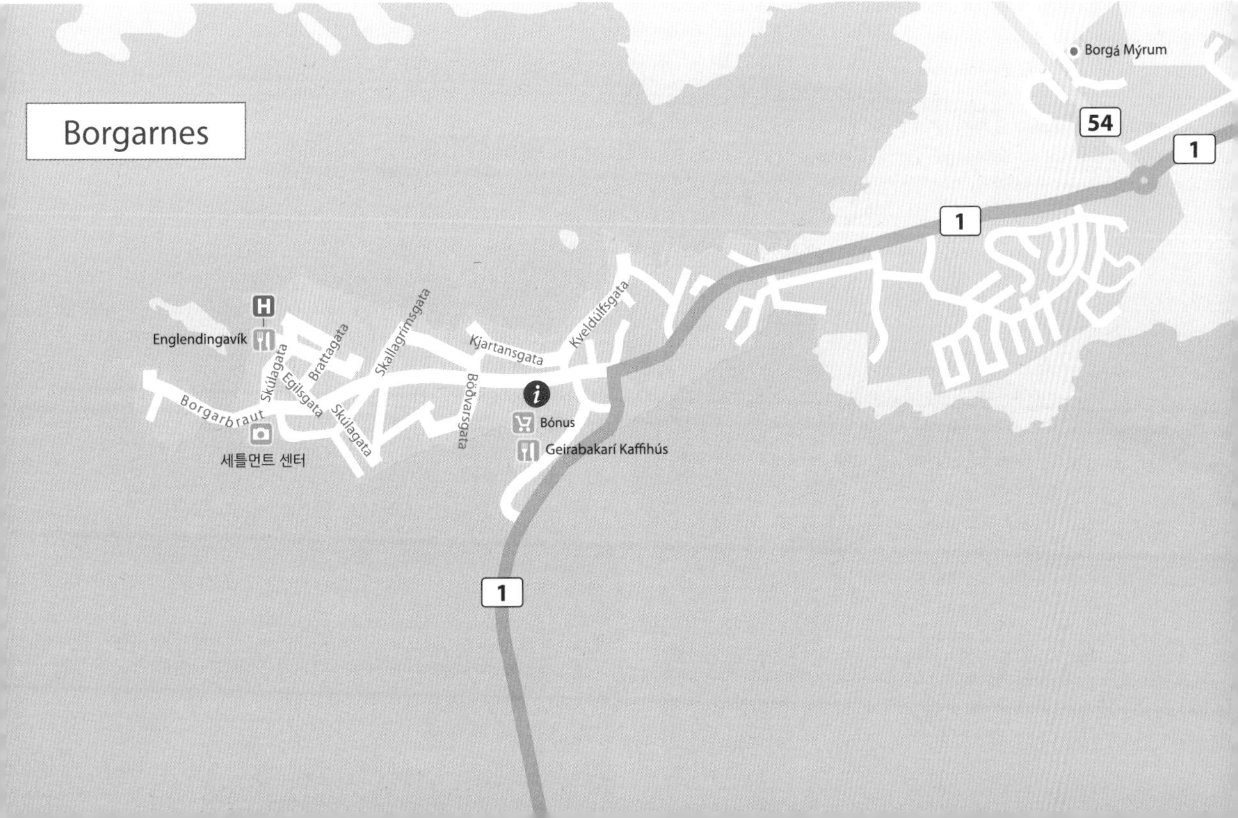

Vestfirði

웨스트피오르드

아이슬란드 북서부에 있는 웨스트피오르드는 아이슬란드에서 가장 비밀에 싸인 지역으로 약 2만 2천㎢의 땅에 7000명 남짓의 주민이 살고 있어 사람을 만나기 힘든 지역이며 고요하고 정적에 잠긴 그곳에서 아이슬란드의 오염되지 않은 자연의 모습을 볼 수 있다. 웨스트피오르드에서 가장 큰 마을은 이사피오르드Ísafjörður로 이 지역의 교통, 행정, 문화의 중심지이며 여행자를 위한 숙소와 레스토랑, 박물관, 투어리스트 인포메이션 센터, 다양한 투어를 제공하는 여행사 등을 갖추고 있다. 이사피오르드에서 보트로만 접근할 수 있는 웨스트피오르드의 최북단 호른스트란디르Hornstrandir는 사람이 살지 않는 황량하고 거친 곳으로 북극여우와 다양한 야생 조류 등 생생한 자연의 민낯을 만날 수 있는 하이킹의 천국이다. 다만 트레일이 워낙 험하고 날씨도 변덕스러우므로 이사피오르드의 여행사 투어를 이용하여 방문하는 것이 좋다. 스나이펠스네스 반도에서 페리를 타고 웨스트피오르드 남쪽에 도착했다면 남서쪽 끝의 절벽 라우트라비아르그Látrabjarg도 들러보자. 라우트라비아르그는 길이 14km, 높이 440m에 이르는 해안 절벽으로 퍼핀, 큰부리바다오리 등 희귀종 새 수만 마리가 둥지를 틀고 있는 새들의 파라다이스이며 유럽의 서쪽 끝으로도 유명한 곳이다.

웨스트피오르드 여행 정보 | www.westfjords.is

©Agust Atlason / Iceland Travel

찾아가기

렌터카

레이캬비크에서 이사피오르드까지는 약 455km 거리로 1번 링로드로 보르가네스를 지나 북쪽으로 이동하다가 60번 도로와 61번 도로를 따라 이동하면 약 6시간 정도가 소요된다.

카페리

스티키스홀뮈르에서 웨스트피오르드의 브리아운슬라이퀴르Brjánslækur까지 가는 발두르Baldur 카페리가 하루에 두 번 운항한다. 6월 초~8월 하순까지의 여름 시즌에는 피오르드 중간에 있는 플라테이Flatey 섬도 스톱오버하며 들러볼 수 있다. 자세한 스케줄 및 가격은 www.seatours.is 참고.

항공

웨스트피오르드로 가는 가장 빠른 방법은 항공을 이용하는 것이다. Air Iceland(www.airicelandconnect.com)는 연중 레이캬비크와 이사피오르드 사이의 국내선 비행기를 하루에 두 편 운항하며 40분이면 이동할 수 있다.

한눈에 보는 아이슬란드 기본 정보

국가명 | 아이슬란드(Iceland / Ísland)
수도 | 레이캬비크
공용어 | 아이슬란드어
면적 | 10만 3000㎢(남한 면적과 비슷함)
위치 | 스칸디나비아 반도와 그린란드 사이의 북대서양에 위치
인구 | 약 33만 8300명 (2018년 8월 기준)
종교 | 루터교(80%), 가톨릭 및 아이슬란드 자유 교회(5%), 기타(15%)
국가번호 | +354
홈페이지 | www.iceland.is

시차
9시간

전압
230V / 50Hz
콘센트 모양 우리나라와 동일

인터넷
공공장소 무료 Wi-Fi 이용 가능

여행 최적기
6~9월 초
(오로라 여행은 11~2월)

비자
90일 이내 무비자 체류 가능

통화
아이슬란드 크로나(ISK)

전화
선불 SIM 카드 이용

팁
팁 문화는 없음
레스토랑에서는 10% 정도

비행시간
핀에어 기준 약 15시간
(환승 시간 포함)

물가
유럽 최고 수준

우편
국제우편(50g까지) 250 ISK

식수
수돗물 음용 가능

공휴일(2023년 기준)

1월 1일 : 새해 첫날
4월 6일 : 성목요일
4월 7일 : 성금요일
4월 9일 : 부활절
4월 10일 : 부활절 월요일
4월 20일 : 여름 첫날
5월 1일 : 노동절
5월 18일 : 예수 승천일
5월 28일 : 성령강림절
5월 29일 : 성령 강림절 월요일
6월 17일 : 공화국 건국 기념일
8월 7일 : 상업의 날(8월 첫째 월요일)
12월 24일 오후~26일 : 성탄절 휴일
12월 31일 오후 : 새해 전날

TIP | 아이슬란드 간단 역사

아이슬란드에 사람들이 살기 시작한 것은 8~10세기의 일로, 871년 레이캬비크에 처음 도착하여 정착한 노르웨이 출신의 바이킹 잉골푸르 아르나르손Ingolfur Arnarsson이 최초의 아이슬란드 주민이다. 그 이후부터 930년까지 많은 사람들이 스칸디나비아에서 아이슬란드로 이주하여 곳곳에 농장을 세웠는데 이 시기를 '정착 시대'라고 부른다. 정착민들은 군주제 대신 의회제를 선택하여 930년에는 세계 최초의 민주 의회인 알싱기Alþingi를 소집했으며 1000년에는 기독교를 받아들였다. 1120~1230년은 아이슬란드 최고의 문화유산인 사가의 대부분이 쓰여진 시기라 '사가 시대'라고 불린다. 1262년부터 노르웨이의 통치를 받다가 1397년 칼마르 동맹 이후 덴마크의 지배하에 들어갔으며 1918년에 이르러서야 덴마크와 동군 연합을 이루는 조건으로 독립국이 되었다. 그 후 제 2차 세계대전 중인 1944년 6월 17일에 아이슬란드공화국이 되어 지금에 이르고 있다.

알아두면 편리한 아이슬란드 실용 정보

주요 도시 날씨와 일출, 일몰 시간

레이캬비크

월	1월	2월	3월	4월	5월	6월	7월	8월	9월	10월	11월	12월
최고기온	8.2	6.2	9.0	10.1	13.5	17.0	22.5	17.6	16.0	11.4	8.1	7.4
최저기온	-7.9	-5.9	-4.3	-2.7	0.8	2.0	6.8	5.5	3.4	-0.2	-6.0	-10.1
일출 시간	11:00	09:30	07:45	06:00	04:15	03:00	03:40	05:20	06:50	08:20	10:00	11:15
일몰 시간	16:20	18:00	19:30	21:00	22:30	00:00	23:30	21:40	19:50	18:00	16:30	15:30

아큐레이리

월	1월	2월	3월	4월	5월	6월	7월	8월	9월	10월	11월	12월
최고기온	7.5	12.1	11.0	13.0	13.2	21.2	24.1	20.0	19.3	12.5	11.1	10.4
최저기온	-13.0	-15.0	-8.3	-5.0	-0.5	1.0	6.8	3.9	-0.8	-4.2	-9.6	-11.0
일출 시간	10:50	09:15	07:30	05:30	03:40	01:40	03:00	04:50	06:30	08:10	10:00	11:30
일몰 시간	15:40	17:40	19:15	20:50	22:45	00:50	23:30	21:40	19:40	17:45	16:00	14:45

아이슬란드 기상청 사이트 en.vedur.is

전화와 인터넷

해외에서 아이슬란드에 전화를 걸 경우 아이슬란드의 국가 번호는 354번이며 이어서 지역 번호 없이 7개의 전화번호만 누르면 된다. 아이슬란드는 호텔이나 카페, 공항버스, 관광버스 등 어디에서나 와이파이를 무료로 이용할 수 있을 정도로 무선 인터넷이 발달한 나라이다. 하지만 렌터카로 여행할 경우에는 휴대전화를 내비게이션으로 이용하거나 정보를 검색하는 등 차량 내에서 인터넷을 사용해야 하기 때문에 현지에서 판매하는 선불 SIM 카드를 사는 것이 편리하다. 선불 SIM 카드를 판매하는 대표적인 통신사로는 Siminn, Vodafone 등이 있으며 그중 도시를 벗어난 지역에서도 잘 터지는 Siminn으로 구입하는 것을 추천한다. SIM 카드는 공항 면세점, 통신사 매장, 서점, 식료품점, 우체국, 주유소 등에서 살 수 있다. 2~3명이 함께 여행한다면 각각 SIM 카드를 구입하는 것보다 무선 인터넷 공유기인 포켓 와이파이를 대여하여 함께 이용하는 것이 더 경제적일 수도 있다.

영업시간

은행 | 월~금요일 09:15-16:00
우체국 | 월~금요일 09:00-16:00 또는 16:30(레이캬비크는 18:00까지)
상점 | 월~금요일 09:00-18:00, 토요일 10:00-16:00
슈퍼마켓 | 매일 10:00-19:00(일부 편의점은 24시간 오픈)

물

생수를 사먹는 것이 일반화되어 있는 유럽의 다른 나라들과는 달리 아이슬란드에서는 수돗물을 그냥 받아 마셔도 된다. 다만, 온수에서는 유황 냄새가 나는 경우가 많기 때문에 수도꼭지를 냉수 쪽으로 틀고 30초 정도 흘려보낸 후 받아 마시는 것이 좋다. 작은 물통 하나를 준비해가면 미리 받아두었다가 이동 중에도 마실 수 있어 편리하다.

유용한 전화번호

긴급 구조 112, 경찰 444 1000, 날씨 안내(+354) 902 0600

환전

아이슬란드 통화인 크로나(ISK)는 국내 은행에서 환전할 수 없으므로 우리나라에서 유로화나 달러 등으로 환전한 후 아이슬란드에 도착하여 공항에서 다시 크로나로 바꿔야 한다. 1, 5, 10, 50, 100 크로나 동전과 500, 1000, 5000, 10000 크로나 지폐가 통용된다. 아이슬란드에서는 아주 적은 금액도 신용카드로 결제하는 것이 일반화되어 있으므로 여행 경비의 대부분을 신용카드로 지불할 수 있으며 현금은 비상시를 대비해 조금만 준비해 가는 것이 좋다.

여행 시 유용한 아이슬란드어

숫자 (m남성형/f여성형/n중성형)		
0	núll	눌
1	einn(m)/ein(f)/eitt(n)	에이튼/에인/에이트
2	tveir(m)/tvær(f)/tvö(n)	트베이르/트바이르/트보
3	Þrír(m)/ þrjár(f)/þrjú(n)	스리르/스랴우르/스류
4	fjórir(m)/fjórar(f)/fjögur(n)	프요리르/프요라르/프요구르
5	fimm	핌
6	sex	섹스
7	sjö	쇼
8	átta	아우타
9	níu	니우
10	tíu	티우
100	hundrað	훈드라(쓰)

요일 및 시간		
월요일	Mánudagur	마우누다구르
화요일	Þriðjudagur	스리디우다구르
수요일	Miðvikudagur	미드비쿠다구르
목요일	Fimmtudagur	핌투다구르
금요일	Föstudagur	퍼스투다구르
토요일	Laugardagur	라우가다구르
일요일	Sunnudagur	순누다구르
아침	Morgunn	모르군
오후	Síðdegi	시드데이
저녁	Kvöld	크뵐드
밤	Nótt	노트
공휴일	Frídagar	프리다가르

음식 및 레스토랑		
빵	Brauð	브뢰이드
물	Vatn	바튼
수프	Súpa	수파
고기/생선	Kjöt / Fiski	쿄트/ 피스키
소고기	Nautakjöt	뇌이타쿄트
돼지고기	Svínakjöt	스비나쿄트
양고기	Lambakjöt	람비쿄트
닭고기	Kjúklingur	큐클린구르
연어	Lax	락스
대구	Þorskur	소르스쿠르
송어	Silungur	실룽구르
바닷가재	Humar	후마르
핫도그	Pylsa	필사
맥주	Bjór	뵤르
와인	Vín	빈
커피	Kaffi	카피
메뉴	Matseðillinn	마트세딜린
계산서	Reikninginn	레이크닌긴

교통 및 자연 지형		
공항	Flugvöllur	플루그뵈틀루
항구	Höfn	호픈
버스	Strætó / Rúta	스트라이토/ 루타
표	Miða	미다
요금	Verð	베르드
길	Vegur / Stræti	베구르 / 스트라이티
입구	Inngangur	인간구르
출구	Útgangur	우트간구르
만	Vík	비크
섬	Ey / Eyja	에이 / 에이야
산	Fjall / Fell	피야틀 / 펠
계곡	Dalur	달루르
숲	Skógur	스코구르
빙하	Jökull	요쿨
폭포	Foss	포스
호수	Vatn	바튼
화산	Eldfjall	엘드피야틀
온천	Hver	흐베르

기타 표현		
교회	Kirkja	키르캬
박물관	Safn	사픈
수영장	Sundlaug	순드뢰이그
레스토랑	Veitingastaður	베이틴가스타뒤르
우체국	Pósthús	포스트후스
화장실	Snyrting	스니르팅크
캠핑장	Tjaldsvæði	티얄드스바이디
개점	Opið	오피드
휴무	Lokað	로카드
예	Já	야우
아니오	Nei	네이
안녕하세요	Halló	할로우
감사합니다	Takk fyrir	타크 피리르
미안합니다	Fyrirgefðu	피리르게프두
작별 인사	Bless	블레스
아주 좋아요	Mjög gott	묘 고트
인사말	Goðan daginn (아침, 점심) Gott kvöld (저녁) Góða Nótt (밤)	고단 다인 고트 퀼트 고다 노트
건배	Skál	스카울

아이슬란드 교통

아이슬란드 들어가기

우리나라에서 아이슬란드까지는 직항 노선이 없으므로 유럽 도시 중 한 곳을 경유하여 아이슬란드로 들어가야 하며 유럽 주요 도시들에서 아이슬란드의 케플라비크 공항까지는 비행기로 3시간 정도 소요된다. 현재 아이슬란드로 가는 가장 편리하고 빠른 방법은 핀에어Finnair를 이용하는 것으로, 인천에서 출발하여 총 15시간 정도면 아이슬란드 케플라비크 공항에 도착할 수 있다. 그 다음으로 추천할 만한 방법은 대한항공 또는 아시아나항공으로 유럽 대도시까지 이동한 후 아이슬란드항공을 이용하여 아이슬란드에 들어가는 것으로 연계 발권을 통해 수하물을 아이슬란드까지 한 번에 부칠 수 있다. 그 밖에 KLM 네덜란드항공으로 암스테르담을 경유하면서 긴 환승 시간을 이용하여 암스테르담 시내 관광을 다녀오는 방법, 저렴한 런던 왕복 특가 항공권을 구입한 후 아이슬란드항공이나 이지젯EasyJet 을 이용하여 아이슬란드로 들어가는 방법 등이 있다. 인천 공항에서 케플라비크 공항까지 추천 항공사와 소요 시간은 아래 표를 참고하자.

항공사	출발지⇨경유지 소요 시간	경유지	환승 시간	경유지⇨도착지 소요 시간	총 소요 시간
핀에어	9시간 50분	헬싱키	1시간 40분	3시간 30분	15시간
대한항공	11시간 50분	런던 또는 암스테르담	3시간 30분	3시간 15분	18시간 35분
아시아나항공	11시간 55분	런던	2시간 45분	3시간	17시간 40분
네덜란드항공	11시간 10분	암스테르담	9시간	3시간 10분	23시간 20분
루프트한자 (여름 한정 운항)	11시간 35분	프랑크푸르트	2시간 50분	3시간 40분	18시간 5분

아이슬란드 국내선 항공 이용

아이슬란드의 국내선 항공은 이용하기 쉽고 이동 시간이 매우 단축된다는 장점 때문에 아이슬란드 국민이 자주 이용하는 교통수단이다. 특히 대부분의 도로가 마비되는 겨울철에 레이캬비크에서 아이슬란드의 북쪽이나 동쪽으로 이동하려면 국내선 항공을 이용하는 것이 유일한 방법이다. 단, 날씨에 따라 운항 스케줄이 바뀌기 때문에 항상 변수가 있음을 유의하여야 한다. 가장 대표적인 국내선 항공사는 Air Iceland(www.icelandair.com/)로 레이캬비크, 아퀴레이리, 에이일스타디르, 이사피오르드, 그림세이 섬, 그린란드, 페로제도 등을 연결하는 정기 노선을 운항한다. 그 밖에 주요 국내선 항공으로는 레이캬비크와 베스트만 제도, 호픈, 후사비크 사이를 운항하는 Eagle Air(www.eagleair.is)가 있다. 국내선 항공은 케플라비크 공항이 아닌 레이캬비크 도심에서 2km 정도 떨어진 레이캬비크 국내선 공항을 이용하며, 레이캬비크 도심에서 공항까지 이동하려면 택시 또는 시내 버스 12번을 이용하면 된다.

아이슬란드 버스 여행

아이슬란드는 철도가 없는 대신 장거리 버스 노선이 잘 발달되어 있으며 여러 버스 회사들이 아이슬란드 곳곳을 연결하는 버스를 운행하고 있다. 버스로 아이슬란드를 여행할 계획이라면 각 구간별 버스 티켓을 사는 대신 자신의 여행 루트에 맞는 버스 패스를 구입하는 것도 고려해볼 만하다. 단, 대부분의 버스가 6월 중순~9월 초에만 운행하므로 여름철에 여행하는 경우에만 이용할 수 있다. 대표적인 버스 회사와 버스 패스는 다음과 같으며 대중교통 버스 회사인 Strætó(www.straeto.is/en)도 남부, 서부, 북부에서 버스를 운행한다.

Reykjavík Excursions(www.re.is)
케플라비크 공항과 레이캬비크 사이의 공항버스인 Flybus와 레이캬비크에서 출발하는 다양한 투어를 판매하는 회사이다. 인기 있는 하이킹 코스가 있는 소르스뫼르크, 란드만나뢰이가, 스코가르로 오가는 버스를 운행한다.
레이캬비크에서 출발하는 소르스뫼르크 왕복 버스는 1만 5999 ISK, 란드만나뢰이가는 1만 7999 ISK이며 스코가르는 왕복 요금이 없고 편도 7999 ISK이다. 좀 더 자세한 정보는 www.re.is/highland-bus 참고.

아이슬란드 렌터카 여행

아이슬란드를 여행하는 가장 좋은 방법은 차를 직접 렌트해서 자신이 원하는 루트대로 자유롭게 다니는 것이다. 특히 일행이 3명 이상이라면 비용 면에서도 렌터카를 이용하는 것이 더 이익이다. 렌터카 여행을 하는 사람이라면 누구나 아이슬란드를 삥 둘러 나 있는 순환도로인 1번 링로드를 따라 돌게 되는데, 이 링로드는 대부분 포장이 되어 있고 제한속도가 도시에서는 50km, 지방의 자갈길에서는 80km, 지방의 아스팔트 길에서는 90km로 우리나라에 비해 느리기 때문에 어렵지 않게 운전할 수 있다. 다만 동부의 해안 도로는 구불구불한 길이 이어져 있고 안개가 심하게 끼는 경우도 많으므로 천천히 안전 운행을 해야 하며 좁은 산악 도로나 다리 위에서도 반드시 서행해야 한다. 만약 내륙의 하이랜드로 여행할 계획이라면 거친 지형에 대비하여 반드시 4륜구동 차량을 렌트해야 한다. 현재 도로의 상황과 통행 가능 여부는 www.road.is에서 확인할 수 있으며 여행 전에 www.safetravel.is 웹사이트에 방문하여 아이슬란드 렌터카 여행에 대한 정보를 미리 숙지하고 가는 것이 좋다.

렌터카 예약 | 아이슬란드에는 Hertz, Avis, Sixt, Thrifty 등 세계적으로 유명한 렌터카 업체가 모두 진출해 있으며 여행 전에 원하는 차량, 가격대를 고려하여 미리 예약하고 가는 것이 좋다. 업체에 따라 가격이 다르지만 소형 차량 기준으로 7일간 렌트할 경우 약 70~100만 원 정도(보험 제외)를 예상하면 된다. 겨울철에는 모든 렌터카 업체가 여름 대비 30% 정도 할인된 요금 정책을 쓰고 있다. 렌터카 보험의 경우 1번 링로드만 따라 여행한다 하더라도 아이슬란드의 변화무쌍한 날씨와 자갈길이 많은 도로 사정을 고려하여 해당 렌터카 업체에서 보유한 최상위 단계의 보험에 가입하는 것이 좋다.

내비게이션 | 레이캬비크를 제외하고는 렌트할 때 제공되는 지도만으로도 모든 길을 찾아다닐 수 있을 정도로 아이슬란드의 도로는 단순하며 차량도 적다. 내비게이션은 한국에서 미리 빌려 갈 수도 있으며 현지에서 렌트할 때 영어 내비게이션을 옵션으로 선택할 수도 있다. 최근 많이 이용하는 방법은 스마트폰의 구글 맵을 이용하는 것인데, 이 경우 차 안에서 인터넷을 계속 사용해야 하므로 무선 인터넷 공유기(Pocket Wi-Fi)나 선불 SIM 카드를 미리 준비하는 것이 좋다. 일부 렌터카 회사에서는 무선 인터넷 공유기를 옵션으로 제공하므로 렌터카 예약 시 확인해보자.

터널 | 아이슬란드 링로드를 따라 여행하다 보면 여러 개의 터널을 만나게 되는데 그중에는 지루할 정도로 긴 터널도 있고 왕복 1차선의 좁은 터널도 있다. 긴 터널 내에는 여러 개의 과속 단속 카메라가 있으니 반드시 제한속도를 준수해야 하며 왕복 1차선 터널을 통과할 때는 마주 오는 차를 만날 수 있으니 서행해야 한다. 왕복 1차선 터널에서 차가 마주 올 때 한쪽 차가 터널 중간에 있는 대기 장소에 잠시 차를 대고 맞은편 차가 지나갈 때까지 기다려야 하는데, 대기 장소가 자신의 진행 방향(오른쪽)에 있는 차가 대기하는 것이 원칙이다. 보르가네스에서 레이캬비크로 오는 길에 지나는 해저터널은 무료이며, 새로 만들어진 아큐레이리 터널(아큐레이리-미바튼 구간)은 1500 ISK 통행료를 지불해야 한다.

과속 단속 카메라 | 레이캬비크와 주변 관광지에서 레이캬비크로 들어가는 진입로, 터널 내부 등에 주로 과속 단속 카메라가 설치되어 있으며 일부 카메라는 경고 표지판이 없는 것도 있다. 마을에 진입할 때는 대부분 30~40km로 속도가 제한되니 미리 마음의 준비를 하고 속도를 줄이는 것이 좋다. 특히 서부 보르가네스에서 레이캬비크로 들어오는 해저터널들과 북부 달비크에서 시글뤼피오르드로 넘어가는 터널, 동부 호픈에서 에이일스타디르로 가는 길에 있는 터널 등은 여행자들이 자주 단속에 걸리는 구간으로 각별히 주의를 기울여야 한다. 만약 과속 단속 카메라에 찍혔을 경우에는 렌터카 회사를 통해 메일로 연락을 받게 되며 벌금은 어느 정도의 제한속도에서 얼마나 과속을 했는지에 따라 금액이 달라진다.

주유 | 아이슬란드의 주유소는 거의 직접 주유를 해야 하는 셀프 주유소이지만 대부분 직원이 있으므로 처음 셀프 주유를 할 경우에는 직원의 도움을 받는 편이 좋다. 도시나 마을을 벗어날수록 무인 주유소가 많으므로 가능하면 도시나 마을 내에 있는 주유소 이용하는 것이 좋다. 또한 렌트할 때 차량에 사용하는 기름의 종류 및 주유구를 여는 방법 등을 확인해놓는 편이 좋다. 주유 금액은 아이슬란드의 리터당 유류 가격(2017년 12월 기준, 휘발유 약 205 ISK / 디젤유 약 196 ISK)을 참고하여 자신의 차량 크기와 연료 탱크가 비어 있는 정도에 따라 선택하면 된다. 잘 모르겠다면 맨 끝에 있는 Full Tank를 선택하자.

주차 | 레이캬비크와 아퀴레이리 등의 주요 도시를 제외한 다른 지역은 대부분 무료 주차이므로 주차 걱정이 없다. 레이캬비크 도심에 있는 유료 주차장은 가장 중심지인 뢰이가베구르 거리 주변에서 시작하여 P1에서 P4까지 4개의 Parking Zone으로 나누어지는데 P1 Zone에 속한 주차장의 주차비가 가장 비싸다. 유료 주차장인 경우 주차할 시간만큼 미리 결제한 후 주차 영수증을 차량 앞 유리 안쪽에 잘 보이도록 놓아두면 되는데, 영수증을 제대로 놓지 않고 주차하면 벌금을 낼 수도 있으니 주의해야 한다. 레이캬비크 도심의 유료 주차장은 월~금요일 09:00-18:00, 토요일 10:00-16:00에만 주차비를 과금하고 있어 이외의 시간에는 무료로 주차할 수 있다. 아퀴레이리는 독특한 주차 시스템을 갖고 있는데, 주차가 무료인 대신 각 주차장마다 무료 주차할 수 있는 시간(15분~2시간)이 정해져 있다. 따라서 주차할 때 Clock-card라고 불리는 시계 모양의 카드나 종이로 된 주차 티켓(Bílastæðamiði)에 자신이 주차한 시각을 표시하여 차량 앞 유리 안쪽에 놓아두어야 한다. 주차 시간 한도를 넘어 주차할 경우 벌금이 부과되니 주의하자. Clock-card는 아퀴레이리 시내의 관광 안내소, 호텔, 주유소 등에서 무료로 구할 수 있다.

라운드 어바웃 | 아이슬란드의 교차로는 대부분 서클 안에 들어가서 돌다가 원하는 진행 방향으로 나가면 되는 라운드 어바웃 방식으로 되어 있다. 이 방식은 우리나라 운전자들에게는 다소 생소할 수 있지만 우선순위만 알고 있다면 어려울 것이 없는데, 서클 안에 진행하고 있는 차에 무조건 우선순위가 주어지므로 돌고 있는 차량이 없을 때 서클로 진입하도록 하자. 라운드 어바웃의 좋은 점은 나가야 할 방향을 놓쳤다고 해도 계속 서클을 돌아서 다시 원하는 방향으로 나갈 수 있다는 점이다.

셀프 주유 방법

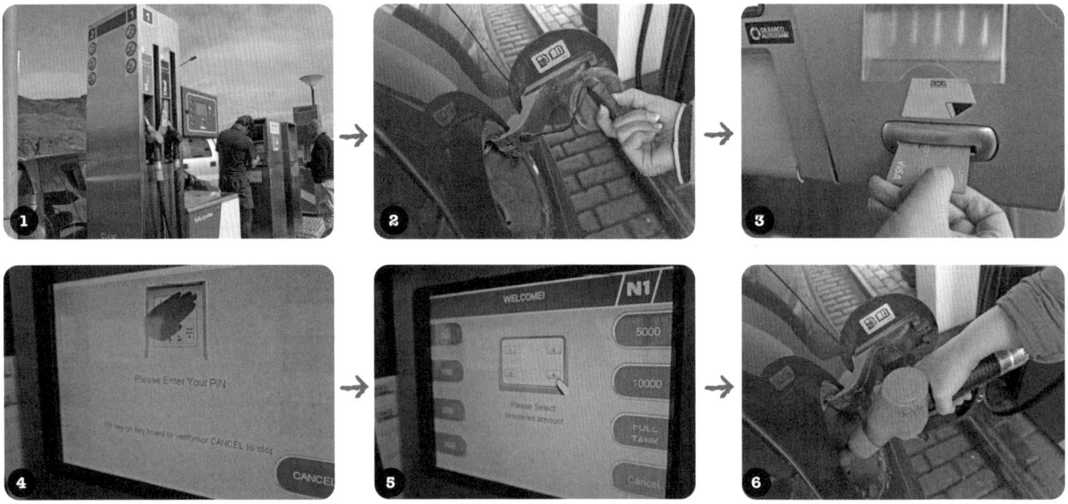

❶ 시동을 끈 후 사용할 주유기의 번호를 확인한다. ❷ 주유구를 돌려서 연다. ❸ 주유기에 신용카드를 넣는다. ❹ 화면 안내에 따라 카드 비밀번호를 입력한다.
❺ 원하는 주유 금액을 선택하면 주유하라는 펌핑 메시지가 뜬다. ❻ 주유기를 주유구에 넣고 손잡이를 쥐어서 당겨주면 주유가 된다.
* 현금으로 결제할 경우에는 미리 원하는 금액을 지불하고 주유하는 곳과, 원하는 양을 주유한 후에 금액을 지불하는 곳이 있으므로 주유소에 도착하여 확인하자.

아이슬란드 음식

해산물 요리

섬나라인 아이슬란드에서 가장 흔한 식재료는 오염되지 않은 바다에서 갓 잡아 올린 신선한 생선과 해산물이다. 아이슬란드의 대도시와 해안가 마을에서는 대구, 연어, 송어 등의 생선 요리와 새우, 굴, 홍합, 바닷가재 등의 싱싱한 해산물 요리를 맛볼 수 있다. 특히 레투르후마르Leturhumar라 불리는 아이슬란드 작은 바닷가재는 아이슬란드 남부의 해안 마을 호픈의 특산물로 마을 대부분의 레스토랑에서 맛있는 바닷가재 요리를 맛볼 수 있다. 또한 아이슬란드 사람들이 좋아하는 대표 간식인 하르드피스쿠르Harðfiskur는 대구 또는 대구와 비슷한 해덕이라는 생선을 말려 포로 만든 것으로 버터를 곁들여 먹는다.

©Iceland Travel

육류 요리

여름 동안 자유롭게 방목되어 들판에 있는 풀과 이끼를 먹고 자란 무공해 양고기 역시 아이슬란드의 대표적인 식재료 중 하나이다. 아이슬란드 사람들은 전통적으로 양의 머리부터 내장까지 거의 모든 부위를 저장하기 쉽게 훈제하거나 절여서 먹는 경우가 많으며 대부분의 아이슬란드 레스토랑에서 부드럽고 육즙이 풍부한 맛있는 양고기 요리를 즐길 수 있다. 양고기 다음으로 아이슬란드 사람들이 많이 먹는 육류는 닭고기이며 그 다음이 돼지고기, 소고기 순이다. 아이슬란드 소고기는 양고기와 마찬가지로 최고의 품질을 자랑하지만 많이 소비되지 않아 스테이크 외에는 별다른 조리법이 없다. 아주 드물게 말고기 요리, 순록 고기 요리를 맛볼 수 있는 레스토랑도 있다.

빵 & 디저트

아이슬란드의 빵 중에 가장 유명한 것은 일명 온천빵이라고도 불리는 전통 호밀빵, 룩브뢰이드Rúgbrauð이다. 어두운 갈색의 이 빵은 전통적으로 특수한 나무통 속에 반죽을 넣어 온천 근처의 땅속에 묻어 쪄내는 것으로 촉촉하고 약간의 단맛이 난다. 일반적으로 버터를 발라 먹는데, 생선과 양고기 요리에 사이드로 곁들여 먹기에 아주 좋다. 길거리 음식에서 이제는 아이슬란드 대표 간식으로 거듭난 핫도그도 아이슬란드 사람들이 정말 사랑하는 음식이다. 레이캬비크에서 빼놓을 수 없는 맛집으로 자리 잡은 바이야린스 베스투 필수르Bæjarins Beztu Pylsur를 제외하고라도 주유소, 편의점, 쇼핑몰 등에서 모두 핫도그를 맛볼 수 있다. 마지막으로 국민 디저트라고도 할 수 있는 스키르Skyr는 자그마치 1000년이 넘는 역사를 가진 아이슬란드 요구르트이다. 스키르는 지방이 거의 없어 칼로리가 매우 낮은 데다가 단백질 함량이 높아 다이어트 식품으로도 인기가 있다.

TIP | 신기하고 이색적인 아이슬란드 전통 음식

하우카르들Hákarl 삭힌 상어. 상어를 땅에 묻어 발효시킨 후 4~5개월 동안 걸어두어 말린 것이다. 암모니아 냄새가 강하지만 오래된 치즈 맛과 비슷하다. 먹은 후 독주인 브레니빈으로 입가심을 하는 것이 좋다.

스비드Svið 삶은 양 머리. 뇌를 빼고 눈알과 혀까지 나머지 부분은 모두 먹는다. 양의 머리 모양이 그대로 남아 있어 먹기에 좀 부담스러울 수 있다.

스비다술타Sviðasulta 양 머리 고기 편육. 스비드의 일부를 잘라 으깬 후 식힌 것으로 빵 위에 올려 먹는다.

슬라우투르Slátur 양의 내장과 피, 지방으로 만든 소시지. 피순대와 비슷한 블로우드뫼르Blóðmör와 간으로 만든 소시지인 리프라르필사Lifrarpylsa의 두 종류가 있다.

수르사디르 흐룻스풍가르Súrsaðir hrútspungar 절인 양 고환. 양의 고환을 삶아서 틀에 넣어 누른 후 보존 처리한 것으로 신맛이 난다.

룬디Lundi 퍼핀 요리. 훈제해서 본식을 먹기 전 애피타이저로 많이 먹는다. 퍼핀의 주요 서식지인 베스트만 제도의 대표적인 전통 요리이다.

흐발루르Hvalur 고래 요리. 밍크고래의 고기만을 먹으며, 날것으로 먹을 수도 있지만 보통 소고기와 비슷하게 스테이크로 즐긴다.

아이슬란드 맥주

따뜻한 온천에 몸을 담그거나 고단한 하루 관광을 마치고 들어간 숙소에서 마시는 시원한 맥주 한 캔은 아이슬란드 여행을 더욱 즐겁게 하는 활력소가 된다. 아이슬란드의 일반 슈퍼마켓에서는 알코올 함량이 2.25% 이하의 주류만 판매할 수 있기 때문에 맥주, 와인 등의 주류는 공항 면세점에서 미리 구입해두거나 거의 모든 마을마다 하나씩 있는 국영 주류 판매점 빈부딘Vínbúðin(www.vinbudin.is)에서 구입해야 한다.

에인스톡 Einstök
아이슬란드 맥주의 특징을 지니고 있으면서도 우리나라 사람들의 입맛에 가장 잘 맞는다. Icelandic White Ale, Icelandic Arctic Pale Ale, Icelandic Toasted Porter, 여름철에만 나오는 베리 향의 Icelandic Arctic Berry Ale 등이 있다.

바이킹 Víking
아이슬란드에서 가장 많이 팔리는 대표 맥주 브랜드로 라거 맥주를 기반으로 하기 때문에 우리나라 맥주와 비슷하게 느껴지는 무난한 맛이다. Viking Gylltur, Viking Lager, Viking Lite 등이 있다.

칼디 Kaldi
2006년 아이슬란드 최초의 소형 양조장으로 시작된 회사로 체코의 필스너 스타일의 부드러운 맥주 Kaldi가 가장 인기 있지만, 캐러멜과 쓴맛이 조화를 이룬 인디아 페일 에일 Kaldi Ipa도 많이 마신다.

굴 Gull
100년 전통의 대형 음료 회사 Ölgerðin이 만드는 아이슬란드 대표 맥주 중 하나로 황금색의 전형적인 라거 맥주이다. 우리나라 맥주들과 맛이 비슷하여 가장 편하게 마실 수 있다. 세계 맥주 대회에서 여러 번 수상 경력이 있다.

라바 Lava
아이슬란드의 대표적인 흑맥주로 다크 초콜릿과 진한 에스프레소, 자두 향이 더해진 오묘한 맛에 은은히 풍기는 스모크 향이 독특한 느낌의 맥주이다. 맥주 이름과 화산이 폭발하는 레이블 디자인은 양조장 주변에 있는 헤클라 화산에서 따왔다.

아이슬란드 Top 축제 및 이벤트

아이슬란드는 아이슬란드 에어웨이브를 비롯하여 여러 음악 축제로 유명한 나라이다. 수도인 레이캬비크에서는 음악축제 외에도 다양한 아이슬란드의 문화를 경험할 수 있는 축제와 이벤트가 1년 내내 열려 아이슬란드 여행을 더욱 풍성하고 흥겹게 만들어 준다. 아래에는 레이캬비크를 중심으로 가장 규모가 크고 유명한 축제만 소개하였으며 이 외에도 베스트만 제도의 캠핑 페스티벌, 하프나르피오르드의 바이킹 페스티벌, 호픈의 랑구스틴 페스티벌 등 아이슬란드 전역의 크고 작은 마을에서 열리는 재미있고 독특한 축제도 많다.

윈터 라이츠 페스티벌
Vetrarhátíð

매년 2월의 첫 번째 주말에 레이캬비크에서 열리는 이 축제는 첫날 할그림스키르캬를 비롯한 레이캬비크 도심의 주요 건물에 아름다운 조명 쇼가 펼쳐지는 것으로 시작하여 두 번째 날은 레이캬비크 전역의 주요 박물관들이, 그 다음 날은 레이캬비크의 수영장들이 오후 6시부터 밤 11시까지 무료로 문을 여는 'The Museum Night'와 'The Pool Night'가 이어진다. 일부를 제외하고 대부분의 이벤트는 무료로 즐길 수 있으며 'The Museum Night'에는 박물관들을 도는 무료 버스까지 운행된다. 17주년이 되는 2018년에는 2월 1일~4일에 축제가 펼쳐진다.

@ www.winterlightsfestival.is

건국 기념일 축제
Þjóðhátíð

6월 17일은 1944년 6월 17일에 아이슬란드공화국이 설립된 것을 기념하는 아이슬란드의 가장 큰 축제일 중 하나이다. 레이캬비크 도심에서는 오전 10시부터 오후 6시까지 퍼레이드, 거리 공연, 무료 콘서트, 아이들을 위한 게임 등 다양한 이벤트가 열려 레이캬비크 시민과 관광객 모두 어울려 축제를 즐길 수 있다. 아이슬란드의 여러 다른 도시들에서도 음악 축제가 펼쳐지며 밤에는 곳곳에 모여 파티를 즐긴다.

@ www.17juni.is

컬처 나이트
Menningarnótt

매년 8월 중순 토요일에 레이캬비크 도심에서 열리는 컬처 나이트는 음악, 미술, 공연, 영화 등 아이슬란드의 다양한 문화를 체험해볼 수 있는 축제의 장이다. 축제 날에는 레이캬비크의 거리와 광장에서 수없이 많은 무료 야외 콘서트와 공연을 즐길 수 있으며 극장, 갤러리, 박물관들도 밤늦게까지 무료로 관람할 수 있다. 축제의 밤은 항구에서 펼쳐지는 장엄하고 아름다운 불꽃놀이로 마무리된다. 2018년에는 8월 18일에 축제가 열리며 레이캬비크 마라톤도 같은 날 개최된다.

@ culturenight.is

아이슬란드 에어웨이브
Iceland Airwaves

매년 11월 초 레이캬비크에서 열리는 뮤직 페스티벌인 아이슬란드 에어웨이브는 1999년 레이캬비크 공항의 격납고에서 열린 일회성 이벤트에서 시작된 축제로 현재는 세계의 뮤지션들이 신곡을 발표하는 가장 중요한 쇼케이스 장소이자 수많은 저널리스트와 음악 산업 종사자들이 몰려드는 전 세계적인 음악 행사가 되었다. 축제는 수요일부터 일요일까지 5일 동안 개최되는데 이 기간에는 하르파는 물론 유명 펍과 카페, 레스토랑, 호텔과 호스텔, 박물관, 레코드 상점, 기념품점 등 레이캬비크의 모든 실내 장소들이 공연장으로 바뀌고 도시 전체에 흥겨운 파티와 축제 분위기가 넘쳐난다. 2018년에는 11월 7~10일에 축제가 펼쳐진다.

@ icelandairwaves.is

신년 전야 축제
New Year's Eve

지구촌 어느 나라에서나 한 해의 마지막 날과 새해 첫날은 특별한 의미를 가진다. 아이슬란드 사람들은 신년 전야에 전통적으로 가족들과 함께 저녁을 먹고 이웃들과 모닥불 축제를 즐긴 후 밤 10시 30분부터 1시간 동안 옹기종기 TV 앞에 모여 풍자 코미디 쇼를 시청한다. 진짜 축제는 밤 11시 35분 TV 쇼가 끝난 후에 시작되는데, 사람들은 모두 거리로 쏟아져 나와 직접 폭죽을 쏘며 축제를 만끽하고 바와 클럽을 찾아 새벽까지 떠들썩한 파티로 흥청거린다. 전망 좋은 장소를 찾아가 샴페인을 마시며 도시의 밤하늘을 수놓는 불꽃놀이를 감상하는 것도 축제를 즐기는 좋은 방법이다.

@ www.visitreykjavik.is/new-years-eve-0

• 아이슬란드 여행 준비물 체크리스트 •

분류	항목	
필수 준비물	방수와 방풍이 되는 후드 달린 점퍼	☐
	우비(비가 많이 오는 봄, 가을에 여행 시)	☐
	껴입기 좋은 초경량 패딩 점퍼	☐
	보온성이 좋은 내의	☐
	바닥이 두꺼운 편안한 운동화	☐
	수영복과 타월(온천용)	☐
	선글라스와 자외선 차단제	☐
	세면도구(칫솔, 치약, 비누, 샴푸, 린스, 샤워젤, 면도기 등)	☐
	구급약품(진통제, 감기약, 소화제, 지사제, 밴드에이드)	☐
	즉석식품과 기호 식품(라면, 햇반, 통조림 반찬, 커피 등)	☐
	핫 팩(겨울철에는 필수)	☐
	카메라 및 관련 용품	☐
	국제운전면허증과 국내운전면허증(렌터카 여행 시)	☐
	차량용 충전기 및 스마트폰 거치대(렌터카 여행 시)	☐
+ 트레킹 여행 시 추가 준비물	방수가 되는 바지	☐
	가볍고 보온성이 좋은 울 스웨터	☐
	방수가 되고 발목이 보호되는 트레킹용 신발	☐
	강을 건널 때 필요한 스포츠 샌들	☐
	침낭과 여행용 베개	☐
	백패킹 배낭(60~100l) 및 보조 배낭(25~40l)	☐
	등산 스틱, 헤드랜턴 등 트레킹 장비	☐
	물통(1l 내외)과 포켓용 나이프	☐
	충전용 보조 배터리 혹은 태양열 충전기	☐
	방한 모자, 등산용 장갑, 등산용 양말, 스패츠(게이터)	☐
	현금 (샤워장이나 화장실 이용 시 필요)	☐
+ 캠핑 여행 시 추가 준비물	바람에 강한 동계용 텐트	☐
	동계용 침낭과 에어 매트(또는 발포 매트)	☐
	점화 도구, 버너용 바람막이	☐
	조리 기구 및 개인 식기류	☐

샬레가 만드는 아이슬란드 전문 여행
Iceland Travel by Chalet

살레트래블북

ICELAND
아이슬란드

초판 발행 2015년 6월 1일
개정 5판 발행 2023년 7월 3일

글 | 김문희 강승희
사진 | 정소현
펴낸곳 | ㈜살레트래블앤라이프
펴낸이 | 강승희 강승일
출판등록 | 제 313-2009-66
주소 | 서울시 마포구 서교동 어울마당로 5길 26. 1~5F
전화 | 02-323-1280
판매 & 내용 문의 | 02-323-1280
travelbook@chalettravel.kr
디자인 | 최윤선
지도 일러스트 | 김선애

ISBN 979-11-88652-26-6(13920)

값 18,000원

CHALET Travel Book은 ㈜살레트래블앤라이프의 출판브랜드입니다.

www.chalettravel.kr